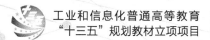
工业和信息化普通高等教育
"十三五"规划教材立项项目

21 世纪高等院
电子商务系列

U0589596

ELECTRONIC
COMMERCE
EC

电商创业

创业思维+实战方法+案例解析

黄罡 曹志斌 ◎ 主编
贾玲杰 叶敏 ◎ 副主编

人 民 邮 电 出 版 社
北 京

图书在版编目（CIP）数据

电商创业：创业思维+实战方法+案例解析 / 黄罡，
曹志斌主编. -- 北京：人民邮电出版社，2018.9（2021.6重印）
21世纪高等院校电子商务系列规划教材
ISBN 978-7-115-48888-6

Ⅰ. ①电… Ⅱ. ①黄… ②曹… Ⅲ. ①电子商务—商
业经营—高等学校—教材 Ⅳ. ①F713.365.2

中国版本图书馆CIP数据核字(2018)第158851号

内 容 提 要

本书基于淘宝平台，全面讲述电商创业各方面的知识。本书以电商创业的理论基础为切入点，
全面介绍了电商创业的基本理论；接着讲解淘宝开店的相关知识，包括选品、进货、会员注册、开
设并装修店铺、发布商品、客户沟通、商品交易管理等，详细介绍了电商创业的基本流程；然后讲
解移动端开店、视觉营销、淘宝推广、社交媒体渠道推广等内容，最后讲解创业融资的方法。本书
每章均以案例导入，在有效地解决电商创业相关问题的基础上，引导读者完成电商创业的基本操作。

本书内容全面，将创业理论与操作实例紧密结合，既可作为高等院校电子商务专业、各类电商
培训机构的教材，也可作为企业初创者、电商从业人员的参考用书。

♦ 主　　编　黄　罡　曹志斌
　　副主编　贾玲杰　叶　敏
　　责任编辑　许金霞
　　责任印制　焦志炜

♦ 人民邮电出版社出版发行　　北京市丰台区成寿寺路11号
　邮编　100164　　电子邮件　315@ptpress.com.cn
　网址　http://www.ptpress.com.cn
　固安县铭成印刷有限公司印刷

♦ 开本：787×1092　1/16
　印张：14.75　　　　　　　　　　　2018年9月第1版
　字数：422千字　　　　　　　　2021年6月河北第6次印刷

定价：45.00 元

读者服务热线：(010)81055256　印装质量热线：(010)81055316
反盗版热线：(010)81055315
广告经营许可证：京东市监广登字20170147号

前言 PREFACE

电子商务作为现代服务业中的重要产业，在生活中处处可见，小到网上购物，大到跨国公司的网上商务洽谈等。而随着电子商务产业的蓬勃发展，越来越多的人开始进入电子商务领域进行创业，如淘宝自主开店、入驻天猫和京东等大型综合网上商城、入驻微商等。以淘宝为例，据不完全统计，2017年淘宝网商家突破1000万家，其中真正有成交量的商家大概只占1/3，其余的一些商家甚至无法维持正常经营，由此可见，淘宝网创业早已不是轻而易举的事。

为了更好地帮助读者了解电商创业，掌握电商创业的方法，为电商创业的成功打下基础，我们着手编写了本书。本书从电商创业准备入手，以淘宝网创业为例详细介绍了网上开店准备、开店步骤、客户沟通、商品管理、流量引进等知识，帮助创业者在淘宝网上进行创业。书中还介绍了营销推广和创业融资的相关知识。其中，营销推广包括移动端店铺、微店、微信、微博、公众号的推广；创业融资则可以帮助创业者获得创业资金支持，使创业变得更加简单。

全书共10章，分为以下4个部分进行介绍，学习重点和主要内容如下表所示。

学习重点和主要内容

章	学习重点	主要内容
第1章	1. 电商创业概述 2. 电商创业准备	主要讲解电商创业前期的准备工作，以对电商创业有基本的了解
第2~5章	1. 淘宝开店准备 2. 开设并装修店铺 3. 客户沟通 4. 图片与商品交易管理	主要讲解淘宝店铺的开设知识及日常经营操作，包括商品的进货、图片的处理与发布、与客户沟通、订单发货、退款处理、商品上下架等操作
第6~9章	1. 抢占移动端 2. 视觉营销策略 3. 淘宝活动推广与淘宝付费推广 4. 借助社交媒体进行推广	主要讲解抢占流量、提高商品销量的一些推广与营销技巧，包括移动端店铺的开设与二维码推广、视觉营销设计、店内推广与促销、新媒体营销渠道与方式
第10章	1. 常见的融资方式 2. 银行、P2P平台、众筹融资	主要讲解常见的融资渠道，以掌握银行、P2P、众筹融资的具体方法

本书内容主要有以下特点。

- **知识系统，结构合理：** 本书针对电商创业的准备、平台选择、店铺开设、客户沟通、网站与商品推广的全过程，逐步深入地介绍了电商创业所涉及的全部知识，由浅入深，层层深入。与此同时，本书按照"案例导入＋知识讲解＋知识拓展+课堂实训+课后练习"的结构组织内容，让读者在学习基础知识的同时，进行实战练习，从而加强对知识的理解与运用。

- **案例实用性强：** 本书中的案例与电商创业遇到的真实案例密切相关，完全符合电商创业的真实需求，因此具有很强的可读性和实用性，可以帮助读者快速理解并掌握相关知识。

- **可操作性强：** 本书知识讲解与实际操作同步进行，以步骤加配图的方式快速引导读者完成相关操作，降低了读者学习的难度，可操作性强。

- **知识拓展性强：** 书中的"经验之谈"小栏目是与电商创业相关的经验、技巧与提示，可帮助读者更好地梳理相关知识。

- **教学资源丰富：** 本书通过二维码的方式给读者提供了配套的视频教学资料，读者直接扫描二维码即可观看。同时本书还提供了PPT课件、教学教案等配套教学资源，读者可通过登录人邮教育社区（www.ryjiaoyu.com）进行下载。

本书由黄罡、曹志斌担任主编，贾玲杰、叶敏担任副主编，同时也得到了众多皇冠店铺店主的支持，在此表示衷心的感谢。由于时间仓促，编者水平有限，书中难免存在疏漏和不足之处，欢迎广大读者批评指正。

编　者

2018年6月

目录 CONTENTS

第1章
了解电商创业，做好创业准备

　　互联网经济下，新一轮科技革命的快速演变，推动了电子商务的高速发展，电商创业成为当下创业的热潮。但要想创业成功，创业者就需要精心做好电商创业的相关准备。本章将对电商创业的经营模式、时下电商发展趋势、电商创业瓶颈问题、电商创业的准备、制订电商创业计划等知识进行讲解，使读者了解电商创业相关的基本知识。

- 电商创业概述
- 电商创业的准备

本章要点

大学生辞去项目经理职位，在淘宝上实现创业梦

几年前，小王大学毕业，与大部分同学一样，他选择了专业对口的一份工作，到电力公司的下属企业担任项目经理，常年在外从事工程基础建设，工作很辛苦，但是很稳定。然而一次公司聚餐，彻底改变了小王的生活。

公司准备自购食材组织全体同事去野外烧烤，让小王负责食材和调料的采购。小王不知道什么调料适合烧烤，就去网上搜索查询，结果查询到一家公司在生产和销售各种口味的调料，小王就试着购买了一些，结果同事们对调料的味道赞不绝口。

回家之后，小王又上网了解了一下淘宝开店的知识，发现利用业余时间可以在淘宝开店；抱着利用闲暇时间赚点"零花钱"的心思，小王申请了一家自己的淘宝店铺，然后打电话联系到调料厂家，购买了少量的调料包，在自己的淘宝小店中开始销售。使小王出乎意料的是，仅仅两天时间，从调料厂家购买的调料包就已售罄。调料包的热卖让小王看到了淘宝开店的商机。

在仔细考虑两天时间后，小王毅然从公司辞职，一个人、一台计算机，开始了自己的淘宝创业梦。半年时间，小王靠着在淘宝店销售调味料赚到了4万元。销售额的不断提升，让小王的淘宝店规模越来越大，口碑越来越好，客户类型也越来越丰富，不仅有个人买家搜索到店铺购买调料包，还有一些商家也选择通过小王的店铺购买调料包。

在销售调料包的过程中，小王非常关注买家的使用体验，有些买家也会对店铺商品提出一些建议和要求，如觉得调料包的种类不够多，建议掌柜丰富商品类型等。小王将买家建议反馈到生产厂家，厂家内部商量后，决定扩大产品种类。随着新产品的推出，越来越多的买家可以在店铺中买到想要的商品，使得店铺的生意也越来越红火。

从国企辞职开始自主创业，一路成长为年入几十万元的淘宝商家，小王说："年轻人头脑活、知识面广，对新事物的接受度高，就要有敢闯敢拼的精神。不努力一下，怎么知道自己的梦想是什么，未来的方向在哪里。"

【案例思考】

有创业想法的人不在少数，由于怯于失败，在发现商机后，勇敢迈出创业步伐的人却不是很多。小王在挖掘市场需求后就大胆地去尝试，毅然辞去专业对口的项目经理的工作，踏上追逐创业梦想之路。但是网上的店铺很多，经营的商品也是五花八门，其盈利状况也不尽相同，新手由于经验不足，应该做好哪些准备，才能实现成功创业呢？

扫一扫
案例解析参考

1.1 电商创业概述

电商创业是指通过互联网等电子工具在全球范围内进行的商务贸易活动，以实现盈利、创造价值、开创事业的目的。电商创业的形式、模式都是丰富多样的，了解电商创业，需要先了解电商创业的基础知识，这样才能让后期的操作变得简单。

↘ 1.1.1 了解电商创业的经营形式

电商创业的开放性和自由性，使其适应人群广泛，如实体企业、供应商、创业者、自由职业者和大学生等，都可以通过电商平台来开创自己的事业。不同人群选择的经营形式有所不同。总体来说，电商的经营形式不外乎虚拟柜台、虚拟柜台与实体店结合经营、无形商品3种类型。下面分别进行具体介绍。

● **虚拟柜台：** 虚拟柜台是指无实体店铺的电商形式，主要经营有形商品。有形商品是指具有实物形态、通过交换能够带来经济效益的商品。有形商品的电商创业形式包括批发电子商务、零售电子商务和网上拍卖电子商务3种。阿里巴巴、慧聪、中国制造网等主要从事批发电子商务，淘宝、天猫、京东、1号店、亚马逊等主要从事零售电子商务，eBay、咸鱼等主要做网上拍卖电子商务。其中，零售电子商务中的淘宝创业是当前门槛最低、最为大众化的创业方式，图1-1所示为淘宝平台。

图1-1 淘宝平台

● **虚拟柜台与实体店结合经营：** 当经营者拥有实体店并在经营经验、销售技巧、商品价格设置等方面都有一定的基础时，开设网上店铺也会具有一定的优势，该经营形式即虚拟柜台与实体店结合经营，又称O2O经营（线上到线下结合经营）。例如，星巴克利用该模式吸引用户网上下单，到实体店铺领取商品，而不用排队等候，以此提高店铺销量。

● **无形商品：** 无形商品是指对一切有形资源通过物化和非物化的方式，使其具有价值和使用价值属性的非物质的劳动产品或有偿经济言行等。无形商品包括软件、电影、音乐、信息服务等。无形商品的电商创业形式包括网上订阅、付费浏览、广告支持、网上赠予、专业服务5种形式。其中，专业服务是指为他人提供相关的劳务服务，如58同城、赶集网、携程、淘宝客等。无形商品往往不需要物流支持。

↘ 1.1.2 了解电商的经营模式

电商创业的主要经营方式就是在线销售。根据交易对象的不同，电商创业有以下几种常用的经营模式。

1. B2B（Business to Business）——企业与企业之间的电子商务

B2B是指以企业为主体，在企业之间进行的电子商务活动。该模式具体指进行电子商务交易的供需双方都是商家（或企业、公司），通过互联网技术或各种商务网络平台，完成商务交易的过程。B2B的代表是马云的阿里巴巴电子商务模式。B2B主要是针对企业内部及企业与上下游协力厂商之间的资讯整合，并在互联网上进行的企业与企业间的交易。B2B将会为企业带来更低的价格和劳动成本、更高的生产率，以及更多的商业机会。图1-2所示为B2B中的阿里巴巴平台。

图1-2　阿里巴巴平台

2. B2C（Business to Consumer）——企业与消费者之间的电子商务

B2C就是企业通过网络销售商品或服务给个人消费者。这是消费者利用互联网直接参与经济活动的形式，等同于商业电子化的零售商务，即企业通过互联网为消费者提供一个新型的购物环境——网上商店，消费者通过网络在网上购物、支付，从而节省了消费者和企业的时间及空间，大大提高了交易效率。如今的B2C网站非常多，比较大型的有天猫、京东商城、1号店、亚马逊、苏宁易购和唯品会等。图1-3所示为京东商城平台。

图1-3　京东商城平台

3. C2C（Consumer to Consumer）——消费者与消费者之间的电子商务

C2C是指消费者与消费者之间的互动交易行为，这种交易方式是多变的。C2C商务平台就是通过为买卖双方提供一个在线交易平台，使卖方可以主动提供商品在网上拍卖，而买方可以自行选择商品进行竞价。此外，网上的二手商品交易，以及以物易物的行为都可以归入C2C模式，常见的C2C网站平台有淘宝网、易趣网、1拍网、雅宝网等，图1-4所示为人人车平台。

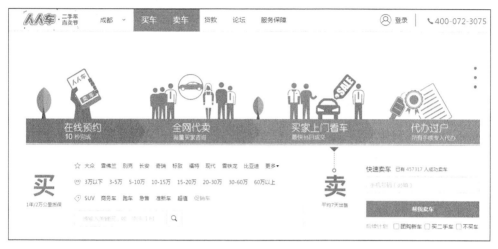

图1-4 人人车平台

4. O2O（Online to Offline）——线上对线下的电子商务

O2O是一种新兴起的电子商务模式，将线下商务的机会与互联网结合在一起，让互联网成为线下交易的前台。例如，饿了么、美团外卖等通过搜索引擎和社交平台建立海量网站入口，将网络上的美食消费者吸引到自己的网站，进而引流到当地的实体店中，线下的实体店则承担商品展示与体验的功能，图1-5所示为饿了么网上平台。

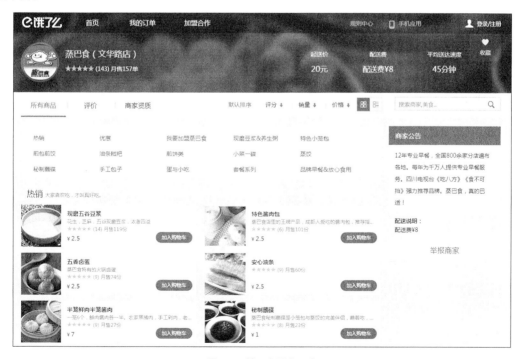

图1-5 饿了么网上平台

技巧秒杀

B2G、B2Q 也是常见的电商模式。其中 B2G（Business to Government，企业对政府）是企业与政府管理部门之间的电子商务，如政府采购、海关报税的平台、国税局和地税局报税的平台等。B2Q（Business to Business and ensure the Quality）是指将质量控制引入企业网购，交易双方网上先签意向交易合同，签单后根据买方需要可引进第三方（验货、验厂、设备调试工程师）进行商品品质检验。这种模式将质量问题截留在了发货之前，免去了收货后因质量问题产生的退换货烦恼。

1.1.3 电商创业发展瓶颈问题

电子商务正在快速改变着人们的经济模式和生活方式。但对于目前的电子商务创业来说，电商创业者要想在电商行业有所作为，不得不重视下面影响电商创业成功的瓶颈问题。

● **收入不高难坚持**：由于电商创业资金门槛低，导致创业者众多，竞争激烈，因此大部分电商创业者的收入都较低，甚至一部分电商创业者开始放弃创业。

● **法律风险**：为了在激烈的竞争中获取高额利润，一些A货、精仿、水货充斥着电商市场，使部分消费者对电商商品产生质疑，很难轻易下单。部分商家没有某品牌授权，销售该品牌商品属于违法行为。

● **渠道与物流制约**：平台、支付和物流等渠道不可控也成为电商创业者最为担心的问题。在当前情况下，电商创业者多选择淘宝、当当等来合作；在支付方面，支付宝、微信等第三方支付平台成为主流的电商支付方式；在物流方面，圆通、申通、顺丰等第三方物流服务商成为主要物流手段。

● **推广费用高**：近几年电商行业的各大网站一方面纷纷通过降价、促销等方式来吸引用户，另一方面加大推广成本，推广费用甚至成为电商的大头开支，推广获得的流量能否成功地转换为销量成为电商创业者必须考虑的风险，如淘宝中的直通车、智钻等，其推广费用都较昂贵。

● **人工成本持续上涨**：除了产品、库存、推广、仓库成本外，人工成本也是电商成本中的重要组成部分，因此在电商运营的过程中，电商创业者应尽量采用软件自动处理，减少人工成本。但在电商实际运营过程中，货源寻找、包装、发货、填单等均需要人工完成，由于工资的持续上涨，人工成本在不断上涨。

1.1.4 电商发展趋势

电商发展至今，可以说是相当鼎盛。随着互联网的普及和物流的下沉，全国网民规模和网购用户数量逐年攀升，例如2017年天猫"双十一"总成交额已超过1682亿元，相较于2016年的1207亿元仍然呈上升趋势，因此，目前进行电商创业仍然有大好前景。除此之外，在"大众创业""万众创新"等大好形势及"互联网＋"环境下，国家制定了发展电子商务的系列措施，并逐步减少束缚电子商务发展的机制体制障碍。例如，在移动支付方面，中国人民银行正在针对当前移动支付快速发展的需求，研究制定移动支付发展的具体政策，引导商业银行、各类支付机构实施移动支付的金融行业标准；在网络电子发票方面，国家税务总局不断完善电子发票的管理制度和标准规范；财政部研究完善电子快捷档案的管理制度；在商贸流通领域，商务部会同有关部门进一步完善交易、物流配送、网络拍卖领域的电子商务应用政策/管理制度和标准规范。因此，时下电商迎来了好的创业环境。电商创业者需要注意的是，除了分析电商发展现状，还需要预测电商未来发展趋势，如新零售电商一跃而起、农村电商迎来全面优化等，以帮助电商创业者及时调整并优化电商运营策略，谋得生存与发展。

1. 新零售电商一跃而起，融合线下成必然

传统零售是指商家去批发市场批发商品来销售，市场上什么商品有前景就销售什么商品，经常会出现跟风的情况。而新零售则是基于大数据、用户、多平台合作，通过各种网络渠道把消费者、商家和零售场所连接起来，将线上线下相融合，能够更容易满足用户对商品和服务的需求，如三只松鼠和良品铺子等网络品牌都开设了实体店铺。

随着移动互联网时代的到来，电商从传统的PC端转移到移动端，这种以移动端为载体的电商模式，就是移动电商。随着3G、4G网络技术的成熟，智能手机已相当普遍，手机已成为网民接入互联网的主要方式。便捷性、手机支付安全性的不断完善、支付方式的多样化，包括二维码、NFC、指纹支付等，让更多消费者体验到不一样的购物乐趣，使移动电商处于持续增长的状态，移动端流量成为众多商家的必争之地。

2. 农村电商迎来全面优化

农村电子商务是指利用互联网、计算机等现代的科学信息技术，为从事涉农领域的生产经营者提供网上销售商品、购买商品和电子支付等业务交易的商业活动。2017年以来，电子商务在政府的扶持、服务型企业的引导和支援下，在农村迅速掀起热潮，它不仅能推动农业的生产和销售，提高农商品的知名度和竞争力，更是新农村建设的催化剂。可以说，2017年是农村电商优化的一年，不仅会对产品的生产、包装、推广和营销进行标准化改造，而且也会进行手工艺上的创新等。

3. 跨境电商迎来全面发展

跨境电商是指分属不同关境的交易主体，通过电子商务平台达成交易、进行支付结算，并通过跨境物流送达商品、完成交易的一种跨境商业活动。随着互联网时代的不断发展，消费者的需求不再满足于国内，这就使跨境电商迎来了发展的契机。其实，现在很多的电商平台，如亚马逊、天猫国际、洋码头、网易旗下考拉海购、蜜芽、香江商城旗下的香江海购等，都已经成功地把电商模式推广到国外。由于每个国家的国情不同，能否被国外消费者所接受，是当前跨境电商需要攻克的难点。图1-6所示为跨境电商平台亚马逊的首页。

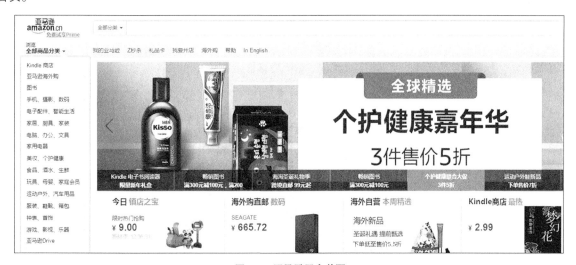

图1-6　亚马逊平台首页

4. 自媒体电商是大势所趋

自媒体电商主要通过微博、微信、直播等社交平台，个人或依靠背后运作团队发布原创性、高质量内容用来吸收粉丝，再利用电商将流量变现。自媒体电商中，网红利用自身优势，如时尚品位、专业能力等，

顺应大众潮流，持续发布网民感兴趣的内容或直播吸引千万数量的粉丝，并与粉丝互动，宣传其他店铺的商品来赚取广告费或直接经营网店将粉丝流量变现，网红已是自媒体电商中的重要角色，网红经济也是大势所趋，但是随着网红的增多，用户品位的提高，用户对网红的要求越来越高。所以自媒体电商必须要有自身的特色和核心竞争力，必须要有好的内容，不然就很容易在竞争激烈的市场中被淘汰。图1-7所示为美拍直播与微信朋友圈推广。

图1-7　美拍直播与微信朋友圈推广

5．社交电商逐渐成型

社交电商平台包括专业的垂直信息分享社交电商，大多由美丽说、蘑菇街等流量庞大的成熟社区转型而来，具有深厚的用户根基，也包括综合性大型电商为了抢占社交电商市场而新设的板块，如淘宝直播、京东直播等，以及购物平台手机端App的相关模块，如手机淘宝中微淘页面中的上新、视屏直播、特别关注、达人等。目前社交电商以服装、美妆、鞋帽、食品为主，未来将向摄影、母婴、旅游、电子竞技、视觉素材用品等品类扩展。例如，达人发布诸如服装搭配等实用技巧，配以相关淘宝商品和点评，引导淘宝消费者的购买选择，达人也通过与粉丝交流，及时推送粉丝希望了解的内容，如果由专业的服装搭配师推荐的商品针对性更强，可以达到更高的浏览购买转化率。图1-8所示为京东直播与微淘中的直播。对于社交电商而言，其重点不仅要持续输出好的内容，还要有自己的核心竞争力，这样才会有真的粉丝随之而来，社群才会变得电商化。只有这样，真正的社交电商才会成形。

图1-8　京东直播与微淘中的直播

技巧秒杀

自媒体电商和社交电商都属于社群电商的表现形式，社群电商具有黏性大、互动性强、流量入口多且消费群匹配精确的特点，这使其更便于获取消费者的特定需求，营销成本更低。

1.2　电商创业的准备

与传统的创业模式相比，电商创业虽然门槛低了很多，但是该做的创业准备还是必不可少的。下面从创业方法、创业者素质、创业分析、创业思维等方面对电商创业需要做的准备进行介绍。

1.2.1　电商创业的基本准备

根据不完全统计，新手电商创业的成功率仅有5%~20%。要提升创业成功率，首先就需要找对电商创业的方法，看看自己是否已经做好了进入电商创业大军的准备。

1. 寻找合适的商机

创业的最终目的就是盈利，合适的商机才能实现盈利，因此寻找合适的商机才是创业成功的关键。商机就是指需求的产生和满足方式在时间、成本、数量、对象上的不平衡状态，主要包括以下8种类型。

- **资源短缺商机**：资源短缺是一个巨大的商机，除了短缺资源本身就是商机外，资源短缺中的商机还体现为寻找替代产品、提高使用效率与消除浪费、提高资源的可循环性等。
- **价格与成本商机**：以低成本、相同价格的方法来满足同品质的需求也是商机，如寻找替代品、替代材料、更新生产技术等。
- **市场变化中的商机**：创业机会潜伏在市场环境中，由市场环境变化所创造，如产业结构的调整、科技进步、通信革新、政策颁布、经济信息化、生活形态变化、人口结构变化等。
- **时间商机**：时间有限，在付出过程中用户会越来越谨慎，如用户不想有漫长的收货等待，京东、天猫某些店铺则提供当日达、次日达等便捷的服务。
- **方便性商机**：送货上门服务、免费上门安装、快捷支付等都属于方便性商机。
- **刚性需求商机**：刚性需求就是指吃、穿、住等必需的需求。这些需求是循环的，并且需求的频次和数量也是创业者需要去关注的。
- **价值发现性商机**：周围一些平常的东西，当发现其新功能时，也是商机。
- **优势商机**：整合自己的优势，如擅长的技术、优质的货源、专业的知识等都是商机。

2. 制作一份完整的创业计划书

每一位创业者或者准备创业者在创业之初都会有个粗略的创业想法，将这些想法详细落实到规范的创业计划书上，可以使创业者对创业成本、能否赚钱、赚多少钱、何时赚钱、具体的赚钱方法等问题进行清晰的梳理，使创业更具可行性。需要注意的是，创业者在研究和编写创业计划的过程中，不能主观臆想，需要建立在客观有效的市场分析上。此外，编辑成功的创业计划书不仅可以为创业提供具体方法，还可作为企业进行对外宣传的重要工具，如寻求战略性合作伙伴、寻求风险投资、吸引优秀管理人员、获得银行资助。

3. 制作详细的资金运作计划

资金运作计划是创业计划中不可忽视的一部分。在电商创业时，创业者一定要做好3个月以上或到预测盈利期之前的资金准备，将其编制成周密的资金运作计划，如商品成本、仓库租金、运输成本、店铺推广成本、人力成本、预计盈利额、坏账准备等各种费用，开业后还需要根据各种情况的变化，如销售不畅、人员增加、费用增加等来随时调整资金运作计划，使收入与支付进入循环状态，不断持续盈利。

4. 为自己营造一个好的氛围

创业初期由于缺少社会经验和商业经验，创业者往往会难以把握行业发展态势，这时可以先给自己营造一个小的商业氛围，如加入行业群、进入行业协会等，在不断了解行业信息的同时，结识行业伙伴，建立广泛合作，促成自己在行业中的地位和影响。

5. 良好的创业心态

无论做什么，具备良好的心态更容易成功，如正确看待失败、不断总结、不断学习、有足够的耐心和信心、胆大心细、勇于承担责任等都是创业者需要具备的创业精神。就失败而言，许多创业者在失败后很容易气馁，甚至放弃，但对于创业者来说，失败乃是常事，不经历几次挫折，很难找到走向成功的方法。

6. 从亲力亲为到建立团队

在创业的初期，由于受到资金紧缺、客户少等限制，方方面面的事情都必须由创业者自己去完成。随着业务扩大、资金充足，为了赢得更多利润，创业者就需要用自己积累的知识去建立并管理一支团队，将事情分担到团队中去完成。

1.2.2 创业者的素质要求

在目前的电商行业中，大众创业、万众创新是当前的一种新趋势，但随着新晋创业者的不断涌现和传统企业的陆续加入，同类网店的竞争也就越来越激烈，这也对电商创业者的能力和素质提出了更高的要求。

1. 创业者的基本素质

良好的心理素质、健康的身体素质和知识素质都是创业者应具备的基本素质，下面分别进行介绍。

- **良好的心理素质**：创业是一个复杂的过程，创业者可能面临许多问题，如资金短缺、知识不足等。面对这些困难，创业者要有强大的心理承受能力并能给予自己积极的心理暗示，善于进行自我调节和克服盲目冲动等。
- **健康的身体素质**：创业是一个繁杂的过程，创业者工作繁忙、工作时间长，并且压力大，需要健康的身体作为支撑，否则无法承担创业重任。
- **知识素质**：电商创业者需要掌握多方面的知识，如掌握创业行业与创业产品的相关知识、技能等；掌握电商经营管理方面的知识，以提高管理水平；掌握涉及电商的相关法律知识，不违反法律，并用法律维护自己的权益；掌握市场经济方面的知识，包括市场营销与推广手段、财务会计等。

2. 创业者的能力要求

创业是一个漫长的过程，这就需要创业者必须具备以下5个方面的能力。

- **专业的行业技能**：创业者要想在工作中面面俱到，熟练的专业知识、精湛的专业技能是保证自己在行业内游刃有余的基础。
- **敏锐的眼光**：创业者是走在创业前沿的人，一个决策可能会影响企业的发展，甚至是生死存亡。因此，创业者需要具备广博的知识、开阔的眼界，并善于通过观察抓住本质，能审时度势、明察秋毫，善于抓住商机。
- **组织与管理能力**：能够组织并科学化地管理团队，调动团队成员的积极性，带领团队朝着共同的目标奋斗。

- **人际交往能力**：人脉即是钱脉，要建立庞大牢固的人脉，就要求创业者发挥个人魅力，积极处理好人际关系。在该过程中，创业者若具备宽广的胸怀，诚实守信、踏实稳重的品质，更容易获得他人的认可。

- **善于反省与总结**：对于新手而言，创业是一个不断摸索的过程，创业者在创业过程中难免会因为各种问题犯错，及时反省和总结可以发现并纠正自己的错误，可以避免以后犯同样的错误，并学到新的东西，为赢得成功累积经验。

1.2.3　电商创业的SWOT分析

SWOT分析是一种常用的分析工具，它同样适用于电商。电商创业的SWOT分析是指分析电商创业的优势（Strengths）、劣势（Weaknesses）、机遇（Opportunities）和威胁（Threats）。

1. 电商创业的优势

电商创业与传统企业创业相比，它的优势不言而喻，具体表现在以下3个方面。

- **无实体店铺经营**：无实体店铺对电商而言节约了大笔的高昂房租费用，是目前大多数电商普遍采用的经营方式。

- **库存积压少**：电商的销售模式是将商品图片和信息发布到网络上来实现对商品的销售，消费者并不能看见实物，并且下单后不能马上提货，商家可以在接到订单后再进货、发货，或直接从厂家发货，降低库存积压的风险与成本。

- **资金、技术门槛低**：相对于传统企业创业而言，电商创业的资金投入少，并且没有传统企业那么高的技术壁垒，非常适合创业刚起步的商家。

2. 电商创业的劣势

由于受到电商自身经营模式的限制，电商创业在商品体验、购物流程、流量引入、客户沟通等方面存在着缺陷，下面分别进行介绍。

- **商品体验较差**：在虚拟的市场购买商品，消费者只能通过文字和图片信息来判断商品，不能对商品进行实际上的接触和研究，这样容易导致消费者对商品的品质产生质疑，从而影响销售。

- **购物流程相对复杂**：电子商务的购物流程与实体店购物相比更为复杂，下单购买涉及支付方式、优惠使用、物流运输、规格咨询等多个环节。若消费者对其中的某一环节不满意，如付款麻烦、物流费用高、物流时间长、退货麻烦等，都会直接影响其对商家的整体评价。

- **流量引入成本高**：流量是指进入店铺的客户数量，是电商存活的关键，因此绝大部分电商都会花大笔费用进行推广引流，或者通过让利引流，如"9.9元包邮"，但能否成功引流、引流后的转化率能否达到预期都会是很多商家费心解决的难点。

- **与客户沟通困难**：在电子商务的购物过程中，买卖双方没有实际的交流接触，导致客户对商家缺乏信任。并且当客户在咨询商品信息或反馈商品问题后，希望立即得到回复，但很多电商都很难做到立刻响应客户的咨询，或及时、有效地解决客户遇到的问题，从而导致客户的流失。

3. 电商创业的机遇

电商创业与互联网接轨，能让电商创业者的机遇更多。下面分别对常见的3大机遇进行介绍。

- **消费区域无限**：电商创业覆盖的区域面广，消费者只要能上网，就能购买店铺的商品；不像传统实体店铺，只能覆盖店铺周围的消费群体。

- **特色化商品**：某地区品质好、产量大的特色化商品，通过电商可以迅速打开销路，如和田玉、新疆大枣等。

- **创意商品**：在大量山寨、仿制品进入市场的情况下，商品的同质化越来越严重，如果创业者想从激烈的价格竞争中脱颖而出，个性的创意商品将是电商发展的前景。

4．电商创业的威胁

虽然电子商务快速发展并越来越被大众所接受，但其存在的威胁也日益凸显。下面对电商创业的各种威胁进行介绍。

- **行业恶性竞争**：由于电商门槛低，扎堆进入热门行业的电商人员众多，导致行业内出现恶性竞争。例如，某商品的线上价格相较于同等材质、制作成本的线下商品明显偏低，或材质质量降低、正品率低等，导致客户信任度不高。
- **大量虚假交易**：交易额、信誉度、好评是大部分网站排名商品的重要指标之一，也是影响客户购买的重要因素，这引起了商家大量"刷单""刷信誉""刷好评"等虚假行为。
- **烧钱抢占市场**：为了抢占市场，打压同行，有些有实力的商家会采取价格补贴、超低价、超多优惠等策略，在减少盈利甚至赔本的情况下抢占客户和市场，挤垮其他商家，这种行为被称为"烧钱"。不得不说在大部分O2O电商领域中，通过烧钱抢占市场份额和拉拢用户仍然是最为简单、粗暴又有效的手段。从最早的"千团大战"到如今的打车市场、外卖市场、旅游市场、社区市场，烧钱大战从未停止。

1.2.4 以互联网思维做电商

"互联网思维"是指在互联网、大数据、云计算等科技不断发展的背景下，对市场、对用户、对商品、对企业价值链，乃至对整个商业生态进行重新审视的思考方式。以互联网思维做电商，简单地讲就是从互联网的角度去做电商。随着互联网的发展，"互联网思维"总结起来可表现为以下9个方面。

1．以用户为中心

"以用户为中心"是互联网思维中最重要的思维，要求创业者"以用户为中心"去考虑创业的一系列问题。那么创业者该如何运用"以用户为中心"思维呢？可以从以下4个方面进行运用。

- **抓住大众化需求**：抓住大众化需求是指贴合大部分普通用户需求。
- **提高用户参与**：提高用户参与的方式不仅可以推广品牌形象、改善产品的缺陷，而且可以刺激新老客户的活跃度。设置用户参与的方式很多，如参与分享、问题反馈、选款投票、创意征稿大赛；以及一些推广活动，如活动抽奖、打折促销、送红包等，还有线上传播的一系列造势活动，如天猫"双十一"前的造势等。
- **粉丝培养**：粉丝即是商品的爱好者，他们对品牌注入了感情因素，不仅单纯地购买或再次购买品牌商品，还会参与到品牌传播中。想最大化获取粉丝经济的价值，商家就需要利用各种渠道去"拉粉"，培养粉丝。
- **注重用户体验**：用户体验是用户在使用商品过程中所建立起来的一种纯主观感受，这种感受的好坏直接影响了对商品的评价。创业者注重用户体验，应该从细节开始，从为消费者解决使用商品过程中所有细小的问题开始，让用户使用起来舒适，给用户带来惊喜，如微信新版本对公众账号的折叠处理，就是很典型的注重用户体验的例子。

2．简约美

在当前信息大爆炸的时代，用户的耐心是有限的，可能并不会花太多时间来解读商品或信息，因此创业者想在短时间内抓住用户，就需要做到精简，只保留那些重要的、贡献价值大的，省去烦琐的程序或复杂的文本，例如，在商品设计时，外观要简洁，内在的操作流程要简化。

3. 专注

专注思维是指人集中注意力去认识、理解、记忆、解决问题时的思维模式。在这种模式下，人的注意力会高度集中。创业者除了要专注于创业，对创业的商品定位也要做到专注，给消费者一个选择的理由就足够了。例如，淘宝上的店面空间在理论上是无限大的，店铺可以选择销售的商品类型很多，可以同时卖多类商品，也可以只卖1~2类产品，但真正让人记住的是那些专注于某一商品、专注于材质、专注于专利的店铺，如护肤品中的玉兰油、鞋子中的达芙妮、零食中的三只松鼠等。

4. 做到极致

极致思维就是优化细节，使商品、服务和用户体验达到"零瑕疵"，让消费者无可挑剔。用极致思维打造极致的商品，使其受到消费者的追捧，形成口碑传播，这是商品的核心竞争力。例如，海底捞"顾客至上、服务至上"的服务理念受到很多人推崇；无论是硬件、软件还是用户体验，苹果公司对商品细节无不追求极致。

5. 快速更新

消费者的需求随着市场的变化、科技的发展都是在不断变化的，创业者只有实时关注消费者需求，把握消费者需求的变化，并快速地对消费者需求做出反应，其产品才更容易贴近消费者需求，可以说更新是商品继续存活的根本，如小米MIUI系统坚持每周迭代。在更新过程中，创业者想抓住消费者的需求，除了在消费者参与和反馈中逐步改进，还可以通过分析消费者的细微行为，来挖掘消费者行为的动因和内在需求。

6. 抓住流量

电商创业要想成功，仅靠商品过硬的质量是远远不够的，还需要流量，流量越大，自然店铺的销量也会相对增大。流量该如何获取呢？下面对抓住流量的方法分别进行介绍。

- **使用免费策略**：免费策略是争取用户、锁定用户最有效的手段之一。例如，360安全卫士用免费杀毒抢占市场，挤占卡巴斯基、瑞星等杀毒软件的市场。"免费是最昂贵的"，当所有免费商品中的用户活跃数量达到一定程度时，就会开始产生质变，从而带来商机或价值。
- **利用社交工具**：利用社交工具来获取流量，如微信、QQ、微博、论坛、直播等。在社交渠道中，口碑营销相当重要，当然口碑营销不是自说自话，一定要站在用户的角度，以用户的方式和用户沟通。
- **利用推广工具**：电商平台中均提供了推广引流的工具，如淘宝的直通车、钻展、淘宝客等都是有效的引流手段。

7. 大数据

在互联网和大数据时代下，企业的营销策略应该针对个性化用户做精准营销。得益于大数据技术的突破，通过大数据思维，企业可以在网络上获得个性化用户信息及其他企业的信息、行为、关系等数据；通过对这些数据的分析、总结，创业者可以从数据中获取知识和洞察的能力，从而有助于企业进行精准的预测和决策。

8. 开放、共享、共赢平台

开放、共享、共赢是平台的思维模式，如苹果、谷歌等大部分收入来源于平台商业模式。打造多方共赢的生态圈是平台模式的精髓。例如，百度、阿里巴巴、腾讯分别围绕搜索、电商、社交各自构筑了强大的产业生态，方使其更加稳固。当不具备构建生态型平台实力时，创业者就需要善用现有的平台。现在的电商创业平台很多，如淘宝开店、京东商城开店、微信上做微商等。

9. 跨界思维

什么是跨界？如恒大从地产界跨入足球界，然后从足球界跨到饮料界，这就是跨界。随着互联网和新科技的发展，很多产业的边界变得模糊，互联网企业开始涉足零售、图书、金融、电信、娱乐、交通、媒体等领域，如阿里巴巴、腾讯相继申办银行，"跨界"成为竞争的新常态。"跨界"是一种创新，也是一种发展机遇，拥有用户数据且具备用户思维的电商可以尝试参与，乃至赢得跨界竞争。

1.2.5 创业行业的选择

通过各种渠道筹措的资金只有用在赚钱的行业和商品上才能实现利润的最大化。选择正确的行业是电商创业成功的关键。现在的电商创业者无一例外地都将关键词聚焦在了"我该从事哪一行业？"创业者选择创业行业需要考虑的因素很多，除了经济环境、政策因素、自身资源，还要对行业有充分的了解。总之，要想创业成功，就需要选择一个适合自己的行业。下面通过目前的电商发展状况，结合淘宝平台，为创业者的行业选择提供一些建议。

- **采用"小而美"经营模式**："小而美"是淘宝当前提倡的店铺经营模式，实则是个人或者小企业在电子商务上的精细化运营。该经营模式可以是满足某个群体认同的需求，可以是店长个性化诠释的需求，也可以是让用户感动的独特服务。简而言之，"小而美"并不意味着规模小，而是寓意店铺的商品、服务足够精细且有特色。图1-9所示"森舟茶叶"店铺为国内著名网店平台的个人零售网商，该店铺不仅专注于茶叶品质，在店铺装饰与茶叶包装上也独具一格。

图1-9 "森舟茶叶"店铺及茶品

- **拥有强势的货源**：对个人或者小企业来说，能够以优惠的价格固定拿到优质的货品，才能在价格和品质上具有竞争优势，以获得更多利润，因此选择创业行业时，创业者应尽量选择有强势货源的行业。
- **关注热门与暴利行业**：据排行网统计，目前中国电商的暴利商品有眼镜、医疗、酒水饮料、小家电、保健品、网络运营、辅助软件、母婴用品等。就其中的母婴用品而言，其涉及婴幼儿成长不同时期方方面面的消费，该消费市场大，随机购买性强，并且消费者容易受广告、情绪、环境的影响。该行业是当前非常有生命力的行业，图1-10所示为淘宝亲宝贝频道的界面。
- **商品不能太杂**：无论做什么行业，"品种丰富、大众买卖"是一般创业者的思维方式，但是品种专业化在生产和流通方面更容易形成技术优势和批量经营优势，特别是C店，一个店一般来说只要做2~3款有销量优势的商品即可；商品太杂会限制搜索流量，因此不建议经营太多商品。

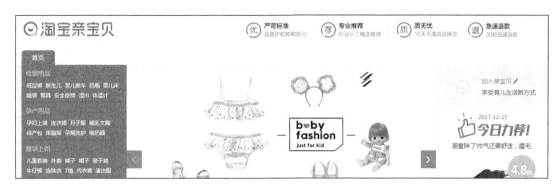

图1-10　淘宝亲宝贝频道界面

1.2.6　电商创业的路径选择

选择电商创业行业后，创业者就要考虑选择电商创业的路径，即在哪里创业。由于受到资金、能力、经验等限制，不同创业者选择的创业路径也有所不同的。下面分别对电商创业的路径进行介绍。

1. 创建个人店铺

个人店铺一般具有低资金、低门槛的特点，创建个人店铺的平台主要有淘宝、微店等。其中，淘宝平台海量的流量，让其成为了众多草根电商创业起步的平台。淘宝可以说是新手的试炼平台，很多成功的电商都依赖于淘宝，在淘宝平台上可以积累经验，为以后做大做强打下坚实的基础。创业者仅需几千元资金即可在淘宝上开启自己的创业之旅。

2. 入驻商城

从创建个人店铺开始，当店铺慢慢做大，从星钻到皇冠，销量节节攀升后，很多商家开始考虑入驻商城，商城具有稳定性强、用户黏性大的优点，可以很好地宣传企业形象，在提升销量的同时提高企业知名度。目前商家入驻最多的平台是天猫（淘宝商城）、京东商城、窝窝团（团购网）等。其中，天猫受到阿里巴巴各方面的支持，在B2C购物平台中具有举足轻重的地位，如天猫每年举办的大型"双十一"、"双十二"等活动极大吸引了消费者眼球，为其赢得了大量的市场份额。此外，天猫是基于淘宝建立起来的购物平台，与淘宝共享客服资源及服务，具有海量的流量，并且天猫的优质商品和服务更是受到许多淘宝用户的钟爱。但是天猫对店铺入驻的门槛要求较高，仅支持商家入驻，并且平台入驻费用、商城扣点和推广费用高；其商品品质虽然得到一定的提升，但商品价格较高，加之行业价格竞争大、人工费用高等因素，大多数天猫商铺的盈利都较少。因此，对于大多数创业者而言，若不具备综合的竞争优势，贸然进入天猫创业将十分艰辛。

3. 分销平台

分销平台是指由某个网络运营商研发、提供的，用于帮助供应商搭建、管理及运作网络销售渠道，帮助分销商获取货源渠道的平台。需要一定的销量才能实现盈亏平衡的商品大多采用平台分销。具体就是指在平台中寻找零售商，将部分利润空间让给零售商，然后通过零售商将商品销售给用户。阿里巴巴是目前国内知名的分销平台。

4. 操作外包

由于传统企业电商人才匮乏，在转型电商初期，直接投入电商创业很容易失败，因此许多传统企业开始进行电子商务外包，即把企业的电子商务承托给专业的代运营公司来操作。

5. 独立运营

当企业具备一定的综合实力后，可以考虑成立电商运营部门或电商运营子公司来实现电商创业。独立运营一般需要自己建设电商网站。自建网站如何实现引流是困扰大部分电商的重要问题，因此大部分电商都会"以自建网站为主，以平台店铺为辅"的形式展开电商运营。

1.2.7 电商创业实现方式

说起电商创业，很多人知道选择商品、选择销售的平台，却不知道具体的创业流程。下面对电商创业的大致流程进行介绍，让电商创业新手对电商创业实现方式有个大致的了解。

- **寻找合作商**：寻求品牌商进行合作，达成共识，为其提供电子商务技术上的支持，获得该品牌的资金与货源支持，并协商双方的利润分配问题。
- **网站建设**：申请邮箱、QQ、MSN、虚拟空间，注册域名，建立网站。每天在网站上发布新信息，定时更新产品的图片及商品信息。
- **淘宝开店**：开通旺旺会员。在淘宝上参加消费者保障计划，然后修改旺旺和淘宝上的部分店铺、购买装修软件、装修店铺、上架商品。
- **发展一批固定客户**：在商品销售初期，利用电子邮件、网络广告、病毒式营销、交换链接等方式进行大力宣传，发展一批固定客户。
- **优化搜索排名**：在网店及官方网站上公布让利信息，让商品比同类商品价格低，使商品在价格排名中尽可能排在前面。
- **人员管理**：保证店铺24小时有人在线，保证各个环节人员充足。
- **开通网银功能**：到各大银行开设账号，开通网银功能。
- **联系物流**：联系圆通、申通、顺丰、EMS等为店铺提供物流服务，在官方网站及网店上注明包邮事项。
- **开通订单服务**：在官方网站上开通订单服务，满足消费者需求。

1.3 知识拓展

1. 对个人电商创业的建议

互联网上的创业者众多，为了最大化地规避创业风险，下面针对个人电商创业提出一些建议。

- **先别辞职**：电商创业是一个艰辛漫长的过程，从市场调查到制作创业计划书等都需要花费大量的时间，盲目辞职将失去经济来源，并且创业是否可行也需要一个考察的过程。
- **尽量从自己的兴趣出发**：没有足够的兴趣作为支撑，在日常的烦琐事务中创业者的热情可能会逐渐消退。大多数新手创业者往往会从热门行业入手，而热门行业会存在投资大、门槛高、竞争强等风险，在自己没有足够的兴趣、优势的情况下贸然投入，结局可想而知。
- **找准目标市场**：任何一个很棒的创业点子或自己开发出来的商品，在缺乏市场验证的情况下其成败都是不确定的。因此，创业者需要先研究市场需求，想想自己的点子或商品是否能满足这些需求，这是创业计划是否可执行的前提。
- **不要期望太高**：电商创业是一个循序渐进的过程，与在线下做生意相比，电商创业虽然投入的资金和设备可能相对较少，但为其投入的时间与精力是不可少的，并且电商创业者众多，竞争压力大，可见电商创业也是有风险的。因此，创业者不要期望太高，要分阶段从制定小目标开始，保持平常心，在创业遇到挫折时仍然勇往直前。

● **先投资自己**：电商创业是一个不断摸索的过程，在这个过程中创业者需要掌握各个方面的知识，如商品相关知识、网站建设知识、网络运营推广知识等，因此创业者需要自己花费时间来进行学习，不断丰富自我。

2. 导致创业失败的原因

创业失败总会有一些原因可寻，排除商品质量差、价格高、市场竞争激烈等客观原因，以下一些主观因素也会导致创业失败。

● **从众心理**：一些创业者由于缺乏自主创业的经验，在选择创业项目、创业方法和创业渠道等方面容易被周边的人或事所影响，不能进行独立的思考，常依赖于他人的想法，即别人做什么自己就做什么，不会分析社会需求、不整合自己的资源优势，结果可能出现"别人创业成功，自己却创业失败"的现象。

● **缺乏风险管理意识**：很多成功的企业家都具备冒险的精神，但这种冒险并不是盲目冒险，他们会对风险进行精密的计算并可以有效控制风险。"机遇只留给有准备的人"，缺乏周密的市场调查和预测、缺乏扎实的创业知识与专业的创业团队、缺乏优质的供应商，创业的风险就很高。

● **整合资源能力差**：拥有充足的资金支持对电商创业而言无疑是相当重要的，然而电商创业具备的资源并不仅限于资金，如客户基础、供应商支持、团队支撑、品牌声誉、技术和服务支撑等都是不可或缺的部分。

● **自私自利**：创业者在处理个人与员工、其他合作伙伴、供应商，以及客户的关系时，若斤斤计较，将自己的利益看得过于重要，将创业成功完全归功于自己的功劳，将很难产生凝聚力，也很难赢得合作伙伴的真诚相待，同时丧失已有客户，最终导致创业失败。

● **创业目标高**：大多数创业者都希望自己的公司在最近一两年变大变强，但现实是残酷的，"一口吃成胖子"对创业者而言几乎不可能。一味地放大创业的愿景、目标，反而会很大概率地导致创业失败。

1.4　课堂实训

1.4.1　实训一：讨论电商创业的流程

【**实训目标**】

本实训要求讨论电商创业的具体流程，并对其有进一步的认识。

【**实训思路**】

根据实训目标及电商行业现状，电商创业的目标可分多个步骤实现。其中在创业前有些步骤是可以交换的，但在实施操作、开始创业（第5步）之前，创业者必须做好创业计划书和资金运作计划（第3步）的准备，以避免因前期计划不足和估算不足，造成创业失败。

STEP 01 寻找合适的商机。从资源、价格与成本、市场变化、时间、方便性、刚性需求、价值发现、优势等方面寻找商机。

STEP 02 良好的创业心态。正确看待失败、不断总结、不断学习、有足够的耐心和信心、胆大心细、勇于承担。

STEP 03 制作创业计划书和资金运行计划。确定创业行业，对创业成本、电商路径选择、能否赚钱、赚多少钱、何时赚钱、具体的赚钱方法等问题进行清晰的梳理，使创业更具可行性；做好3个月以上或到预测盈利期之前的资金准备，将其编制成周密的资金运作计划。

STEP 04 为自己营造一个商业氛围，如加入行业群、进入行业协会等，成为该行业的专业人士。

STEP 05 实施操作，开始创业。所有前期工作准备有序后，可以开始电商创业，然后进行前期的店铺搭建、货品铺设等基本的操作。

STEP 06 从亲力亲为到建立团队。用自己积累的知识去建立并管理一支团队，以团队方式进行创业。

STEP 07 不停地调整、优化创业内容。以发展的眼光看待创业，如开设店铺的货品种类、运营方式、店铺陈列等都需不停地更换、变化。

1.4.2 实训二：讨论用互联网思维做电商的方法

【实训目标】

本实训要求讨论用互联网思维做电商的方法。

【实训思路】

根据实训目标，分为9个思维模式对电商创业的思维进行阐述。

STEP 01 以用户为中心。抓住大众化需求、提高用户参与度、培养粉丝、注重用户体验。

STEP 02 简约美。摒弃烦琐的程序或复杂的文本，如在产品设计时，外观要简洁，内在的操作流程要简化。

STEP 03 专注。创业者除了要专注于创业，对创业的产品定位也要做到专注。

STEP 04 做到极致。优化细节，使产品、服务和用户体验达到"零瑕疵"。

STEP 05 快速更新。实时关注消费者需求，把握消费者需求的变化，并快速地对消费者需求做出反应。

STEP 06 抓住流量。流量是指访问店铺的用户数量，流量越大，自然店铺的销量也会相对增大。

STEP 07 大数据。在网络上获得个性化用户信息及其他企业的信息、行为、关系等数据，通过对这些数据的分析、总结，创业者可以从数据中获取知识和洞察的能力。

STEP 08 开放、共享、共赢平台。善用现有的平台，如淘宝开店、京东商城开店、微信上做微商等。

STEP 09 跨界。"跨界"是一种创新，也是一种发展机遇，拥有用户数据且具备用户思维的电商可以尝试参与，乃至赢得跨界竞争。

1.5 课后练习

（1）电子商务正在快速改变着人们的经济模式和生活方式，这一领域的创业人群也在迅猛发展，但对于目前的电子商务创业来说，创业者面临着哪些难以解决的矛盾和问题呢？

（2）分析电商创业的优势（Strengths）、劣势（Weaknesses）、机遇（Opportunities）和威胁（Threats）。

（3）对于资金不足、经验匮乏的创业者来说，更为合适的电商创业练手平台有哪些？

（4）与传统的创业模式相比，电商创业应该做哪些方面的准备工作？

第2章
做好淘宝开店准备，开始电商创业

正式在网上开店前，创业者需要做好开店前的准备工作，这样有利于网店的顺利发展。本章以淘宝开店为例，介绍开店的准备工作，如首先分析网上热卖的商品，找到适合网店销售的商品，然后找准进货渠道，做好货源控制，最后注册并设置淘宝会员和支付宝，实现淘宝开店。通过本章的学习，读者可以对网上开店有较为详细的认识，并对网上开店前的准备工作有所了解。

- 商品选择
- 选择进货渠道
- 注册、设置淘宝会员和支付宝

本章要点

案例导入

找准市场定位，网店轻松发展

张晓在淘宝网上销售女装的时间有半年了，但其店铺一直销量平平，发展非常缓慢。

张晓大学学的是兽医专业，毕业后与朋友看见电子商务发展势头很好，果断决定投身电商大军，选择了非常热销的服装类目，紧锣密鼓地经营起了自己的店铺。然而，其前期市场调查不足、准备不够充分为店铺埋下了发展困难的引线——该服装店铺不仅点击率低于同行业平均水平、转化率也不高，而且由于同类型店铺较多且竞争非常激烈，商品的复购率也比较低。

"成本投入有限，不了解淘宝服装行业，各种问题都让我步履维艰。在服装类目中，我一直没有找到和发挥出我的优势。"张晓在仔细思考店铺的发展情况后，终于决定放弃服装类目。

放弃服装类目后，张晓决定重新选择自己熟悉的宠物用品类目来做。首先，自己更了解这个行业，可以更好地组织店铺的运作；其次，对于熟悉的类目，张晓有信心比其他店铺做得更专业，在销售商品的选择上也有更大的空间和针对性。张晓的淘宝宠物用品店就这样开张了。

宠物用品店开始运营的前两天，就进来了不少的流量。比之前服装店的情况好很多，这给了张晓很大的信心。由于她对宠物非常了解，清楚宠物需要的营养元素、宠物生病护理、宠物用品选择等知识，于是她针对宠物主人比较关心的问题，对商品主图和详情页进行了优化。慢慢地，店铺的点击率和转化率都有了非常大的提升。买家非常信任这位身为宠物医生的掌柜，购买商品后感觉不错，纷纷给出好评，甚至很多买家收藏了该店铺，固定在张晓的店里购买宠物用品。

店铺的综合评价好了，店铺信用等级上去了，淘宝小二主动联系张晓，让她参报宠物类目下的活动。在做淘宝女装的时候，为了参报活动，她挤破头都未必申请得上，现在竟然由淘宝小二直接出面邀请，张晓有点受宠若惊。

借着活动的"东风"，张晓的宠物用品店越办越好，销售额逐步提升。张晓说："现在店铺的规模还比较小，我对淘宝开店的经验积累得也还不够多，还需要继续观察和分析市场，销售更多宠物主人需要的宠物商品。"

【案例思考】

随着淘宝商家数量的增加，淘宝店铺的竞争也就越来越激烈。如何在竞争激烈的淘宝卖场中脱颖而出呢？行业选择、货品选择应该如何才能更佳呢？

扫一扫

案例解析参考

2.1 优选商品，奠定成功的基础

商品的选择是开店的第一步，创业者在开店前需要了解适合在电商销售的商品都具有哪些共同特征、哪些商品不适合自己网上开店销售，以及哪些商品适合自己销售。

2.1.1 电商商品的共同特征

买家由于购买网上商品时无法直接接触商品，在购买部分商品时会心存顾虑，质疑商品的质量或价格等，因此并不是所有的商品都能适应网上销售的模式。一般来说，适合网上销售的商品都具有以下5个特征。

- **便于运输**：网上商品一般通过物流的方式实现从商家到目标消费者的所有权转移，因此体积合适、重量适中，且运输成本不高的商品适合网上销售。体积庞大、运输困难、运输成本过高的商品则不适合网上销售，如大型体育器械。而且易碎品、液体、非标准瓶装的商品，如玻璃器皿、瓷器等不建议网上销售。
- **价格优惠**：由于网店商品的总体成本一般低于实体店商品的总体成本，因此其网店商品在价格方面具有一定的优势，可以以低于实体店的价格进行销售。如果网上商品在价格上不具备优势，则难以吸引买家购买。
- **利润空间**：如果商品的采购、储存、管理和运输成本高于商品本身的价值，则不适合网上销售。一般来说，商家应优先考虑毛利在30%以上的商品，如保健品等；毛利低于10%的商品不足以支撑网店的初期运营。针对日常用品等利润空间不大的商品，商家可以采取组合、满减包邮等方式进行促销。
- **标准商品**：标准商品是指商品质量、性能等具有一定可靠性，售后服务容易开展，不容易出现质量纠纷或者出现质量纠纷也容易解决的产品。买家在网上购买这类商品时对其的信任程度相对较高，会少一些顾虑，商家的销售过程也会比较顺利。
- **实体店不方便销售**：外贸订单商品、国外代购商品、个性化设计商品、DIY商品等，相较于实体店而言，在网上销售会更方便。

根据我国相关的法律规定，以下商品不能用于网上销售。

- 国家法律法规禁止销售的商品，如管制刀具、武器弹药、淫秽物品、保护文物、走私物品、偷盗品和其他来源非法的物品等。
- 假冒伪劣商品及其他不适合网上销售的商品，如部分医疗器械和药品、股票、债券、抵押品等。
- 不具备所有权或支配权的物品。

↘ 2.1.2 选择商品前的分析准备

选择具有良好市场和竞争力的商品，是网店成功的重要因素。近几年，随着网上商店的快速增加，商店类型也越来越多样化，但是盲目地选择商品非常不利于网店的后续发展。3C定位分析是目前商品定位分析的有效方式之一，3C定位分析是指对客户群（Consumer）、竞争对手（Competitor）、公司/个人（Company/Personal）进行定位和分析。下面将分别进行介绍。

1. 分析客户群

网上商店是基于互联网开设的，因此创业者在运营网店前，有必要对互联网用户进行分析，包括客户群，以及客户群的特征、特点、需求、消费趋势、消费能力等。例如，据某网站在互联网上进行的2017年"双十一"购物行为调查显示，在购物趋势中，消费者购物金额在300~6000元的占很大部分，其中500~4000元极大程度地反映了消费的总体水平；花费6000元以上的消费者占少数，如图2-1所示。

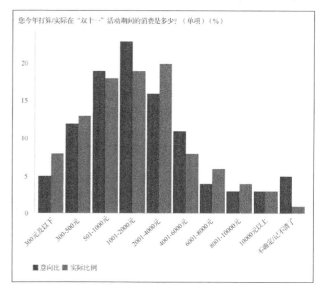

图2-1 2017年"双十一"消费金额

2. 分析竞争状况

现在的网店涉及各行各业，竞争是非常激烈的。分析竞争力，需要对行业行情进行了解，包括了解该行业的行业前景、了解热门程度、选择该行业中的竞争对手等。

- **行业态势分析**：行业态势分析是指通过调查，了解行业现状、竞争格局及发展趋势。商家可以借助一些工具，如生意参谋、百度指数等来查看选择商品的行业态势。图2-2所示为生意参谋统计的皮衣大盘走势，通过对访客数、搜索人气、卖家数的趋势观察可以发现，访客数、搜索人气总体持平，但在2017年12月出现高峰期，而卖家数呈缓慢持续增长趋势，这种增长持续到2017年12月出现的高峰期，之后有所下滑。

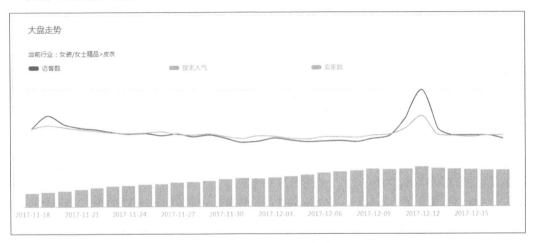

图2-2　皮衣大盘走势分析

- **行业热门程度分析**：热门程度常常与总销售额关系密切。以淘宝网商品的销售情况为例，女装作为热门商品，不管是销售额、成交量、被关注度还是搜索量都比较大，而乐器类商品的销售额、成交量、被关注度、搜索量则低于女装类。当然选择热门类目并不代表肯定可以成功，选择冷门类目也不代表没有发展前景。例如，女装虽然是热门类目，但由于竞争对手多，同类型产品多，因此竞争激烈程度也会远远高于乐器类。如图2-3所示，同为女装羽绒服类下的商品，销售量却存在很大的差异。商家需要全面地分析行业行情，在做出商品选择的决策时，也需要有一定的市场敏感度。究竟是选择热门行业的商品参与竞争，还是选择非热门行业的商品来打造自己的特色，商家要谨慎考虑。

图2-3　女装羽绒服类下的商品

● **竞争单品分析**：商家通常可以将与自家相近的商品或将行业内的前几名商品作为竞争单品，对比分析出自家商品与该商品的区别，然后取长补短，不断增强自身竞争力。

3. 分析商家自身

商家需要对店铺的未来目标、店铺拥有的资源、这些资源对店铺的帮助，以及存在的优势进行分析，再对本店铺所经营商品的特征、行业特点及商品的成本、优缺点等进行分析，对自身情况做到心中有数。

↘ 2.1.3 商品的选择策略

完成网店消费者与市场行情的分析后，商家即可考虑网店需要销售的商品。一般来说，商品选择包含两个主要阶段：第一阶段是选择网店所经营的商品；第二阶段是从已有商品中继续选择商品，将其打造为爆款。

1. 选款

选款是商品选择的第一阶段，一般是指选择具有一定市场潜力的商品。在众多商品类型中，有些商品的总成交量非常大，但是销售这类商品的商家也非常多，竞争非常激烈，商家需要具备成熟的营销推广手段。有些商品成交量不算很高，但是市场前景好，竞争小，所以部分商家开始另辟蹊径，选择一些竞争较小但销量也比较可观的商品。如果具备一定的资源，商家也可选择一些经典款或者品牌商品，将其店铺打造成中高端店铺。总之，商家需要结合市场竞争性进行分析，选择适合自己的商品或服务。

第二阶段是在第一阶段的基础上，商家为了赚取更多的利润，有选择性地打造商品爆款。爆款是指在商品销售中供不应求，销售量高、人气高的商品。当商品有了一定的基础销量后，可以自行转换为爆款，即使短时间没有转换，也会增多加购和收藏数，对商品本身的权重十分有利。选择爆款的方法很多，常用方法主要包括以下4种。

● **按销量选款**：该选择方式是一种比较简单的选款方式，按照销量选择出来的商品，通常都是热销款式，受大众欢迎，竞争力比其他商品更强。但是这类商品的同款也会比较多，竞争环境会比较激烈。

● **搜索选款**：搜索选款是指根据消费者搜索的热门关键词来分析和判定商品，并选择爆款。搜索选款和销量选款区别较大，销量选款更注重商品之前的销售数据，而搜索选款则着眼于商品未来的数据。

● **直通车选款**：与销量选款类似，直通车选款首先需要选定一个主要关键词，便于在淘宝首页搜索。直通车选款需要商家分析直通车商品，找出直通车前100名的商品，分析并筛选上架时间短但收藏数高于2000的商品，这些商品既是受大众喜欢的商品，也是一些大型店铺的主推款式，具有爆款潜力。

● **活动选款**：活动选款是指根据活动的销售数据来选款。进行活动选款时，商家首先需关注各个活动中本类目的商品，并找出销量达到2000件的商品，然后使用数据分析工具查看竞争对手的销量，最后选择出适合且销量可观的商品。

从商品选择到打造爆款需要经历一个过程，在选定商品后，商家首先需对该商品的访问量、收藏量和购买量等进行分析，观察其是否可以成为爆款；其次还需对商品的总成交量、点击转化率等进行观测，对商品的实际销售状态进行测试；最后将销量表现良好、转化率理想，以及评价不错的商品确定为主推款。

经验之谈：

商品不同，其盈利效果就不同，所针对的人群也不相同。例如，对于女性而言，美妆、减肥、美白、祛痘等商品市场比较可观；对于老人而言，各种保健品、保健器具则更具有市场。

2. 选款的注意事项

为了保持较好的利润空间和发展空间，商家在选择商品时还需分析以下问题。

- 出售的商品是否为消费者必需品或准必需品，是不是大众商品，持续购买和持续生产能力如何。
- 与线下商品相比，其价格优势和利润优势如何，运输是否便利。
- 是否容易被仿制，是否容易贬值。
- 是阶段性商品还是非阶段性商品。
- 售后服务难度如何。

2.2 选择进货渠道，做好货源控制

电商商品的进货渠道很多，如通过阿里巴巴进货、通过分销网站找货源、通过线下厂家进货等；除此之外，通过寻找品牌积压库存、寻找换季处理商品、寻找拆迁与转让的清仓商品等途径也可以获得货源。下面分别对各种进货渠道进行介绍。

2.2.1 在阿里巴巴批发进货

阿里巴巴是我国国内最大的网上采购批发市场，很多淘宝商家喜欢通过阿里巴巴进货。阿里巴巴对各类商品均进行了详细的分类，并且提供了搜索功能，可以帮助商家快速、准确地找到所需要的商品，选择进货商品并进行下单。本小节以呢外套进货为例，介绍在阿里巴巴批发进货的方法，其具体操作如下。

STEP 01 在浏览器的地址栏中输入阿里巴巴网址，或通过百度搜索"阿里巴巴"，进入阿里巴巴批发网首页，在左侧的列表中选择类目，这里将鼠标指针移动到"女装"类目上，在弹出的菜单中单击"女装市场"栏下的"呢外套"超链接，如图2-4所示。

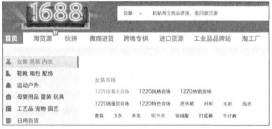

经验之谈：

在阿里巴巴的搜索文本框中输入关键词，也可快速搜索到所需的商品。

图2-4 进入呢外套搜索页面

STEP 02 打开呢外套搜索页面，如图2-5所示。

图2-5 进入呢外套搜索页面

STEP 03 "呢外套"搜索页面的上方对呢外套进行了非常详细的划分，如风格、厚薄、价格、分类等，这里单击"分类"栏中的"格子毛呢外套"超链接，如图2-6所示。

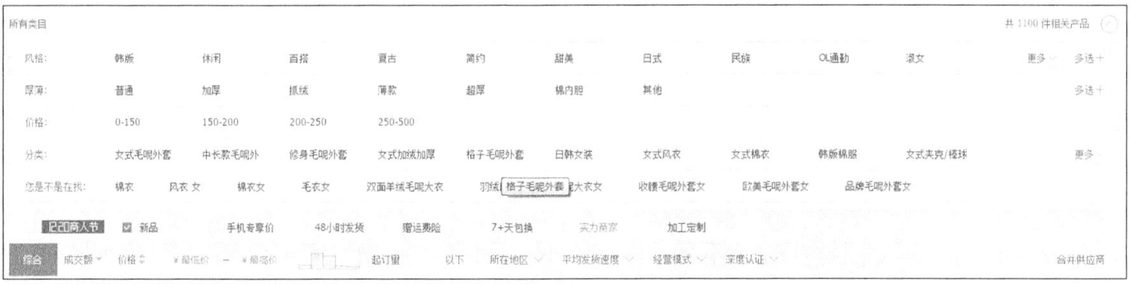

图2-6 筛选分类

STEP 04 进入格子毛呢外套的搜索结果页，继续在搜索结果页上方添加格子毛呢外套的筛选条件，如在"衣长"栏中单击"中长款（65cm＜衣长≤80cm）"超链接，如图2-7所示。

图2-7 筛选衣长

STEP 05 在"价格"文本框中设置价格筛选区间为50.00~200.00元，此时在"所有类目"栏中将显示已设置的筛选条件，如图2-8所示。

图2-8 筛选价格

STEP 06 查看筛选结果，单击合意的商品主图或商品名称，进入商品详情页面，滚动鼠标滚轮查看商品的图片、价格、材质等具体信息。浏览并对比各个供货商的商品，确认选择后，在该商品的详情页中首先设置商品的颜色，然后设置不同尺寸的订购件数，再继续订购其他颜色下各尺寸的数量，最后单击 立即订购 按钮，如图2-9所示。

图2-9　设置订购产品信息

STEP 07 在打开的页面中设置收货地址和联系电话等信息，设置完成后单击 确认收货信息 按钮，如图2-10所示。

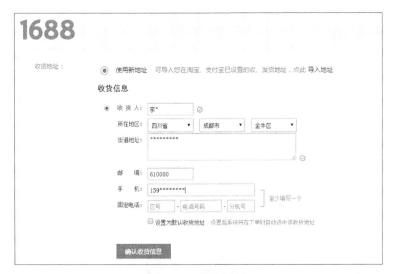

图2-10　设置收货信息

STEP 08 在该页面的下方，将显示已订购商品的信息、运费金额等，确认无误后单击 提交订单 按钮，如图2-11所示。

图2-11　提交订单

STEP 09 此时将打开支付页面，在该页面中选择支付方式并输入支付密码，然后单击 确认付款 按钮，即可完成交易，如图2-12所示。

经验之谈：

阿里巴巴的购买操作流程与淘宝网非常相似，单击 加入进货单 按钮可以将所选商品添加至进货单，大家可在完成商品的选购后，再进入"进货单"页面对所有选购商品的费用一次性进行支付，简化购买流程。

图2-12 支付货款

2.2.2 通过分销网站进货

除了阿里巴巴以外，网络上还有很多提供批发服务的分销网站，如搜物网、衣联网、中国货源网、好多鞋等，其中衣联网主要提供女装批发，好多鞋主要提供女鞋批发。其操作流程与阿里巴巴大同小异，商家首先需要在对应分销网站中进行注册，然后选择所需商品，设置订购信息并支付即可。图2-13所示为搜物网首页，商家在搜索文本框中直接输入商品关键词进行搜索即可。

图2-13 搜物网首页

2.2.3 通过供销平台进货

供销平台是淘宝网为商家提供代销、批发的平台，该平台可以帮助商家快速找到分销商或成为供货商。代销是指供货商与代销商达成协议，将商品的品牌授予代销商，为其提供商品图片等数据，而不提供实物，并与代销商协议价格，代销商赚取差价的活动。批发则与其他批发网站相似。要成为供销平台的代销商，商家首先需要进行申请，然后才能通过供销平台选择供货商进行代销。图2-14所示为天猫供销平台首页。

图2-14　天猫供销平台首页

经验之谈：

　　网络代销的资金投入比较少，比较适合新商家或小商家，同时网络代销操作过程要简单一些，不需要仓库，商品照片、商品描写等均由供应商准备，商家甚至不需要自己邮寄，只需将定金和资料提供给供应商即可。但由于不直接接触商品，所以商家很难把控商品质量，因此在选择供应商时一定要选择正规公司。

2.2.4　通过线下批发厂家进货

　　与线下商店进货方式一样，线上商店也可通过线下批发市场进货。批发市场的商品价格比较便宜，而且可以查看商品的质量、样式等，因此受到很多商家的青睐。线下批发市场一般具有以下3个特点。

- 本地货源成本低，商家可节约部分运输和仓储成本。
- 商品数量更丰富，品种更齐全，可选择范围更大。
- 进货时间和进货量都比较自由，补货时间更短。

　　商家如果与本地批发市场的供应商建立了良好的供求关系，通常可以拿到更便宜、更新、质量更好的货品，甚至可以等网上商店的商品售出以后再前往取货，不必占用过多的资金，也不会积压商品。

2.2.5　其他进货渠道

　　线上商店的进货渠道非常多，除了阿里巴巴、分销网站、供销平台和线下批发市场外，还可以通过寻找品牌商品积压库存，寻找换季节、拆迁与转让的清仓商品来获得货品，或者通过二手闲置与跳蚤市场、外贸尾单货、国外打折商品等途径获得货品。下面对其他进货渠道进行介绍。

- **寻找品牌商品积压库存：**品牌商品积压库存一般是指当季未售完的品牌商品。对于很多买家而言，品牌商品更具有吸引力，也更容易得到信任。品牌商在当季商品未售完时，为了清理积压库存，可能会选择低价出售或选择代销商进行代销。如果商家有条件或者途径，即可寻找可靠的积压品牌商品通过网店进行销售。
- **寻找换季、拆迁与清仓商品：**线下很多商店在换季、拆迁或者清仓的时候，都会大量低价出售库存商品，这类商品通常价格较低，品种也较为丰富。商家也可买进这些低价商品，通过网上商店进行销售。需要注意的是，清仓商品大多参差不齐，商家要注意检查商品质量、有效期等，注意辨别能否以商品降价为促销手段，并赢得尽可能大的价格空间。

- **二手闲置与跳蚤市场**：二手闲置与跳蚤市场也是获得货源的一种途径，但是二手闲置与跳蚤市场商品的不确定性太大，可能不合时宜，或者品质得不到保证。
- **外贸尾单货**：外贸尾单货是指厂家在生产外贸订单时的多余货品。商品在生产过程中，难免会出现次品，为了保证外贸订单中货品的质量，厂家一般会多生产一些备用商品，而这些剩下的尾单货就变成了线上商店的货源。外贸货性价比一般都较高，但可能颜色、尺码不齐全。此外，商家还需要在外贸市场中仔细辨认外贸尾单货的真伪，确保商品质量。
- **寻找国外打折商品**：寻找货源并非仅局限于国内，很多国外一线品牌在换季、节日期间，可能会打折出售，商家也可通过国外代购来获得货源。

↘ 2.2.6 进货的技巧

对于商家而言，货品并不是盲目选择的，其进货时不仅需要考虑货品的热门度、质量等因素，还需要考虑成本、库存等问题。基本的进货要领一般如下。

- **选择好商品**：好商品一般需具备消费者喜爱、质量好、价格合理等特点，因此商家在进货时，要注意辨别商品是否热门、是否有市场、是否价格合理，以能满足消费者需求为准。为了保证商品质量，商家可以在"货比三家"后再建立合作关系。
- **合理进货**：对于新商品而言，商家在试销时进货量不宜过大；对于畅销商品而言，商家则需要检查和分析库存，提前进货，保证供应量，但库存不建议过大；对于季节性商品而言，季初可以多进，季中少进，季末不进。此外，商家还需要注意进货时机，一般大部分商品都需要提前进货。
- **控制成本**：成本高低对盈利多少有直接影响，同时成本高低也直接影响着价格策略的实施。为了合理控制成本，商家需要充分了解商品和市场，还可以与供货商建立良好的长期合作关系，尽量以最低价格拿到商品。

2.3 注册、设置淘宝会员和支付宝

要想在淘宝网开店，首先需要成为淘宝会员。淘宝网注册主要以手机号码注册的方式为主，手机号码注册也是淘宝网的默认注册方式。成为淘宝会员后，还需要激活支付宝，即进行实名认证。为了保障账户安全，修改淘宝网与支付宝密码也是很有必要的，这些操作都是淘宝网开店之前的必须进行的操作。

↘ 2.3.1 注册成为淘宝会员

注册淘宝会员的操作比较简单，只需根据注册系统的提示进行相关操作即可。本小节介绍在淘宝网中注册会员的方法，其具体操作如下。

STEP 01 在浏览器的地址栏中输入淘宝首页的网址，按【Enter】键进入淘宝网页面，单击"免费注册"超链接，如图2-15所示。

STEP 02 打开"用户注册"页面，此时该页面中将打开"注册协议"对话框，这里必须同意该协议才可以进行注册，单击 同意协议 按钮，如图2-16所示。

图2-15　单击"免费注册"超链接

图2-16　打开的"注册协议"对话框

STEP 03 淘宝账户分为个人账户和企业账户，个人账户一般使用手机号码进行注册，企业账户可通过邮箱进行注册。这里默认注册个人账户。如图2-17所示，在该注册页面中填写注册手机号码。

STEP 04 按住鼠标左键拖动"验证"栏中的滑块至最右边完成验证，然后单击 下一步 按钮，如图2-18所示。

图2-17　输入注册手机号码

图2-18　完成验证

STEP 05 此时，淘宝注册系统将向填写号码的手机发送验证码。在打开的"验证手机"页面的"验证码"文本框中输入收到的验证码，单击 确认 按钮，如图2-19所示。

STEP 06 打开"填写账号信息"页面，分别在"登录密码"文本框和"密码确认"文本框中输入账户密码，在"登录名"文本框中输入账户名称，然后单击 提交 按钮，如图2-20所示。

图2-19　输入验证码

图2-20　设置登录密码和登录名

STEP 07 此时，将打开登录验证界面，单击 手机短信验证 按钮，在打开的页面中单击 免费获取验证码 按钮获取验证码，然后输入验证码再次进行验证，验证完成后单击 确定 按钮，如图2-21所示。

STEP 08 打开"设置支付方式"页面，在"银行卡号"文本框、"持卡人姓名"文本框和"手机号码"文本框中输入相应信息，然后单击 同意协议并确定 按钮，如图2-22所示。

图2-21　输入验证码

图2-22　输入持卡人信息

STEP 09 上述操作完成后，即可完成淘宝账户的注册，并在打开的页面中显示注册成功的信息，如图2-23所示。

图2-23　完成注册

经验之谈：

淘宝账户不仅可登录淘宝，还可登录淘宝网旗下的其他服务网站或软件，如阿里旺旺、支付宝、天猫商城等。此外，淘宝会员名称一经注册不能更改，商家可选择与店铺相关且适合记忆的名称。

2.3.2　登录淘宝账户

完成淘宝账户的注册后，用户即可使用注册好的账号和密码登录到淘宝网站中。本小节介绍登录淘宝账户的方法，具体操作如下。

STEP 01 打开淘宝网首页，如图2-24所示，在页面上方单击"请登录"超链接，打开淘宝登录页面。

STEP 02 淘宝登录方式默认为扫描二维码，该方式主要是通过手机淘宝客户端的扫码功能进行登录。单击右上角的 图标，可切换至账户登录模式，如图2-25所示。

图2-24　打开淘宝网首页

图2-25　切换登录模式

STEP 03 在账户登录页面的文本框中分别输入账户名称和密码，单击 登录 按钮，如图2-26所示。

STEP 04 开始登录时，淘宝将对当前登录环境进行检查，检查无误后可直接完成登录。如果检查出当前登录环境出现异常，则会要求用户进行验证，如图2-27所示，输入验证码并单击 确定 按钮即可完成登录。

图2-26　密码登录　　　　　　　　　　　　　图2-27　输入验证码

2.3.3　开通支付宝认证

支付宝是淘宝网主流的支付形式，用户注册淘宝账号后，使用该账号即可登录支付宝。但要想成为淘宝商家，用户必须先开通支付宝认证。本小节介绍在支付宝中开通认证的方法，具体操作如下。

STEP 01 在IE浏览器的地址栏中输入支付宝网址，按【Enter】键，打开支付宝页面，单击 我是个人用户 按钮，在打开的页面中单击 登录 按钮，在打开的"登录支付宝"页面中输入账号和密码，完成后单击 登录 按钮，如图2-28所示。

STEP 02 进入"我的支付宝"页面，在其中可查看支付宝账户的相关信息，将鼠标指针移动到"未认证"超链接上，在出现的提示框中单击"立即认证"超链接，如图2-29所示，打开"支付宝注册"页面。

图2-28　登录支付宝　　　　　　　　　　　图2-29　立即认证

STEP 03 在"设置身份信息"页面中输入支付密码和身份信息，如图2-30所示，输入完成后单击 确定 按钮。

STEP 04 打开"设置支付方式"页面，输入银行卡号、持卡人姓名、手机号码等信息，然后单击 获取校验码 按钮获取验证码，输入验证码后单击 同意协议并确定 按钮即可完成支付宝认证，如图2-31所示。

图2-30　输入身份信息　　　　　　　　图2-31　设置支付方式

经验之谈：

　　支付宝认证需要输入登录密码和支付密码，支付密码不能与登录密码相同，且支付密码不能为纯数字。填写的身份信息和银行卡信息都必须是真实的信息，该银行卡需开通网上银行功能。添加银行卡后，用户可在支付宝个人页面右侧对银行卡进行管理。

2.3.4　修改淘宝账户密码

　　为了淘宝账户的安全，用户需要定期修改淘宝账户的密码。本小节对修改淘宝账户密码的方法进行介绍，具体操作如下。

STEP 01 登录淘宝账户，将鼠标指针放到首页左上角的淘宝账号上，此时显示出账户的基本信息，单击菜单中的"账号管理"超链接，如图2-32所示。

STEP 02 进入"我的淘宝"账号管理页面，选择页面左侧工具栏中的"安全设置"选项，在右侧界面单击"登录密码"后的"修改"超链接，如图2-33所示。

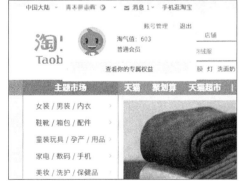

图2-32　单击"账号管理"超链接　　　　　图2-33　修改密码

STEP 03 系统会自动进行淘宝数字证书验证，验证成功后会进入"修改密码"页面，输入旧密码，再输入两次新密码，系统会提示密码安全度，一般数字+字母+符号的密码安全强度较高，注意新密码不能和旧密码相同，完成后单击 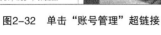按钮，如图2-34所示。

STEP 04 若输入无误，系统会提示"修改成功，请牢记新的登录密码"，如图2-35所示。

图2-34 输入修改的新密码　　　　　　　图2-35 修改淘宝账户密码成功

经验之谈:

如果计算机上安装了淘宝数字证书，则优先进行数字证书验证；如果未安装淘宝数字证书，则可以选择账号绑定的手机或者登录邮箱进行校验。

2.3.5 修改支付宝密码

支付宝通常绑定了银行卡，支付宝密码的安全直接关系到资金的安全，支付宝密码由登录密码和支付密码两部分组成。本小节对修改支付宝密码的方法进行介绍，具体操作如下。

STEP 01 登录淘宝账户，将鼠标指针放到首页左上角的淘宝账号上，此时在弹出的菜单中单击"账号管理"超链接，在打开的页面中单击换切到"首页"选项卡，在右侧单击"我的支付宝"超链接，如图2-36所示。

图2-36 进入"我的支付宝"页面

STEP 02 进入"我的支付宝"页面，单击"账户设置"标签，如图2-37所示。

图2-37 单击"账户设置"标签

STEP 03 在打开的"账户设置"页面左侧选择"安全设置"选项，单击"登录密码"栏后的"重置"超链接，如图2-38所示。

图2-38　重置登录密码

STEP 04 在打开的页面中输入当前支付宝登录密码，再输入两次新登录密码，单击 确定 按钮，如图2-39所示。

STEP 05 若输入无误，系统会提示"修改成功，请牢记新的登录密码"，如图2-40所示。

图2-39　输入新密码

图2-40　修改支付宝登录密码成功

STEP 06 单击"返回我的支付宝"超链接，返回"我的支付宝"页面，单击"账户设置"标签，在打开的页面中选择"安全设置"选项，单击"支付密码"栏后的"重置"超链接，如图2-41所示。

图2-41　重置支付密码

STEP 07 在打开的页面中选择"我记得原支付密码"选项，在展开的列表中单击 立即重置 按钮，如图2-42所示。

STEP 08 在打开的页面中输入当前支付宝的支付密码，单击 下一步 按钮，如图2-43所示。

图2-42　选择重置的方式

图2-43　输入原支付密码

STEP 09 输入无误后进入"重置支付密码"页面，输入两次新的6位数字格式的支付密码，单击 ▇▇ 按钮，如图2-44所示。

STEP 10 若输入无误，系统会提示"设置成功，请牢记新的支付密码"，如图2-45所示。

图2-44　输入新支付密码

图2-45　修改支付宝支付密码成功

↘ 2.3.6　绑定银行卡

灵活使用支付宝的前提就是将银行卡绑定到支付宝中，这样才能实现一系列的快捷支付操作。本小节介绍在支付宝中添加快捷支付银行卡的方法，具体操作如下。

STEP 01 进入"我的支付宝"页面，单击"账户设置"标签，在打开的页面中选择"付款方式和额度"选项，在打开的界面中单击"账户支付功能"栏下的"快捷支付"板块中的"添加"超链接，如图2-46所示。

扫一扫

绑定银行卡

图2-46　添加快捷支付银行卡

STEP 02 在打开的页面中依次输入真实姓名、身份证号、银行卡卡号、手机号码等信息，确认无误后单击 同意协议并确定 按钮，如图2-47所示。需要注意的是，手机号码必须为申请银行卡时在银行预留的号码。

图2-47　输入开通快捷支付的相关信息

STEP 03 打开"手机校验"对话框，输入手机中收到的校验码，确认无误后单击 确认 按钮，如图2-48所示。

图2-48　输入手机校验码

STEP 04 验证无误后，在打开的页面中将提示"银行卡添加成功"，如图2-49所示。

图2-49　成功添加银行卡

2.3.7 支付宝账目查询

支付宝中钱款用来购物、转账、充值、理财、还款、提现等都有相关记录，为了了解支付宝账目某项明细，用户可以利用交易记录功能来查询。本小节讲解利用交易记录查询近3个月转账明细的方法，具体操作如下。

STEP 01 进入"我的支付宝"页面，单击右上角的"交易记录"超链接，如图2-50所示。

图2-50　查看交易记录

STEP 02 在打开的页面中依次设置账目的时间、分类、状态，这里单击"3个月"按钮和"转账"按钮，此时按钮颜色将变深，在下方的搜索结果中可查看转账明细，如图2-51所示。

图2-51　查看近3个月的转账明细

2.4 知识拓展

1. 进货的禁忌

除了掌握进货的要点外，商家还需掌握进货的禁忌，避免进货出现偏差，影响店铺的经营与发展。进货时应注意以下8点禁忌。

● **不要贪便宜**：由于经营初期还不能很好地把握整个市场的行情，商家千万不要因为商品价格便宜就不管商品的质量而进行盲目采购。如果商家销售了质量差的商品，导致消费者失望则得不偿失。

● **不要贪多**：初期经营网店时，商家还不能完全把握消费者的喜好，不能因为货源不足而盲目进货，此时应采取多款量少的原则，分析消费者的品位，否则一旦造成压货的情况将适得其反。

● **不要到处拿货**：商家应尽量使自己的货源稳定，保持在同一家批发商处拿货，即使发现其他批发商的价格比较便宜，也尽量和同一家批发商进行商谈，表明自己希望长期合作的意愿，争取拿到更便宜的货品。

● **不要长时间检查商品**：在批发商处进货后，商家不要在批发商面前慢慢检查商品，可先清点商品数量，然后尽量减少检查的时间，增加与批发商之间的信任。当然，如果商家发现商品存在问题，则可根据与批发商商定的协议换货。

- **不要纠缠不休**：批发单件商品的利润很低，一般商家都靠批量来赚取利润，因此商品价格的调整幅度不会太大，一般保持在2%~5%。如果为了获得更小的价格差距而与批发商讨价还价，会引起批发商的反感，甚至不愿继续合作。
- **不要舍近求远**：如果本地的批发市场有需要的商品，就在本地进货；如果看到其他地方的价格较低，商家就要从运费、残次品等风险的角度进行考虑。
- **不要指望通过批发商换货来降低风险**：进货时，商家不要向批发商提出"若是购买的产品不好卖可否退换为好卖的商品"等问题，如果商家提出这样的问题，会被批发商认定为生意场上的新手，从而导致批发商抬高价格。批发商无义务为商家承担进货的风险，能提供的最大支持就是将次品进行更换。
- **选择合适的运输方式**：在批发市场里，一般货物的运输方式是汽车或铁路，运输成本比快递低得多，需要商家自己负责运输；若批发商出托运费用，则搬运到货场的费用与运费必须由商家自己支付。

2. 淘宝账户的密码设置要求

为了保障账户的安全，用户在注册设置密码时，应注意以下问题。

- 密码长度为6~16个字符。
- 设置密码时，可将英文字母、数字和符号进行组合设置，还可区分大小写，尽量不要有规律。
- 如设置的密码安全性较低，系统会提醒用户进行密码修改，直到符合安全性标准为止。
- 密码与会员名或电子邮件地址不相同。
- 不要单独使用英文字母。
- 不要使用单独的数字。
- 不同的账户尽可能不使用同一个密码，以免一个账户被盗，造成其他账户同时被盗。

3. 设置密保问题

忘记密码时，用户可单击对应的提示"忘记密码"超链接，然后利用手机短信验证的方式重置密码。此外，为了确保账户的安全，用户还可设置密保问题，提升账户安全。其方法是，登录淘宝账户，单击首页右上角"我的淘宝"超链接，进入"我的淘宝"账号管理页面，将鼠标指针移动到菜单中的"账号管理"超链接上，在打开的菜单中单击"密保问题设置"超链接，在打开的页面中设置安保问题与答案，如图2-52所示，然后单击 确定 按钮即可。

图2-52　设置密保问题

2.5 课堂实训

2.5.1 实训一：在阿里巴巴上采购韩版加厚毛衫

【实训目标】

本实训要求在阿里巴巴上采购韩版女士加厚毛衫，采购数量为20件，如图2-53所示。

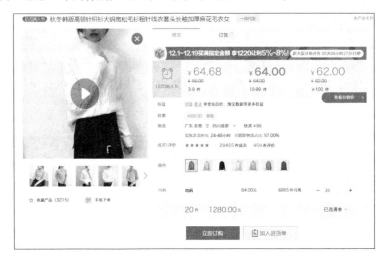

图2-53 采购韩版女式加厚毛衫

【实训思路】

根据实训目标，分为8个步骤对在阿里巴巴上采购韩版加厚毛衫的操作进行讲解。

STEP 01 进入阿里巴巴批发网首页。在浏览器的地址栏中输入阿里巴巴网址，或通过百度搜索"阿里巴巴"，进入阿里巴巴批发网首页。

STEP 02 进入女装市场。在左侧的"行业市场"列表中选择所需商品类型，这里单击"女装"类目下的"毛衫"超链接，进入毛衫市场。

STEP 03 筛选搜索结果。在"毛衫"搜索页中设置价格区间为50.00~70.00元、分类为"女士加绒加厚"、风格为"韩版"，此时在"所有类目"栏中将显示已设置选项。

STEP 04 查看商品详情。单击商品主图或商品名称，进入商品详情页面，滚动鼠标滚轮查看商品的图片、价格、材质等具体信息。浏览并对比各个供货商的商品。

STEP 05 订购商品。选择合适的商品后，进入该商品的详情页，在其中设置商品的颜色、尺码、数量等订购信息，然后单击 立即订购 按钮。

STEP 06 设置收货信息。在打开的页面中设置收货地址、联系电话等信息，设置完成后单击 确认收货信息 按钮。

STEP 07 提交订单。在该页面的下方，还将显示已订购商品的信息、运费金额等，确认无误后单击 提交订单 按钮。

STEP 08 支付货款。此时将打开支付页面，在该页面中选择支付方式并输入支付密码，然后单击 确认付款 按钮，即可完成交易。

2.5.2　实训二：重置淘宝与支付宝密码

【实训目标】

本实训要求重置淘宝与支付宝密码，以提升账户安全。图2-54所示为淘宝与支付宝密码更改页面。

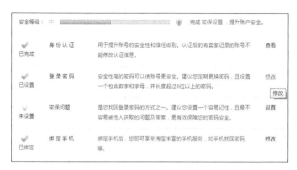

图2-54　重置淘宝与支付宝密码

【实训思路】

根据实训目标，分为3个部分进行密码的修改，分别为淘宝登录密码修改、支付宝登录密码修改、支付宝支付密码修改。下面进行具体介绍。

STEP 01 修改淘宝登录密码。进入"我的淘宝"账号管理页面，选择页面左侧工具栏中的"安全设置"选项，在右侧界面中单击"登录密码"后的"修改"超链接。

STEP 02 进入支付宝页面。登录淘宝账户，将鼠标指针放到首页左上角的淘宝账号上，在弹出的菜单中单击"账号管理"超链接，在打开的页面中单击"首页"标签，在右侧单击"我的支付宝"超链接。

STEP 03 支付宝登录密码修改。在"账户设置"页面左侧选择"安全设置"选项，单击"登录密码"栏后的"重置"按钮。

STEP 04 支付宝支付密码修改。在"账户设置"页面左侧选择"安全设置"选项，单击"支付密码"栏后的"重置"按钮。

2.6　课后练习

（1）在阿里巴巴网中搜索并选购"雪地鞋"商品，将搜索价格区间设置为100~350元，然后设置商品的数量和颜色，加入订货单中。

（2）注册搜物网，在其中搜索并选购"T恤"商品，设置商品的数量和颜色，然后将其加入到订货单中。

（3）使用邮箱注册淘宝账户，然后登录支付宝进行认证。

（4）查询支付宝上月的购物支出明细。

（5）为支付宝添加银行卡，并修改支付宝的支付密码。

第3章
开设并装修店铺，
发布高品质商品

　　做好淘宝账户、支付宝账户的注册，并选择好货源后，创业者就可以在淘宝中申请开通店铺了。当店铺开通成功后，创业者需要先对店铺进行装修，包括设置店铺基本信息、应用店铺模板、选择店铺风格、设置店铺招牌等内容，以美化店铺的外观，为买家留下良好的第一印象。完成店铺的装修后，即可以发布商品。在发布时创业者要注意认真填写商品信息，因为这关系到商品的展示效果，对客户的购物行为起着十分重要的引导作用。

- 开设并装修店铺
- 发布商品

本章要点

 案例导入

大学生网上开花店，轻松创业当老板

林琳是一个十分热爱生活的女孩子，虽然高考的成绩并不理想，但她仍然进入了一所普通大学学习园艺。在校期间，林琳为了更好地体验生活，经常推着小车去卖花，但有时太晚了卖不完会导致花变得不那么新鲜，这样就造成了鲜花的浪费和成本的增加。为了更好地保证鲜花的新鲜程度，林琳在淘宝上开了一家网店，等买家先在淘宝中下单后，林琳再统一发货，这既能保证鲜花的品质，又能满足购买者的各种需求。

林琳的淘宝店装修得也很有特色，因为是卖鲜花的，所以林琳选择了淡淡的粉色作为店铺的整体色调，然后将各种拍摄好的鲜花图片发布到淘宝网店中，通过淘宝系统的各种模块来展示鲜花，每张鲜花图片之间留有空白，方便购买者观看。当买家进入林琳的花店后，第一眼看到的是大大的鲜花飞舞的动画，以及亲切的问候语，这样不但拉近了店铺与买家之间的距离，还让他们感到亲切、温暖，并且简洁、美观的店铺装修风格也让买家觉得该店铺十分专业并很享受。很多到林琳店铺中购买鲜花的买家后来都对她说，"很喜欢你店铺的装修风格，感觉很温馨、简洁，来了一次之后，总是忍不住再来看看。"

林琳很高兴自己的店铺受到了众多买家的喜欢，不过她知道，只靠美观的店铺装修并不能留下"挑剔"的买家。因此，林琳在商品的信息上下足了工夫，在发布商品时，仔细地填写鲜花的名称、种植季节、搭配方式、保养技巧，并拍摄了鲜花的种植基地、包装效果、室内效果等效果图，这些信息搭配在一起，组成了详细且清晰的宝贝详情页面，林琳还把买家最关心的送货时间以醒目、幽默的方式置顶，一下子就把买家关心的问题和想要咨询的内容均呈现出来了。

因为对店铺装修和商品发布的认真，林琳得到了买家的好评，并使店铺生意蒸蒸日上。经过大学几年的经营，林琳的店铺不仅在学校周边小有名气，还吸引了很多其他地方的网友。林琳从小就喜欢花花草草，自己又是学的园艺，因此花在花店上的精力也越来越多。到了毕业的时候，林琳干脆一心扑在了花店的扩建上，在学校周边租了一个小门店，摆上店铺里的花花草草，将店面装修得清新怡人，又雇了两名送货的员工负责配送当地的鲜花订单。就这样，林琳的鲜花网店有了自己的实体店面。现在，林琳的小门面已经扩大到了100多平方米，店铺里面装修得像个花园一样，林琳自己当上了老板，聘请了专业的花卉护理人员，自己则主要负责管理上的事务。

【案例思考】

有创业想法的大学生不在少数，然而有耐心、有精力并且始终如一，不断投入精力与时间来开拓的人还是占少数。林琳自己开了网店，花了大量的精力来进行店面的装修和商品信息的发布，这是她的网店能够成功经营的基本条件。大学生创业开网店，方式多种多样，但都需要做好网店的装修、商品的发布等基础工作，那么在淘宝平台中怎么来进行这些操作呢？

3.1　开设并装修店铺

完成开店准备，选好货源、开通淘宝账户和支付宝账户后，创业者即可登录淘宝网申请开通店铺。完成开通后，创业者还需要对店铺进行装修，保证店铺中的商品美观、风格适宜。下面将对开设并装修淘宝店铺的方法进行详细介绍。

↘ 3.1.1 申请网上店铺

创业者在淘宝网中申请店铺需要有身份证、手机、银行卡等，因为申请店铺时，需要进行支付宝和淘宝开店的实名认证，需要使用身份证进行验证，并通过手机接收验证码。不仅如此，申请淘宝店铺的过程中，大部分的验证工作还需要手机必须具备扫描二维码和安装相关App的功能，如安装手机支付宝和阿里钱盾等。本小节进行淘宝店铺的申请操作，在这个过程中创业者需要对支付宝和淘宝进行实名认证，然后等待淘宝官方进行审核，审核通过后即可创建自己的店铺，具体操作如下。

扫一扫
申请网上店铺

STEP 01 登录淘宝网首页，将鼠标指针移动到网页上方的"卖家中心"超链接上，在打开的下拉列表中单击"免费开店"超链接，如图3-1所示。

STEP 02 进入淘宝卖家中心的"免费开店"页面，在该页面中选择店铺类型，这里单击 个人开店 按钮，如图3-2所示。

图3-1 单击"免费开店"超链接

图3-2 单击"个人开店"按钮

STEP 03 进入"开店条件检测"页面，在该页面中可查看未通过认证的选项，单击"支付宝认证"后的"立即认证"超链接，如图3-3所示。

STEP 04 进入"支付宝身份校验"页面，在该页面中可上传身份证照片，也可使用手机扫描右侧二维码，通过手机进行验证，如图3-4所示。

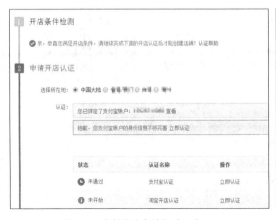

图3-3 支付宝实名认证（一）

图3-4 支付宝实名认证（二）

STEP 05 使用手机支付宝App扫描二维码进行验证，在手机上打开"身份校验"页面，单击 拍二代身份证 按钮，如图3-5所示。

STEP 06 在打开的页面中将直接进行身份证的拍摄，将身份证放置在手机镜头下方，点击屏幕即可拍摄，如图3-6所示。在拍摄身份证时，需要拍摄正反两面，同时必须跟随提示进行拍摄，头像和国徽必须放入拍摄系统预设的头像框和国徽框中。

STEP 07 拍摄完成后单击 拍摄 按钮，在打开的页面中可以查看拍摄后的证件图片，单击 确认并提交 按钮提交验证，如图3-7所示。

图3-5　身份校验

图3-6　拍摄身份证

图3-7　提交验证

STEP 08 提交完成后，再次进入申请店铺页面，可查看支付宝实名认证已通过。在"开店条件检测"页面中单击"淘宝开店认证"后的"立即认证"超链接，在打开的页面中单击 立即认证 按钮，进行淘宝开店的身份验证，如图3-8所示。

STEP 09 进入"淘宝身份认证资料"页面，在该页面中介绍了身份验证的相关步骤。淘宝身份认证需要使用阿里钱盾，单击 扫码安装 按钮，使用手机扫描列表中的二维码，如图3-9所示。

图3-8　淘宝开店身份验证

图3-9　安装阿里钱盾

STEP 10 在手机中打开阿里钱盾的下载安装页面，安装完成后打开阿里钱盾，使用阿里钱盾扫描图3-9中的二维码，在打开的页面中单击 开始验证 按钮进行人脸验证，如图3-10所示，并根据系统提示进行相应操作。

STEP 11 人脸验证完成后，进入"拍摄照片"页面，按照系统提示和要求对身份证进行拍摄，拍摄完成后系统将显示所拍摄照片，单击 提交 按钮提交申请，如图3-11所示。

STEP 12 提交完成后，在打开的页面中将提示"已提交，等待审核中"，如图3-12所示。淘宝开店审核的时间一般为48小时，审核通过后即可进入店铺。

图3-10 人脸验证

图3-11 提交申请

图3-12 等待审核

STEP 13 审核通过后，进入淘宝卖家中心即可查看认证结果，然后单击 创建店铺 按钮，如图3-13所示。

图3-13 单击"创建店铺"按钮

STEP 14 第一次进入"卖家中心"后台，淘宝网将打开"签署开店协议"对话框，单击 同意 按钮，如图3-14所示。同意开店协议后，即可在后台进行开店操作。

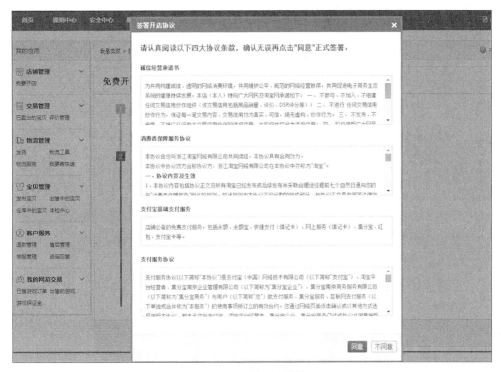

图3-14 同意开店协议

3.1.2 设置店铺基本信息

成功申请淘宝店铺后，店铺的名称、店标、简介等信息都默认为未设置状态，需要商家自行设置。本小节进入"卖家中心"后台页面，进行店铺基本信息的设置，具体操作如下。

STEP 01 进入淘宝卖家中心，将鼠标指针放在"店铺管理"栏中 ▷ 按钮上，在打开的下拉列表中单击"店铺基本设置"超链接，如图3-15所示。

STEP 02 进入"店铺基本设置"页面，在"店铺名称"文本框中输入店铺的名称，如图3-16所示，单击"店铺标志"栏的 上传图标 按钮。

图3-15 单击"店铺基本设置"超链接

图3-16 设置店铺名称

STEP 03 在"打开"对话框中选择店标图片，然后单击 打开(O) 按钮，如图3-17所示。

STEP 04 返回"店铺基本设置"页面，即可看到店标已成功上传到页面中，如图3-18所示。

图3-17　选择店标

图3-18　上传店标

STEP 05 在"店铺简介"文本框中输入店铺简介，店铺简介会在店铺搜索中进行展现，因此应该填写具有实际意义的内容，如图3-19所示。

STEP 06 在"经营地址"栏中单击右侧的下拉按钮▼，设置店铺地址，在"主要货源"栏中设置货源，在"店铺介绍"栏中填写店铺简介信息，然后单击 保存 按钮，如图3-20所示。

图3-19　设置店铺简介

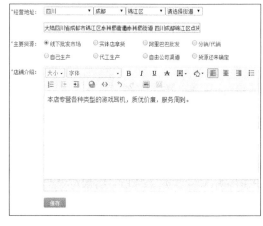

图3-20　设置其他信息

经验之谈：

在"店铺简介"栏后单击"详细说明"超链接，可查看店铺简介的填写方法。

↘ 3.1.3　应用店铺模板

淘宝为商家提供了多种店铺模板，商家可直接使用这些已经设置好的模板。模板中包括已经设置好的配色方案、店面布局等内容。应用店铺模板的方法是：进入淘宝卖家中心，在左侧的"店铺管理"栏中单击"店铺装修"超链接，打开"店铺装修"页面；单击该页面左侧的"模板"选项，打开"模板管理"页面，在"可用的模板"选项卡中选择需使用的模板，单击 马上使用 按钮应用模板即可，如图3-21所示。此时，该模板将自动应用到店铺中，并显示"新手引导"界面，单击 请神，请引导我 按钮跟随淘宝的引导了解模板的组成部分和操作方法，完成后单击 完成 按钮即可。

经验之谈：

单击应用后的淘宝模板右侧的 备份和还原 按钮，可以对模板进行备份和还原，方便以后进行操作。

图3-21 应用店铺模板

3.1.4 设置店铺风格

店铺风格是店铺的主要基调，一般需与店铺所经营商品的属性相符。在淘宝网中，商家主要可通过配色、页头、页面等对店铺风格进行设置。

1. 配色

配色是指对店铺模板的颜色进行设置，不同的模板类型，其配色方案也不一样。设置配色方案的方法很简单：进入"卖家中心"，在左侧"店铺管理"栏中单击"店铺装修"超链接，打开"店铺装修"页面；单击"PC端"选项，将鼠标指针移至打开页面的"首页"选项上，然后单击其右侧的 装修页面 按钮，打开"店铺装修"页面，单击该页面左侧的"配色"选项，在打开的面板中可选择店铺的配色，如图3-22所示。

图3-22 更改配色

2. 页头

页头是指店铺最上方的区域，商家既可以设置页头为纯色，也可以设置页头为图案。

● **设置页头为纯色**：在"店铺装修"页面的左侧单击"页头"选项，在打开的面板中单击"页头背景色"色块 ，打开"调色器"对话框，在其中选择所需的颜色或直接输入颜色的RGB值，单击 确定 按钮即可，如图3-23所示。

 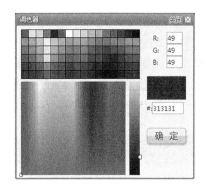

图3-23　设置页头颜色

经验之谈：

为了保证店铺的美观性，页头颜色的设置建议与模板风格统一。如果不需要显示页头效果，可撤销选中"显示"复选框。

● **设置页头为图案**：在"店铺装修"页面的左侧单击"页头"选项，在打开的面板中单击 更换图片 按钮，在"打开"对话框中选择需要设置为页头背景的图片，单击 打开(O) 按钮，将图片添加到页头背景中。此时"页头"面板中出现"背景显示"栏和"背景对齐"栏，在其中可对页头背景的显示和对齐效果进行设置，如图3-24所示。

图3-24　设置页头图案效果

3. 页面

页面是指页头正下方的页面背景区域，页面的设置方法与页头一样，可设置为纯色，也可设置为图案。一般来说，页面与页头的效果应该保持一致，即页头设置为某种颜色，页面最好也使用相同或相似的颜色；页头设置为图案效果，则页面最好也使用相同或相似的图案效果。

↘ 3.1.5　设置店铺招牌

店铺招牌是店铺形象和风格的代表，主要用于向买家展示店铺名称和形象，其中可以包括图案、文字等多种元素。淘宝网所支持的店招图片格式为GIF、JPG、PNG，分为常规店招和通栏店招两种不同的规格，分别介绍如下。

● **常规店招**：是淘宝网默认的店招图片类型，其尺寸为950像素×120像素，大于该尺寸的部分将被裁剪掉。

● **通栏店招**：是指包括导航栏内容的，可以制作为全屏通栏的店招，其尺寸为1920像素×150像素。

店铺店招图片通常需要在Photoshop中制作，然后上传到店铺中，这样商家才能在浏览店铺商品时看到店招。下面将具体介绍制作店铺店招和上传店铺店招的方法。

1. 制作常规店招

制作店招时，商家需要紧密结合店铺的定位和品牌的形象特征，并将其清楚地体现出来，以快速吸引目标消费群体，给消费者留下良好的第一印象。在Photoshop CS6中制作大小为"950像素×120像素"的常规店招，并通过在店招中添加店铺的名称、商品图片、商品价格和收藏按钮等内容来体现店铺形象，具体操作如下。

STEP 01 启动Photoshop CS6，选择【文件】→【新建】菜单命令，打开"新建"对话框，在"名称"文本框中输入"耳机店招"，在"宽度"数值框后单击下拉按钮▼，在打开的下拉列表中选择"像素"选项，然后设置"宽度"和"高度"分别为"950"和"120"，设置"分辨率"为"72像素/英寸"，完成后单击 确定 按钮，如图3-25所示。

STEP 02 打开素材文件"耳机素材.psd"（配套资源:\素材文件\第3章\耳机素材.psd），选择"移动工具" ，将"耳机素材.psd"图像文件中"图层1"～"图层3"的耳机图像拖动到"耳机店招"图像文件中，效果如图3-26所示。

图3-25　新建"耳机店招"图像文件

图3-26　移动素材到"耳机店招"图像文件

STEP 03 单击"图层"面板中"图层2"和"图层3"前的 图标，隐藏"图层2"和"图层3"。然后选择"图层1"，按【Ctrl+T】组合键进入自由变换状态，此时图像四周将出现控制点，将鼠标指针放在上角的控制点上，按住【Shift】键不放向下拖动鼠标，缩小图像，如图3-27所示。

STEP 04 将鼠标指针放在右上角的控制点上，当鼠标指针变为 形状时，向左拖动鼠标旋转图像。然后使用相同的方法调整"图层2"和"图层3"中的图像，并放置到合适的位置，效果如图3-28所示。

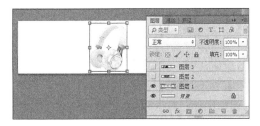

图3-27　调整"图层1"中的图像

图3-28　调整其他图像

STEP 05 选择"椭圆工具" ⬭，在工具属性栏中设置填充颜色为"#85c8e2"，按住【Shift】键不放，在"图层1"中的耳机图像上绘制一个大小为"109 像素×109 像素"的圆，此时将自动生成"椭圆1"图层，将该图层拖动到"图层1"的下方，如图3-29所示。

STEP 06 选择"移动工具" ⊹，选择绘制的圆，按住【Alt+Shift】组合键水平复制两个圆，将两个圆放置到"图层2"和"图层3"下方，分别修改填充颜色为"#43a8cf"和"#eeeeee"，完成后的效果如图3-30所示。

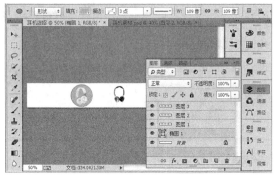

图3-29　绘制圆形

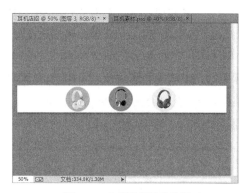

图3-30　复制并调整其他圆形

STEP 07 选择"自定形状工具" ✿，设置填充颜色为"#ff0000"，在工具属性栏中单击"形状"下拉列表框右侧的按钮，在打开的下拉列表中选择"会话1"选项，如图3-31所示。

STEP 08 设置完成后，拖动鼠标，在圆的右上角绘制一个形状，效果如图3-32所示。

图3-31　选择"会话1"选项

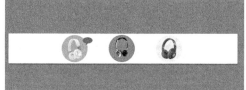

图3-32　绘制自定形状

STEP 09 选择"横排文字工具" T，设置字体为"微软雅黑"、字体大小为"12点"、消除锯齿的方法为"锐利"，在绘制的会话形状上方输入文字"HOT"，如图3-33所示。

STEP 10 在"图层"面板中选择会话形状图层和文字图层，单击鼠标右键，在弹出的快捷菜单中选择"链接图层"命令，如图3-34所示。

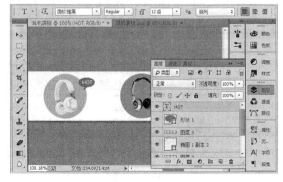

图3-33　输入文字

图3-34　链接图层

STEP 11 复制链接后的形状和文字图层，将其移动到其他两个圆的右上角，修改最后一个会话形状的填充颜色为"黑色"。使用相同的方法，在圆的右下角绘制会话形状并添加文字，效果如图3-35所示。

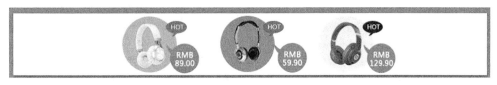

图3-35　绘制其他形状并添加文字

STEP 12 在第一个耳机图形的左侧绘制一条颜色为"#707070"的竖线，然后在左侧输入中文文字"尚音阁"，设置字体为"方正兰亭圆简体_中粗"；输入英文文字"SHANGYINGE"，设置字体为"微软雅黑"，适当调整字体的大小，并在两个文本的中间绘制一条颜色为"#f84646"的横线，效果如图3-36所示。

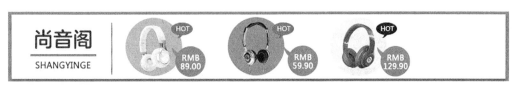

图3-36　输入文字与线条

STEP 13 在右侧输入文字"｛BOOK MAKE｝"和"点击收藏"并设置相应的字体、字号，在"点击收藏"上制作一个颜色为"#e5e5e5"的矩形底色，完成店招的制作，如图3-37所示（配套资源:\效果文件\第3章\耳机店招.psd）。

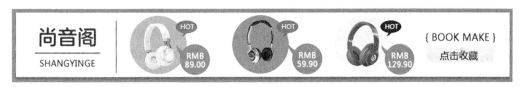

图3-37　完成后的常规店招效果

2. 制作通栏店招

通栏店招，即宽度与显示器等长的店招。显示器的分辨率不一致，其对通栏图片的显示完整度也不一样。为了保证店招中的主要信息在任何显示器中都能完整显示，我们一般在店招的左右两侧空出宽度为485像素的区域，并在下方添加导航内容。在常规店招的基础上直接添加导航部分，不做其他修改，具体操作如下。

扫一扫

制作通栏店招

STEP 01 打开上面制作好的"耳机店招.psd"图像文件，将其另存为"通栏耳机店招.psd"，选择【图像】→【画布大小】菜单命令，打开"画布大小"对话框，设置宽度和高度的值分别为"1920像素"和"150像素"，单击 确定 按钮扩展画布，如图3-38所示。

STEP 02 将图像中的内容往上移动，留出制作导航的区域。新建一个图层，然后选择"矩形选框工具" ，设置矩形选框的宽度为"485像素"，在左侧单击鼠标绘制一个矩形选框。按【Ctrl+R】组合键显示标尺，拖动标尺到图像中选区的位置，绘制参考线。使用相同的方法，在右侧绘制另一条参考线，然后设置矩形选框的宽度和高度分别为"1920像素"和"30像素"，在图像底部单击绘制一个与图像等宽的矩形选区并填充为黑色，如图3-39所示。

图3-38　扩展画布大小

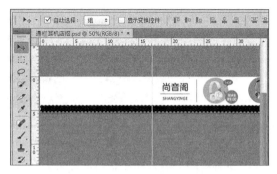

图3-39　绘制矩形选区

STEP 03 按【Ctrl+D】组合键取消选区。选择"横排文字工具" **T**，设置字体为"微软雅黑"、字体大小为"16点"、字体颜色为"白色"，输入导航文字，注意文字不要超出左右两侧参考线所在的区域，完成后的效果如图3-40所示。

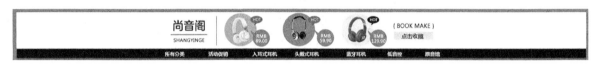

图3-40　完成后的通栏店招效果

3. 装修店招

完成店招的制作后，商家需要将店招存储为淘宝可上传的格式，然后将其上传到淘宝的首页中。淘宝中可以上传常规店招和自定义店招，下面分别介绍操作方法。

（1）上传常规店招

上传常规店招的方法很简单，只需选择默认店招进行上传即可，其具体操作如下。

STEP 01 打开"耳机店招.psd"图像文件，选择【文件】→【存储为】菜单命令，打开"存储为"对话框，设置文件的存储位置、文件名和保存类型，这里设置文件名为"耳机店招"、保存类型为"JPEG"，单击 保存(S) 按钮进行保存，在打开的"JPEG选项"对话框中单击 确定 按钮，如图3-41所示。

STEP 02 进入淘宝卖家中心，单击"店铺装修"超链接，在打开的页面中单击"PC端"选项，将鼠标指针放在"首页"选项上，单击 装修页面 按钮，如图3-42所示。

图3-41　存储图像

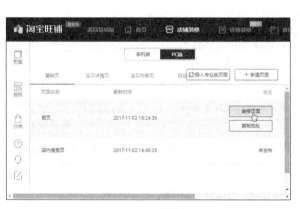

图3-42　编辑首页

STEP 03 打开首页装修页面，将鼠标指针放在"店铺招牌"模块上，单击 ✎编辑 按钮，如图3-43所示。

STEP 04 打开"店铺招牌"对话框，在"招牌类型"栏中选中"默认招牌"单选按钮，单击 选择文件 按钮，在下方单击"上传新图片"标签，在展开的列表中单击"添加图片"超链接，如图3-44所示。

图3-43　编辑店铺招牌

图3-44　设置默认招牌

STEP 05 打开"上传图片"对话框，单击 点击上传 按钮。在"打开"对话框中选择要上传的"耳机店招.jpg"图像文件，单击 打开(O) 按钮进行上传。然后返回"店铺招牌"对话框，单击"从淘盘选择"标签，选择上传的图像文件，如图3-45所示。

STEP 06 此时，店铺招牌的背景图区域将自动显示上传的图像，撤销选中"是否显示店铺名称"选项后的复选框，单击 保存 按钮即可完成设置，如图3-46所示。

图3-45　在图片空间中上传图片

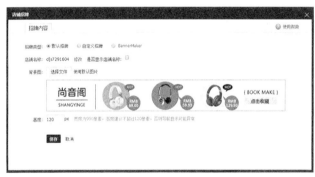
图3-46　完成店招上传

STEP 07 返回店铺首页，即可看到设置店铺招牌后的效果，如图3-47所示。

图3-47　查看效果

（2）上传通栏店招

通栏店招的大小一般为1920像素×120像素或1920像素×150像素，当店招高度被设置为150像素时，店招图片将覆盖淘宝原有的导航区域，此时商家也需要自定义导航条。此外，上传通栏店招时，商家还需在店招中添加跳转链接。上传通栏店招的方法也比较简单，我们首先使用Photoshop进行切片，再进行设置，具体操作如下。

STEP 01 打开"通栏耳机店招.psd"图像文件，选择"切片工具" ，在工具属性栏中单击 基于参考线的切片 按钮，基于参考线位置对图片进行切片，如图3-48所示。

STEP 02 选择【文件】→【存储为Web所用格式】菜单命令，打开"存储为Web所用格式"对话框，在"预设"栏中将图片格式设置为"JPEG"，单击 存储 按钮，打开"将优化结果存储为"对话框，设置切片文件的保存位置，如图3-49所示。

扫一扫
上传通栏店招

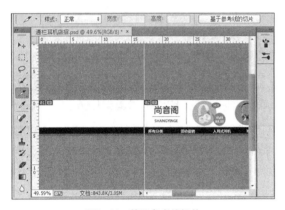

图3-48　基于参考线切片

图3-49　存储切片

技巧秒杀

因为我们在制作耳机通栏店招时就已经绘制了左右两侧的参考线，所以这里无须重新绘制。该通栏店招的中间部分与常规店招的效果一致，我们也可以直接使用上面存储的图片，无须进行切片。若用户制作的通栏店招效果较为复杂，中间区域与常规店招的效果不同，则需要再次绘制参考线，确保淘宝默认的店招区域能够正常显示制作的图片效果。

STEP 03 登录淘宝卖家中心，将切片后的图片和通栏耳机店招图片上传到图片空间。在百度中搜索并打开"码工助手"，在网页导航中单击"在线布局"超链接，如图3-50所示。

STEP 04 切换到淘宝图片空间，将鼠标指针移到全屏店招中间部分的切片图片上，单击"复制链接"按钮 ，打开"请手动复制内容"对话框，按【Ctrl+A】组合键全选内容，再按【Ctrl+C】组合键进行复制操作，如图3-51所示。

图3-50　单击"在线布局"超链接

图3-51　复制链接

STEP 05 切换到码工助手下的"在线布局"页面，将鼠标指针移到 按钮上，在打开界面的"高"数值框中输入"150"，在"背景图"文本框中按【Ctrl+V】组合键粘贴刚才复制的图片链接，如图3-52所示。

STEP 06 单击"在线布局"页面右上方的 生成代码 按钮，在打开的对话框中单击 导出代码 按钮导出代码，然后单击 复制HTML代码 按钮，如图3-53所示。

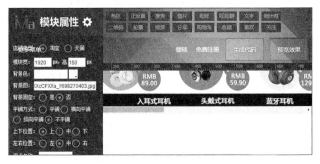

图3-52 复制图片链接

图3-53 导出并复制代码

技巧秒杀

制作的过程中，我们还可以通过绘制热点来创建商品的链接页面，只需选择"热区"选项，然后在图片中绘制热点区域，并设置要链接到的网页地址即可。

STEP 07 切换到淘宝"店铺装修"页面，在"店铺招牌"对话框中选中"自定义招牌"单选按钮，单击"源码"按钮 ，在下面的文本框中按【Ctrl+V】组合键粘贴刚才复制的代码，在"高度"数值框中输入"150"，单击 保存 按钮，如图3-54所示。

STEP 08 在页面的左侧单击"页头"选项，在打开的页面中单击 更换图片 按钮，如图3-55所示。

图3-54 粘贴代码

图3-55 更换页头

STEP 09 在"打开"对话框中选择通栏耳机店招图片，单击 打开(O) 按钮上传图片。图片上传成功后，单击 预览 按钮预览设置后的效果，然后单击 发布站点 按钮，在打开的下拉列表中选择"立即发布"选项进行发布，效果如图3-56所示。

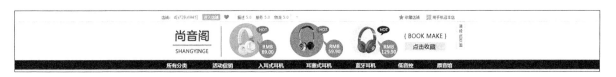

图3-56 查看装修后的效果

新手试练

在 Photoshop 中设计一个 1920 像素×150 像素的全屏通栏店招，使用切片工具对其进行切片，上传店招并设置导航区的链接，设置完成后再对导航区的链接地址进行检查。

↘ 3.1.6 设置分类并添加导航

扫一扫

设置分类并添加导航

默认的常规店招并不包括导航条，商家需要在淘宝中自行设置导航条要显示的内容，这部分内容就是商品分类的内容。第一次装修店铺时，宝贝分类中是没有任何内容的，需要用户自行添加。本小节先添加店铺分类，再设置店铺导航，具体操作如下。

STEP 01 将鼠标指针放在淘宝"卖家中心"页面的"店铺管理"栏右侧的 › 按钮上，在打开的列表中单击"宝贝分类管理"超链接，打开"宝贝分类管理"页面。单击 ＋添加手工分类 按钮，新建一个分类，设置"分类名称"为"活动促销"，如图3-57所示。

图3-57　添加分类

STEP 02 单击 添加子分类 按钮，添加子分类并设置子"分类名称"为"9.9元包邮"。使用相同的方法，添加其他子分类，如图3-58所示。

图3-58　添加子分类

STEP 03 再次单击 ＋添加手工分类 按钮，继续添加主类别，并分别添加子类别，完成后单击 保存更改 按钮进行保存，效果如图3-59所示。

STEP 04 打开首页装修页面，将鼠标指针放在导航条模块上，单击右上角的 ✎编辑 按钮。打开"导航"对话框，单击对话框右下角的 ＋添加 按钮，打开"添加导航内容"对话框，在"宝贝分类"选项卡下选择需要显示在导航条中的内容前的复选框，完成后单击 确定 按钮，如图3-60所示。

STEP 05 返回"导航"对话框，单击 ↑ 或 ↓ 按钮调整导航内容的顺序，单击 确定 按钮，完成导航的设置，如图3-61所示。单击 发布站点▼ 按钮，在打开的下拉列表中选择"立即发布"选项即可保存设置。

图3-59　添加其他分类

图3-60　添加导航中的显示内容

图3-61　调整导航内容的顺序

 技巧秒杀

　　除了宝贝分类外，大家还可以添加页面和自定义链接为导航，其设置方法与添加宝贝分类类似，这里不再赘述。

↘ 3.1.7　设置店铺全屏海报

　　全屏海报主要用于展示店铺中的特色商品、活动优惠、新品上新等内容，其画面美观、内容简洁。此外，通过全屏海报的形式，店铺能够突出地展示在买家眼前，吸引买家的注意力。

1．制作店铺全屏海报

　　全屏海报与全屏通栏店招相同，宽度都为"1920像素"，高度不限，但建议设置为计算机显示界面能够完全展示的范围，一般不超过540像素。同时，为了使制作的全屏海报能够在不同分辨率和尺寸的计算机中显示，全屏海报的左右两侧需要留下360像素的空白区域，不放置主要内容。本小节制作一个全屏耳机海报，具体操作如下。

制作店铺全屏海报

STEP 01 新建一个大小为"1920像素×500像素"、名称为"全屏耳机海报"的图像文件。打开"海报背景.jpg"素材文件（配套资源:\素材文件\第3章\海报背景.jpg），将其拖入"全屏耳机海报"图像文件中，调整大小，使其完整显示于图像编辑区域中。然后在图像左右两侧绘制宽度为360像素的两条参考线，并将"耳机素材.psd"素材文件中的白色耳机拖动到图像编辑区域中，适当调整其大小，放置于左侧参考线的右边，效果如图3-62所示。

图3-62　设置背景并添加耳机图像

STEP 02 选择耳机图像，选择【图层】→【图层样式】→【投影】菜单命令，打开"图层样式"对话框，设置不透明度为"60%"、角度为"120度"、距离为"14像素"、大小为"6像素"，如图3-63所示，单击 确定 按钮，为耳机添加投影。

STEP 03 新建一个图层，选择"矩形选框工具" 🔲 ，在参考线的中间区域绘制一个矩形选区，然后按住【Alt】键，在选区内部再绘制一个矩形选区，缩小选区的范围，并将剩余的选区填充为白色，效果如图3-64所示。

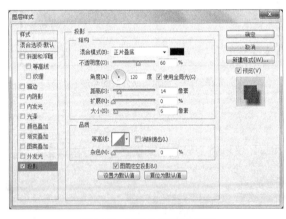

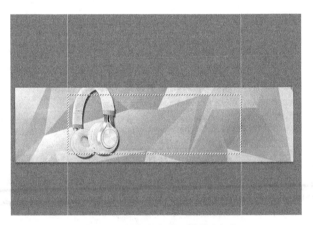

图3-63　为耳机商品添加投影　　　　　图3-64　绘制白色选区前填充颜色

STEP 04 按【Ctrl+D】组合键取消选区，擦除位于耳机上的白色选区，然后选择"横排文字工具" T ，设置字体为"方正兰亭中粗黑_GBK"、字体大小为"45点"、消除锯齿的方法为"锐利"、文本颜色为"黑色"，在耳机右侧输入文字"— 劲爆重低音，发烧级音质享受—"。

STEP 05 继续在下方输入文字"视听新体验，无线便捷"，设置字体为"微软雅黑"，适当调整文字大小。在右侧输入文字"不止5折"，设置字体为"方正兰亭中黑简体"，调整文字大小并设置"5"的字体颜色为"#f84646"，效果如图3-65所示。

图3-65　添加文字

STEP 06 选择文字图层"不止5折"，选择【图层】→【图层样式】→【描边】菜单命令，打开"图层样式"对话框，设置大小为"2像素"、颜色为"白色"，如图3-66所示，单击 ▭▭▭ 按钮为文字描边。

STEP 07 选择"圆角矩形工具" ▭，在耳机右侧绘制一个颜色为"#f84646"的圆角矩形，在矩形上输入文字"立即抢购"，完成按钮的制作。完成后在按钮的上方分别绘制颜色为"#ffffff""#d3bd06""#f84646""#000000"的4个圆角矩形，在其下方输入文字"典雅白""玫瑰金""高贵红""尊贵黑"，并设置字体为"微软雅黑"，调整文字的大小和位置，完成海报的制作，效果如图3-67所示。

图3-66　为文字描边

图3-67　绘制圆角矩形并添加文字

2. 装修店铺全屏海报

商家制作好店铺全屏海报后，先将其存储为淘宝支持的格式，并上传到店铺中，即可完成全屏海报的装修。淘宝的智能版店铺版本提供了1920宽度的海报模块，商家可以直接通过模块完成全屏海报的装修，其具体操作如下。

STEP 01 将"全屏耳机海报.psd"图像文件存储为JPEG格式，并上传到淘宝图片空间中。然后进入图片空间，将鼠标指针放在上传后的全屏海报上，单击"复制链接"按钮 🔗，如图3-68所示。

STEP 02 打开"请手动复制内容"对话框，按【Ctrl+A】组合键全选内容，按【Ctrl+C】组合键进行复制，如图3-69所示，然后单击"关闭"按钮 ▢，关闭对话框。

图3-68　单击"复制链接"按钮

图3-69　复制图片链接地址

STEP 03 进入店铺首页装修页面，单击左侧的"模块"选项，在展开的列表中单击"1920"选项卡，在下方的"基础模块"栏中选择"全屏宽图"选项并拖动到店铺招牌的下方，如图3-70所示。

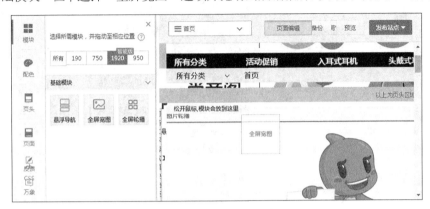

图3-70　添加"全屏宽图"模块

STEP 04 将鼠标指针放在添加的"全屏宽图"模块上，单击右上角的 编辑 按钮，打开"全屏宽图"对话框，在"图片地址"文本框中按【Ctrl+V】组合键粘贴图片地址，在"链接地址"文本框中设置图片的链接地址，如图3-71所示，完成后单击 保存 按钮。

图3-71　设置图片地址和链接地址

STEP 05 返回"店铺装修"页面即可看到设置后的效果，如图3-72所示。单击 发布站点 按钮进行发布，即可保存全屏海报设置，完成全屏海报的装修。

图3-72　查看效果

 技巧秒杀

　　选择并添加"全屏轮播"模块，需添加至少两张以上的全屏海报才能形成轮播效果。全屏轮播海报的制作和添加方法与全屏海报的方法相同。

3.2 发布商品

商家完成店铺的装修后，即可发布商品到店铺中，将商品展示给买家。发布商品时，商家要注意商品类目、商品标题和商品其他信息的填写，保证商品信息真实、清晰，具有卖点，能够吸引买家浏览。

3.2.1 选择宝贝类目

商家在淘宝卖家中心首页中单击"宝贝管理"栏下的"发布宝贝"超链接即可进入"宝贝发布"页面，此时，要先选择宝贝所在的类目。宝贝类目一般根据商品的属性来进行确定，一定要与商品的定位、目标消费群体和市场需要相吻合，否则买家不能搜索到商家发布的商品，这样会造成商品曝光量不足，也就不能提高店铺的流量。例如，发布童装，商家若将商品类目设置为女装，买家在母婴、童装等类目下搜索时，将不能搜索到该商品。

宝贝类目一般有多个级别，需要一级级进行选择，直到最后一级类目为止。设置宝贝类目主要有两种方法：一种是在类目选择页面中选择商品所在的主类目，在打开的下级分类中依次选择类目，直到最后一级类目为止，如图3-73所示；另一种是在类目选择页面的"类目搜索"文本框中输入所需要发布商品的关键词，如"耳机"，系统会自动匹配出相应的类目，供商家进行选择。

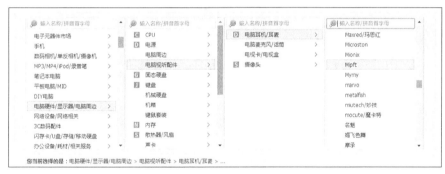

图3-73 手动选择

3.2.2 填写宝贝基本信息

宝贝基本信息包括宝贝类型、宝贝标题、宝贝卖点、宝贝属性、宝贝主图、主图视频、宝贝规格、一口价及库存、采购地、付款模式、宝贝视频、计算机端描述、手机端描述等内容，其中带"*"的内容为必填项目。填写宝贝基本信息，具体操作如下。

STEP 01 在卖家中心首页中单击"发布宝贝"超链接，打开"宝贝类目选择"页面，在"类目搜索"文本框中输入"耳机"，单击 快速找到类目 按钮快速匹配宝贝类目，同时在下方的列表框中将显示搜索结果，选择与自己产品最为匹配的类目，这里选择"影音电器>>耳机/耳麦"选项，单击 我已阅读以下规则，现在发布宝贝 按钮，如图3-74所示。

STEP 02 进入"宝贝发布"页面，在"宝贝类型"栏中选择宝贝的类型，这里选中 ·全新 单选按钮；在"宝贝标题"文本框中输入宝贝的标题，在"宝贝卖点"文本框中输入宝贝的卖点，如图3-75所示。

STEP 03 在"宝贝属性"栏中填写宝贝的属性，需要注意的是，不同商品的属性不同，这里为耳机商品，因此要注重品牌、型号、是否线控、耳机类型等属性的填写，如图3-76所示。

图3-74　搜索选择类目

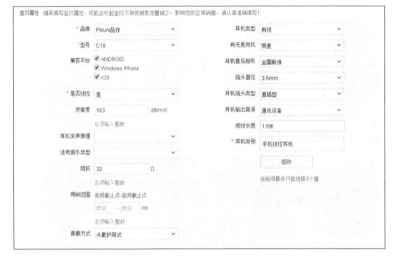

图3-75　填写宝贝类型、标题和卖点

图3-76　填写宝贝属性

 技巧秒杀

宝贝标题描述限制在30个汉字内，商家应尽量通过准确地描述来突出宝贝的特点，让标题中的词语与买家搜索的关键词相匹配，这样才能增加宝贝被搜索到的概率，增加宝贝的曝光率。

STEP 04 在"计算机端宝贝图片"栏中单击"宝贝主图"下的"+"按钮，如图3-77所示。

图3-77　添加宝贝主图

STEP 05 打开"图片空间"对话框，单击 上传图片 按钮，在打开界面的"上传到"下拉列表中选择上传后存储的文件夹，单击 上传 按钮进行上传，如图3-78所示。

STEP 06 在"打开"对话框中选择需要上传的商品主图图片，单击 打开(O) ▾ 按钮完成上传，如图3-79所示。

图3-78　单击"上传"按钮

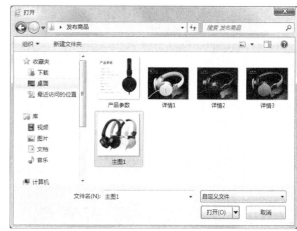

图3-79　选择上传的商品主图图片

STEP 07 返回"图片空间"对话框，完成商品主图的上传。关闭对话框，此时商品主图即被添加到"计算机端宝贝图片"中，如图3-80所示。

图3-80　查看添加商品主图后的效果

STEP 08 在"宝贝规格"栏的"颜色分类"中设置商品的颜色，这里设置为"白色""绿色""黑色"，如图3-81所示。

图3-81　设置宝贝颜色

STEP 09 在"一口价及总库存"栏中设置商品的价格和总数量，如图3-82所示。

*一口价及总库存	*价格（元）	*总数量（件）	商家编码	商品条形码
	69	300		

图3-82　设置价格及总库存数

STEP 10 在"计算机端描述"栏中填写商品的具体描述信息，主要包括产品参数、产品展示等内容，如图3-83所示。

图3-83　设置计算机端描述

STEP 11 在"手机端描述"栏中单击 导入电脑端描述 ，在弹出的下拉列表中单击 确认生成 按钮，将计算机端的描述同步导入手机端，如图3-84所示。

 技巧秒杀

　　若电脑端描述不适合导入到手机端，商家可通过神笔模板来添加或手动添加手机端内容，避免导入的内容变形。

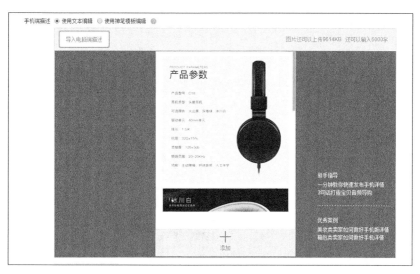

图3-84　导入手机端描述

STEP 12 在"宝贝详情样式"下拉列表中选择"默认宝贝详情页"选项，在"店铺中分类"栏中设置发布宝贝的店铺分类，这里选中"头戴式耳机"下的"可折叠"复选框，完成宝贝基本信息的填写，如图3-85所示。

图3-85　填写宝贝详情样式和店铺中的分类

↘ 3.2.3　填写宝贝物流信息

网上商品都是通过物流进行交易的，常见的物流方式包括平邮、快递、EMS3种，商家需要根据商品的重量与体积，或商品的保质期等情况进行相应的运费设置。本小节继续在宝贝发布页面中填写宝贝的物流信息，具体操作如下。

STEP 01 在"宝贝发布"页面的"宝贝物流服务"栏中继续填写物流信息。在"提取方式"栏中选中"使用物流配送"复选框，单击"运费模板"下拉列表框右侧的 新建运费模板 按钮，如图3-86所示。

图3-86　设置物流提取方式

STEP 02 打开"物流服务"页面，在"新增运费模板"选项卡中设置运费模板的相关信息，如图3-87所示。

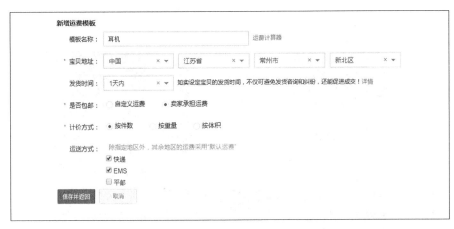

图3-87 设置运费模板

STEP 03 完成后单击 保存并返回 按钮，返回"宝贝发布"页面，系统将自动把新建的"耳机"运费模板添加到"运费模板"下拉列表框中，如图3-88所示。

图3-88 查看设置物流服务后的效果

技巧秒杀

　　这里新建的运费模板是由商家承担运费，即商家对所售商品承诺在其指定的地区内向买家承担首次发货运费。商品因退、换货产生的邮费，参照《淘宝争议处理规则》处理。若商家需要自定义运费，可按照件数、重量和体积等方式计算运费。

↘ 3.2.4 填写其他发布信息

扫一扫
填写其他发布信息

　　在发布商品时，商家还需要设置一些其他信息，如售后服务、库存计数、上架时间等。本小节进行商品其他信息的填写与发布，具体操作如下。

STEP 01 在"宝贝发布"页面的"售后保障信息"栏中设置商品的售后服务，这里选中"提供发票"复选框、"保修服务"复选框和"退换货承诺"复选框，如图3-89所示。

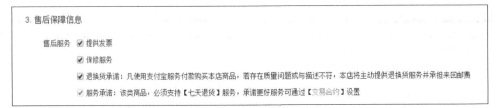

图3-89 设置售后保障信息

STEP 02 在"宝贝其他信息"栏中设置库存计数、上架时间、会员打折和橱窗推荐，这里选中"买家拍下减库存"单选按钮、"立刻上架"单选按钮、"不参与会员打折"单选按钮和"是"复选框，如图3-90所示，单击 发布 按钮，完成商品的发布操作。

图3-90　完成发布

3.3　知识拓展

1. 店铺招牌的设计技巧

为了便于网店商品的推广，给买家留下良好的印象，商家制作店招时可以结合两个技巧：一是品牌形象的植入，二是抓住商品定位。品牌形象的植入可以通过店铺名称、标志来进行展示，而精准的商品定位可以快速吸引目标消费群体进入店铺。商家在制作店招过程中需要注意以下5点。

- 店招必须凸显品牌的特征，包括风格和品牌文化等。
- 店招的视觉重点不宜过多，1~2个即可，过多会给店招带来压抑感。商家需要根据店铺现阶段的具体情况进行分析，如果是促销的阶段，可重点突出促销的信息。
- 店标的整体风格需要与店内的商品统一。
- 店招的颜色需要保持整洁，不能太过复杂。
- 若店招包含季节的要素，需要随季节的变换及时进行更换。

2. 宝贝标题的构成技巧

宝贝标题需限定在30个汉字（60个字符）以内，否则会影响发布。游戏币类目可支持输入60个汉字。标题要尽量简单直接，还要突出卖点，要让买家即使看一眼，也能知道商品的特点，知道它是件什么商品。宝贝的标题需要和当前商品的类目、属性保持一致，如出售的是女装T恤，则不能出现童装等非女装T恤的关键词。一个好的标题可以包含商品名称、同一商品的别称、品牌名、商品必要的说明等信息。商家在填写宝贝标题时可从以下5个方面考虑。

- 商品名称是商品标题必须具备的要素。
- 在不同的地区，某个商品的称呼可能不同，需要尽可能地将别称写上去。例如土豆，在部分地区被称为洋芋，其学名为马铃薯，在标题中应体现其别称，让买家能轻松地搜索到商品，如"迷你小土豆新鲜黄心农家蔬菜洋芋批发马尔科马铃薯高山土豆5斤"。
- 一些商品需要在标题中添加有关商品的形式和数量的说明，如充值点卡的商品，需要说明是多少的点卡，以及是直充还是以卡密形式充值等，如"梦幻西游点卡2 梦幻点卡充值 网易一卡通100元1000点自动充值"。

- 将商品的品牌名放入标题中，知名的品牌具有其品牌效应，更能得到买家的认可，如"阿依莲2017新款女夏收腰显瘦A字修身短裙圆领短袖气质淑女连衣裙"。
- 在标题中添加商品的卖点信息，如促销、商品的功能性等都属于商品的卖点信息，如"飞科吹风机大功率负离子发廊电吹风机家用冷热风理发店风筒不伤发"。

3. 商品定价技巧

商品的价格是影响买家购买的重要因素之一，同一件商品可能会有很多商家在销售，因此商家要为其制定合理的商品价格，主要可从以下5个方面进行。

- 多对比同类商品不同商家的定价，定价不宜比平均定价太高或太低，应该从中找到最佳切入点。
- 运费与定价合理安排，在商品售价不变的情况下，可降低商品价格，设置运费。
- 将价格进行分割，对于一些通过计量单位称重或量尺寸的商品，可使用较小的单位进行定价，如牛肉的价格为200元1千克，可更改为10元50克。
- 价格非整数法，如定价100元与99元，虽然只有1元的差别，但就买家的心理而言，99元只花费了几十元钱，这是一种极能激发消费者购买欲望的价格。
- 在定价的数字上，使用国人比较喜欢的带有寓意的数字，如"6"和"8"，很多人认为"8"与"发财"的"发"音相似，能给自己带来发财的好运，而"6"具有六六大顺的寓意，这种定价能满足消费者心理上的需求。

4. 批量发布商品的技巧

淘宝助理是一款批量发布淘宝商品的工具，商家通过该工具新建发布宝贝的模板，利用模板快速修改具有相同属性的宝贝即可快速发布宝贝。该工具的使用方法十分简单，在网上下载并安装后即可使用。

3.4 课堂实训

↘ 3.4.1 实训一：装修淘宝店铺

【实训目标】

本实训要求对已经开设的淘宝店铺进行店面装修，主要包括对店铺基本信息、店铺首页等进行设置。

【实训思路】

根据实训目标，需要先进入淘宝"店铺基本设置"页面，然后进入"店铺装修"页面进行设置。

STEP 01 进入淘宝"卖家中心"，将鼠标指针放在"店铺管理"栏中的 ⟩ 按钮上，在打开的下拉列表中单击"店铺基本设置"超链接，进入设置页面中填写基本信息。

STEP 02 在Photoshop中制作装修店招需要的店铺招牌、导航条、全屏海报等内容。

STEP 03 进入淘宝"卖家中心"，单击"店铺装修"超链接，在打开的页面中单击"PC端"选项，将鼠标放在"首页"选项上，单击 装修页面 按钮，进入"店铺装修"页面。将制作好的图片装修到对应的模块中，图3-91所示为某店铺的装修参考效果。

图3-91　查看淘宝店铺装修后的效果

3.4.2　实训二：发布宝贝

【实训目标】

本实训要求商家发布自己店铺中的商品，至少发布10件。

【实训思路】

根据实训目标，可分为两个步骤进行介绍。

STEP 01 在淘宝"卖家中心"中单击"发布宝贝"超链接，在打开的页面中选择宝贝的类目。

STEP 02 完成后进入"发布宝贝"页面，在页面中填写宝贝的基本信息、物流信息和其他信息，完成后单击 发布 按钮进行发布。

3.5　课后练习

（1）准备好开店需要的身份证、手机等资料和设备，进入淘宝"卖家中心"申请开设淘宝店铺。

（2）申请开通店铺，并对店铺进行设置，应用一个与店铺所售商品风格相符的模板，并对店铺风格进行设置。

（3）在Photoshop中设计一个个性化的店招和全屏海报，并将它们装修到首页中，使店铺的装修效果更加美观。

第4章
良好的客户沟通，
成功赚取第一桶金

沟通是决定客户产生购买决策的重要因素，因此，有效地与客户沟通不仅能增加转化率，还能提升店铺的形象。本章将讲解如何与客户进行沟通，包括与客户沟通应该掌握的技巧，以及使用千牛工作台设置自动回复、友好交流、修改订单价格和收货地址等知识。

- 与客户沟通的技巧
- 操作千牛工作台

本章要点

 案例导入

不从买家身上找原因

每次一赶上促销活动，罗云的店铺就忙得不可开交，时常出点让她比较头疼的事情，如鞋子尺码不对要换货、颜色不正要退货等，稍微回复不及时对方就会觉得商家想"赖账"，脾气不好的人还会恶言相向。越忙这种事情就越多，经常让罗云恨不得关掉电脑求个清净。

但是客服怎么能跟买家生气呢？不仅不能生气，还要好言好语地解释、安抚，立马解决问题。买家说对商品不满意要退货，罗云二话不说就答应了，并将退货地址和退货注意事项仔仔细细发过去。买家说商品不合适要换，罗云不等买家的商品寄到，只要看到了快递单号，立刻就把要换的商品发过去了。有些同行很奇怪，罗云退换货这么爽快，就不怕吃亏吗？

罗云不怕吗？还是有点怕的。万一被退回来的商品已经被买家损坏了怎么办？万一已经退款但是商品没寄回来怎么办？罗云也考虑过这种情况，但是没办法，谁让顾客是"上帝"呢！

其实罗云已经吃过了"退换货"的亏，买家说要换货的时候，罗云为防万一，仔细地询问了商品的情况，问了两句把买家问得不耐烦了，结果买家货也不换了，一个言辞犀利的差评直接出现在了罗云的店铺上。

网络世界这么大，买家的类型各种各样，遇到性格好的买家就算了；遇到性格不好的买家，什么事情都能闹出来，简直得不偿失。罗云说："还不如不问原因，直接给买家退换货，这样买家觉得商家耿直，值得信任，说不定下次还光顾呢！"总而言之，不管是不是买家的问题，我们都不能从买家身上找原因，首先应解决好他们的问题，这才是最重要的。

扫一扫

案例解析参考

【案例思考】

淘宝的买家数量众多，遇到挑剔的买家客服怎么有效进行沟通呢？当自己被买家给予中差评甚至投诉时，客服该如何处理，才能将店铺损失降到最低？

4.1 与客户沟通的技巧

网店每天都会迎来各种各样的客户，遇到意想不到的事情在所难免，但无论遇到什么样的人或事，客服在与客户进行沟通的过程中都需要拥有强大的内心和良好的心态，避免与客户发生冲突，力求得到客户的肯定，促进矛盾的化解与交易的生成。下面将对客户沟通中的一些常用技巧进行介绍。

↘ 4.1.1　热情礼貌

任何服务行业都要遵循一个共识"顾客是上帝"。"微笑服务"不仅是实体店的客服礼仪，在网店中也尤其重要，一名优秀的网店客服必须让客户在与其交流过程中能感受到良好的礼仪和热情的态度。

● **善用礼貌用语**：对于网店客服而言，礼貌的用语不仅是指语言上的温和、亲切和有礼貌，还必须将热情的服务态度也展现出来。一般在对待主动咨询的买家时，客服应该善用"您好""请"等常见礼貌用语，这样可以拉近与买家的距离，使客户感到亲切，更容易与客户建立起和谐友好的氛围，优化购买过程。表4-1所示为客服常用的礼貌用语与禁忌用语。

表4-1　　　　　　　　　　　　　　客服礼貌用语与禁忌用语

礼貌用语	禁忌用语
请，您，谢谢，对不起	我不知道……
我很高兴……	不行……
感谢您……	我现在很忙……
很抱歉……	这不是我的错
请您见谅	这是你的原因
我十分明白您的感受	你之前找的谁现在也找谁吧
您对我们很重要	你应该理解我们
我会以最快的速度……	我也不知道怎么办了

- **善用表情和图片**：表情和图片是聊天中非常常见的素材，非常利于活跃气氛、表达情绪。在交流过程中使用笑脸、玫瑰、害羞、飞吻等表情，可以适当地调节气氛，让买卖双方的沟通变得更愉快轻松，如图4-1所示。

经验之谈：

　　交易是由买卖双方共同完成的，优秀的客户服务在交易过程可以为买卖双方都带来便利，它不仅为店铺带来了良好的收益和影响力，还方便了买家的购买过程，能实现买卖双方的"双赢"。

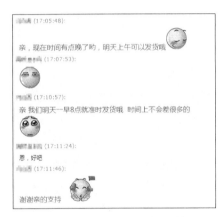

图4-1　交流用语和善用表情

在与客户沟通的过程中，要做到热情礼貌、微笑服务，客服需要避免出现以下两种情况。

- **切忌冷漠迎客**：客服在与顾客交谈的过程中态度要热情，若态度生冷，如使用"在""有""没""嗯""好"等词语回答买家，或采用"你要买什么""什么事"等冷硬的用语，会让买家觉得敷衍、太过冷漠，这样很容易降低买家的购买欲望，进而流失客源。
- **拒绝长时间无响应**：快速回答客户的疑问可以让客户感受到客服对自己的在意与重视。客服长时间无响应的原因有很多，一是由于自身的原因，如客服开小差、离开计算机旁、心不在焉等；二是由于店铺分流的客观原因，如咨询人数过多，无法一一及时回应。商家除了可以提高客服自身的工作专注度之外，还可以通过设置客服状态与自动回复的方式来解决此问题。

4.1.2　耐心倾听客户心声

　　一个好的客服，首先应该学会耐心聆听客户心声，当客户未问完问题时，不要打断，客户说完后再对客户的提问进行及时、有效的回答，让客户觉得在听他讲话，觉得他被尊重。为了更加了解买家，在聆听的过程中客服也可以查看买家的信用评价及发布的帖子，通过这些来了解买家的性格特征，从而准确抓住买家的购物心理，有针对性地做出反应并提供服务。如下为倾听过程中的常见处理措施。

- **信息确认**：有些客户需要从面料、尺寸、做工、生产日期、生产流程到商品的发货时间、收货时间等多个方面向客服进行确认，缺乏耐心的客服可能就会放弃这类客户，但这万万不可。客流量的获得来之不易，客服不能觉得客户很烦，反而需要耐心回答客户的疑问，解决客户的疑惑。
- **等待与引导**：有些客户对自己需求的认识不是那么清晰，在描述自己的需求时可能会比较零散或混乱，"等待"与"引导"是客服面对这类客户最好的解决办法。等待，一是等待客户的表达与思考，二是等待客户对自己所需商品的定位，等待正是表现客服耐心的时刻，这时客服应该给客户足够的时间去思考，不要急于打断客户；引导，是将客户想要说的话或没有说出口的话通通引导出来，再将客户零散的需求综合在一起，然后客服自然就能听懂其全部的意思了。否则，客服容易片面地去理解，去发表意见，容易产生更加不好的效果。例如，

  买家：你觉得我选这个衣服送我妈妈合适吗？

  商家：我不知道您妈妈喜欢什么款式，您自己拿主意。（错误回答）

  商家：亲，这个衣服的款式比较时尚，比较具有气质，而且版型好，显瘦，您妈妈应该会喜欢的。（正确回答）
- **尊重客户的观点**：在聆听的过程中，客户对网店的商品有所怀疑，对网店的搭配、售价有着自己的观点，甚至带有挑衅和粗俗的话语，而客户的这些观点是客服所无法接受的，此时客服需要尊重客户的观点，尊重客户的想法，心平气和、委婉地进行解释和建议，尝试改变客户的想法，不能将自己的建议强加给客户。如果意见发生分歧，客服不要刻意地去和客户发生激烈的争论，对自己的言行应抱有谨慎的态度，不恶语伤人、勇于承认错误、努力弥补客户的损失等。

4.1.3　坦诚介绍商品的优缺点

与客户的沟通过程中，整个对话大部分是围绕着商品本身进行的，客户很可能会提及几个有关商品信息的专业问题和商品性能的深度问题，因此客服对商品知识的熟悉是与客户交流谈判的基础。如果客服不能给予恰当的答复，甚至一问三不知，无疑是给客户的购买热情浇冷水。在购买过程中，客服对商品越熟悉，客户对店铺就越信赖。其次，在交易过程中，客服不能为了想成功销售，只讲商品的优点或是夸大商品的功能，隐瞒商品的任何问题，否则客户会因为商品的瑕疵而给差评；在客户询问的过程中，客服应该坦诚地向客户说明商品可能存在的缺陷，客户也会因为客服的诚信而选择该店铺。例如，

客户：这件衣服的尺码标准吗？

商家：您放心，绝对标准！（错误回答）

商家：亲，衣服测量时可能有较小的误差，而且本身这个版型较小，亲可以拍大一个码。（正确回答）

4.1.4　解决客户对商品质量的疑问

对于怀疑质量的客户，客服需要先肯定地告诉客户商品质量没问题，是正品，还可以为客户提供专柜验货证明、厂家发货证明、商城发票等，如"此次活动是亏本赚人气的，回馈广大新老顾客朋友。我们每一批货都是同一厂家进货，对质量进行严格把关，正品有保障，与线下实体店宝贝一模一样，亲完全不必担心质量问题，同时我们支持专柜验货，7天无理由退换货"。

4.1.5　解决客户对价格的质疑

在网购过程中，讨价还价已成为大多数客户的习惯。客户议价的原因主要有两种：一是爱贪小便宜型，不是买不起商品，而是讨价还价已成习惯；二是心理需要得到慰藉，以讨价还价成功来满足内心的成就感。

对于议价的客户，客服首先需要声明商品是优质的，销售价格是公司制定的，已经是最低价了，价格无法进行变动，这是原则。其次，客服可以通过一些其他的小技巧来回复客户，既保证店铺的利益，又满足客户议价的心理。下面分别进行介绍。

- **天猫不能改价**：天猫客服可以告诉客户，"天猫除了运费以外，其他不能进行改价"，利用这一点明确告诉客户不议价。
- **请示领导**：告诉客户，自己权力有限，不能进行改价，但可以帮忙向领导申请，如"亲，不好意思，我们是没有权力改价的，需要亲提交订单，拿订单编号去申请。亲拍下后，我去给您申请一下？"
- **告诉客户店铺现在有活动**：告诉客户有满多少减多少、领红包、送优惠券等活动，委婉地给客户降价，一般客户都能得到满足。
- **情感软化**：若遇到比较难缠的客户，客服已经给出优惠，但其还想再便宜些，迟迟不肯下单，此时，客服可以用情感软化他，如"亲，原本只给您申请到优惠3元，价格真的是最低了，我只是一名小客服，工资很低，您看这样行吗，我自己给您承担一部分，可以优惠5元"。
- **送小礼品**：可以给客户送一些物美价廉的小东西，让客户心理上得到满足，如"亲，满180元随机赠送一份小礼品，礼物代表一份心意，希望您喜欢"。

↘ 4.1.6 解决客户对售后的担心

售后是交易达成的最后保障，很多客户购买商品时都会对售后产生担心，如"何时发货？地址填写错了怎么办？收到的货物有瑕疵怎么办？尺寸不合适时，方便退换吗？"这些问题的沟通也是相当重要的，下面将对常见的售后问题进行讲解。

- **发货/到货时间**：在遇到什么时候发货、几天能到、能否保证3天到等类型的物流问题时，客服往往并不能完全保证，此时首先需要问清楚客户的发货地，才能知道几天会到。但客服不能确切地回答，假如对方在浙江货物2天后会到，就可以回复为"亲，江浙沪正常发货后1~3天会到，但由于天气等因素，我们也不能百分之百保证"。关于什么时候发货，客服需要真实回答，不能欺骗客户，但也要给自己留一些空间，如下午5点发货，可以回复为"最快今天，最慢明天，您尽快拍下，我们会尽快发货""亲尽快拍下、付款，我们会按照付款后的先后顺序进行发货""一般下午3点前的订单当天可以发货"等。
- **修改地址、更换快递**：当客户询问拍下商品后可否更改尺码、颜色、收货地址时，客服可以告诉客户，购买前仔细参考宝贝描述，通常按所拍的尺码、颜色、地址发货，如有特别需求可在线联系，库存有限，所有库存都是真实库存，为保证每个订单都能顺利发货，请亲在拍之前选好自己所要的颜色和尺码、填好收货地址和联系方式，以避免不必要的麻烦。如果客户备注发货的需求，客服需要在线或电话联系确认信息，还可询问客户对快递是否有特别要求，可以告诉客户默认的快递是哪家，让客户进行选择。
- **退货**：当客户对收到的商品不满意，申请退货时，客服应该根据实际情况快速做出相应处理，如先了解退货原因，以及是否符合退货要求，确认无误后再将退货地址告知客户并请客户告知物流凭证，收到货物后尽快给客户退款。
- **折价**：当客户对商品不满意或商品存在细微瑕疵时，客户会向商家进行反映，此时客服可以要求客户以拍照的方式反馈商品问题，再根据商品的具体情况判断是否折价、折价多少等，选择折价后再退还相应款项即可。

● **换货**：当客户觉得商品的尺码、颜色等不合适时就会申请换货，客服首先需要判断商品是否符合换货要求，如果符合换货要求，则告知换货地址并请客户告知物流凭证，收到货物后再将换货发回。

4.2 操作"千牛"工作台，快速服务客户

"千牛"聊天工具是淘宝客服人员使用的最重要的沟通工具。通过"千牛"工作平台，客服人员不仅可以进行客户交流与沟通，还能进行交易管理、商品管理、评价管理等操作。因此，淘宝网店的客服人员必须熟悉使用"千牛"聊天工具与客户交流，而且最重要的是，"千牛"聊天记录是淘宝网在处理买卖双方纠纷投诉时，官方认可的申诉证据之一。

"千牛"聊天工具有计算机版和手机版两个不同版本，除了界面和使用场景有所区别外，两个版本的功能基本一致。下面就以计算机版的"千牛"聊天工具为例进行介绍。

↘ 4.2.1 设置自动回复

使用"千牛"聊天工具与客户交流沟通时，有时客服会由于在线客户较多而无法第一时间回应部分客户，此时可以通过设置自动回复的方法，让对方知道自己目前的状态。登录"千牛"工作台并设置自动回复的具体操作如下。

STEP 01 打开"千牛"工作平台登录界面后，输入正确的账号和密码，并选中"记住密码"复选框，然后单击 登录 按钮，如图4-2所示。

STEP 02 系统将自动打开工作台的首页，并显示一个浮动窗口，这里单击浮动窗口中的"接待中心"按钮 ☺，如图4-3所示。

图4-2 登录"千牛"工作平台

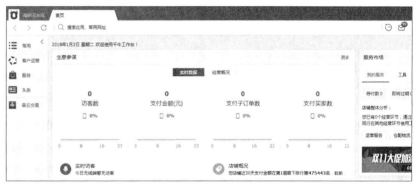

图4-3 单击"接待中心"按钮

STEP 03 打开"接待中心"窗口，在窗口左下角单击"更多"按钮 ☰，在打开的列表中选择"系统设置"选项，如图4-4所示。

STEP 04 打开"系统设置"对话框，单击左侧列表中的 ☺ 客服设置 按钮，在打开的列表中选择"自动回复设置"选项，在打开的界面中单击切换到"设置自动回复"选项卡，在其中显示了不同状态下的回复设置，这里选中"当天第一次收到买家消息时自动回复"复选框，然后单击右侧的 新增 按钮，如图4-5所示。

图4-4　打开"系统设置"对话框

图4-5　选择回复设置的状态（一）

STEP 05 打开"新增自动回复"对话框，在工具属性栏中设置回复的字体为"微软雅黑"、字号为"14"、颜色为"红色"，然后在下方的文本框中输入需要回复的内容。将鼠标指针定位在"本店"前，单击"选择表情"按钮，在打开的下拉列表中选择图4-6所示的表情，完成后单击 保存 按钮。

STEP 06 返回"系统设置"对话框，选中"当我的状态为'忙碌'时自动回复"复选框，单击右侧的 新增 按钮，如图4-7所示。

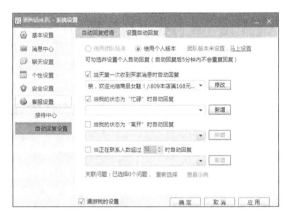

图4-6　新增自动回复

图4-7　选择回复设置的状态（二）

STEP 07 打开"新增自动回复"对话框，使用相同的方法，在其中输入忙碌状态时的自动回复内容。完成后单击 保存 按钮，如图4-8所示。

STEP 08 使用相同的方法，设置分别选中"当我的状态为'离开'时自动回复"复选框和"当正在联系人数超过30时自动回复"复选框时相应的自动回复内容，如图4-9所示。

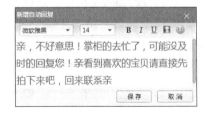

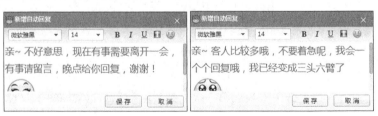

图4-8　设置"忙碌"时自动回复内容

图4-9　设置其他状态的回复内容

经验之谈：

　　除了设置自动回复外，在"千牛"工作平台中还可以提前写好回复的内容，然后通过快捷回复方式进行应答，这样可以大大提高客服的工作效率。其方法是：打开"接待中心"窗口，在客户交流区中单击"快捷短语"按钮⊙，在右侧列表框中将显示系统自带的快捷短语，这里单击 ⊞新建 按钮，打开"新增快捷短语"对话框，设置快捷短语与编码，完成后直接输入编码，按两次【Enter】键即可发送编码对应的快捷短语。

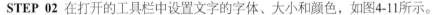

↘ 4.2.2　友好交流

　　当客户通过旺旺咨询时，"千牛"工作台会在任务栏有闪烁的图标提示，客服单击该图标即可进入"接待中心"窗口，查看客户的咨询信息，并与客户进行交流沟通，以挖掘新客户。在交流的过程中，使用优美的字体与适当的表情能营造较好的交流氛围，具体操作如下。

STEP 01 登录"千牛"工作台，打开"接待中心"窗口后，选择需要联系的客户，单击"设置字体"按钮 T，如图4-10所示。

STEP 02 在打开的工具栏中设置文字的字体、大小和颜色，如图4-11所示。

图4-10　登录"千牛"工作平台

图4-11　设置字体、大小和颜色

STEP 03 设置完成后输入要与客户进行交流的文字，挖掘买家潜在的消费意向，单击"选择表情"按钮☺，在打开的列表中选择表情，如图4-12所示。若单击"发送图片"按钮⊟可发送图片。

STEP 04 在文本插入点处插入选择表情，如图4-13所示。单击 发送▾ 按钮即可将图文信息发送给客户。

图4-12　输入文本并选择表情

图4-13　插入表情

STEP 05 使用相同的方法，继续与客户交流。在交流的过程中，可结合文字与表情，使聊天的氛围更加轻松、愉悦，如图4-14所示。

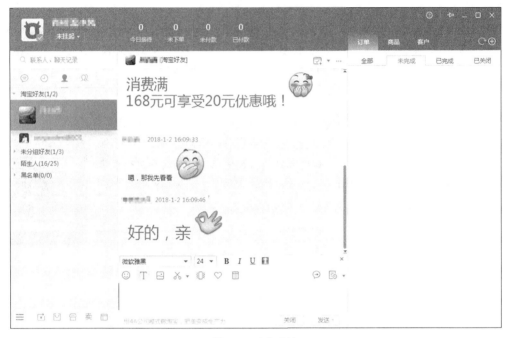

图4-14　友好交流

经验之谈：

主动咨询自己的客户会显示在"千牛"工作台的"陌生人"列表中，客服若需要将其培养为老客户，可以在其上单击鼠标右键，在弹出的快捷菜单中选择"加为好友"命令，在打开的对话框中即可选择分组并完成客户的添加。

4.2.3　修改订单价格

订单改价只针对交易状态为"等待买家付款"的订单，如果订单是已付款的状态，则商家无法修改交易价格。客服人员一定要清楚这一细节。订单改价的具体操作如下。

STEP 01 打开"消息通知"页面，在其中找到需要修改价格的订单后，单击该订单中的"改价"按钮，如图4-15所示。

STEP 02 在打开的窗口中可进行修改价格和运费的操作。其中，修改价格可以通过打折和直接输入增加或减少金额来设置；邮费可以通过直接输入邮费价格或单击"免运费"超链接来设置。这里将折扣设置为"8.00"，然后单击 按钮，如图4-16所示。

经验之谈：

在卖家中心打开"已卖出的宝贝"页面，在其中找到需要修改价格的订单后，单击该订单中的"修改价格"超链接也可修改订单价格。

图4-15 弹出"待付款"款窗口

图4-16 改折扣

↘ 4.2.4 修改收货地址

买家拍下商品后商家可核对地址，进行催付等操作；买家完成付款后，若遇到尺码不符或地址临时修改等情况，商家可通过"千牛"工作台修改订单属性或客户资料。本小节以修改订单收货地址为例进行介绍，具体操作如下。

STEP 01 买家下单后，客服在弹出的消息窗口中单击 核对地址 按钮，如图4-17所示。

图4-17 单击"核对地址"按钮

经验之谈：

进入卖家中心，打开"已卖出的宝贝"页面，在其中找到需要修改的订单，然后单击该订单对应的"详情"超链接。打开"交易详情"页面，在页面底部的"订单信息"选项卡中单击"修改订单属性"超链接，在打开的页面中便可对产品的颜色和尺码进行修改，单击 修改收货地址 按钮，在打开的页面中可以对买家的收货地址、收货人姓名、联系电话进行重新设置。

STEP 02 打开"接待中心"窗口，在页面右侧默认选择"订单"选项卡，其下方包括"全部""未完成""已完成""已关闭"4个选项卡，切换到"未完成"选项卡，查看订单商品，在商品信息下方单击 地址 按钮，可以查看买家地址、联系方式等信息；在右下角单击 发送地址 按钮，可将地址发送到聊天框中；单击 发送 按钮发送给客户，供买家确定，如图4-18所示。

经验之谈：

在商品信息下方单击 催付 按钮，可以选择催付信息；在商品信息下方单击 备注 按钮，可以填写备注信息。

图4-18　核对地址　　　图4-19　修改买家地址、
联系方式

经验之谈：

一般修改地址后需要再次向客户确认地址是否正确。确认无误后，才可以进行发货。

STEP 03 完成付款后，如需修改收货地址，可继续单击 地址 按钮，在打开的下拉列表中将出现"修改"超链接；单击该超链接，在打开的页面中修改收货地址、联系方式等信息，修改完成后单击 保存 按钮即可，如图 4-19 所示。

↘ 4.2.5　退款处理

在商品交易的过程中，当买家不需要已购买的商品，或由于某种原因申请退货或者退款时，买家一般会向商家提出退款申请，买卖双方协商一致后即可进行退款操作。本小节介绍通过"千牛"工作台进入"退款管理"页面中进行退款操作，具体操作如下。

STEP 01 在"千牛"工作台的"接待中心"页面底部单击"卖家中心"按钮 ，打开"卖家中心"页面，在"客户服务"栏中单击"退款管理"超链接，进入"退款管理"页面，在该页面中即可查看买家申请退款的商品，如图 4-20 所示。

经验之谈：

处理退款申请时，主要有同意退款、拒绝退款和申请淘宝介入 3 个选项，商家一般可先与买家沟通，了解具体情况后再做出决定。若买家寻求淘宝介入后，判定为商家责任，则会影响店铺的退款纠纷率。

图4-20　查看退款商品

STEP 02 在"操作"栏中单击"查看"超链接，即可查看退款商品的信息，如果同意退款，单击 同意退款申请 按钮，完成退款申请，如图 4-21 所示。

STEP 03 同意退款后，在打开的页面中输入支付宝密码即可完成退款。若是拒绝退款申请，在打开的页面中商家需要填写拒绝退款申请的理由，如图 4-22 所示。

扫一扫

退款处理

图4-21　同意退款

图4-22　填写拒绝退款的理由

4.3 知识拓展

1. 客户沟通需掌握的商品专业知识

扎实的商品专业知识是与客户进行良好沟通的前提，针对不同商品，客服需要掌握的专业知识与周边知识是不同的。下面对其进行大致概括。

- **对商品质量的了解**：商品质量是指商品的适用性，即商品的使用价值。商品适合一定用途，并且能够满足人们某种需要所具备的特性，是商品吸引客户的最重要、最稳定的部分，商品的耐用性、安全性、独特性是客户最为看重的，因此客服要全面认识商品，对商品的材质、规格、版型、用途、卖点等熟练掌握，并对同类商品的相关信息进行了解，找出自家商品与它们的区别，让买家更加清楚自家商品与其他商品对比的优势，这样才能留住买家。

- **对商品尺寸的掌握**：商品的尺寸主要以商品的大小和体积规格进行区分，商品的大小尺寸是客户选择商品的依据，具体是指商品的各个部位与人体相应部位的具体尺寸，如鞋码、衣服尺码、戒指尺码的选择；商品的体积大小与商品的容量相关，如箱子、杯子、家电用具等。商品尺码直接影响着客户对商品的使用感受，客服可以分别从产品的大小和体积上来把握产品的尺寸规格。

- **对商品注意事项的说明**：对产品的特殊说明，旨在让客户在使用过程中更大程度发挥商品的使用价值，更多地享受产品所带来的使用价值体验。客服对产品注意事项的了解主要从产品的使用禁忌和产品的保养两个方面进行掌握，保证客户在产品使用过程中的安全性、持久性。

- **商品真伪的辨别**：客户的求真心理往往使他们很纠结所购买的商品是否是真的，尤其是在真假难辨的淘宝市场。客服首先要掌握辨别自家商品真伪的办法，所谓口说无凭，不妨让客户按照这些辨别真伪的方法直接检验产品，这往往比自己一个劲儿强调商品真伪方便得多。客服掌握产品辨别真伪的知识，不仅可以增加客户对这类产品的认知，还可以让客服的专业性获得认可。

- **商品附加信息**：产品附加信息是指产品生产销售中并没有的信息，但通过信息包装赋予了产品新的价值，如×××明人推荐产品、××同款产品等。这种方式其实利用了买家的求名心理，通过无形中树立的代言人，让买家在选购这类商品时不可避免会受到影响。此外，客服还可以通过品牌价值的观点来为产品赋予一种精神价值，但此种方式较适合对品牌文化有一定认同的买家。

- **货源的比较**：除了了解自家产品的质量，客服还要了解产品的进货渠道和生产渠道，货源的比较也成为了影响客户选择的因素之一。"自家工厂制作""大工厂定做""韩国亲自拿货""品牌直供"等货源字样常常让客户觉得更加可靠放心，正规的货源渠道不仅对产品的质量有所保证，还能让客户感受到店铺经营的正规化、流程化，更加放心地购买商品。

2. 妥善处理中差评

在实际交易中，有些客户若对购买的商品的客服服务、质量或快递不满意，可能不会选择退货退款，而是直接给店铺中差评。中差评会对店铺的好评率产生影响，若好评率不达标，店铺将无法参加一些淘宝活动，从而错过更多的赚钱机会。此外，好评率很大程度上影响了买家对商品的判断，让买家对商品质量产生质疑，从而造成商家丢单，降低店铺转化率和销量。如果商家对评价管理没有足够的重视或者面对中差评置之不理，往往会让产品的转化率一落千丈。处理中差评的关键在于沟通，该如何沟通才更有效，客服可从以下6个方面入手。

- **处理评价要有良好心态**：面对差评，良好的处理心态是与买家沟通的前提。出现影响不好的评价，客服不要急于解释，甚至重伤买家，影响店铺形象，而要耐心询问差评缘由，给出处理方案并诚恳致歉。
- **选择最佳沟通时间点**：若没有在产生差评的第一时间与客户进行沟通，那么客服应另择最佳沟通时间点。该时间点应尽量避开客户工作等不喜被打扰的时间，以此减少拒接电话、挂断电话，甚至被骂的概率。
- **选择合适的沟通工具**：在进行中差评售后处理时，语音沟通有文字沟通所无法企及的优势，因此电话是最有效的沟通工具之一，选择电话沟通往往可以获得理想的处理态度。
- **选择合适的沟通时机**：客服可通过对方手机旺旺是否在线，判断买家是否登录了淘宝账号，若买家未登录账号，那么直接打电话进行沟通，可能出现买家答应修改差评但过一段时间便忘记的情况。
- **沟通判断及补偿**：在与客户沟通过程中，当诚恳的道歉并不能达到理想的处理效果时，客服可通过沟通判断买家的性格、脾气，对不同的买家用不同的沟通方式进行交流；通过试探，在不损害商家利益的情况下给买家切实利益的补偿，来提高差评处理效率。
- **中差评数据统计分析**：淘宝提供了一个评价的平台，即为后来者提供一个多角度展示产品和服务的窗口，其目的就是通过买家购买后的使用反馈来使商家做得更好。通过中差评数据统计分析，商家可以发现产生中差评的原因，如客服态度问题、产品质量问题、快递问题等，并针对这些问题进行改进。

3. 如何识别恶意差评？

恶意差评让很多淘宝商家闻风丧胆，那么怎样才能识别恶意差评呢？这就需要客服随机应变，判断恶意差评的情况。一般恶意差评是为了谋取额外钱财或不当利益、同行竞争者交易后给负面评价、客户在交易中被第三方诈骗产生的负面评价、评论内容中出现辱骂或污言秽语、评论内容中泄露他人信息等。当得知是恶意差评时，客服一定要诱使其在阿里旺旺上留下证据，如果有了这些证据，即可在淘宝中进行差评申诉。需要的沟通工具必须是阿里旺旺，淘宝只承认这一个申诉证据。一些差评师为了避免在阿里旺旺上留下证据，会主动要求QQ聊天，此时商家就要心存警惕。在淘宝中进行差评申诉的方法：在淘宝首页上单击"联系客服"超链接，在打开的页面中单击"商家服务中心"超链接，将鼠标光标移动到"投诉处罚"文本上，在弹出的下拉菜单中单击 不合理评价 按钮，在打开的页面中选择投诉场景，单击 提交投诉 按钮即可，如图4-23所示。

图4-23　投诉不合理评价

4. 如何避免恶意差评？

恶意差评虽然可以申诉维权，但商家需要与差评师斗智斗勇，过程比较复杂，将浪费大量精力与时间，因此做到防患于未然才是良策。首先店铺本身，在商品质量、商品详情描述上等都要实事求是，严格把关，然后客服人员需要有专业的知识储备，回答问题需要斟酌用字，才能避免落入差评师的陷阱，如针对其"是纯羊毛的吗？"的问题，客服要如实回答，"99%羊毛，1%是腈纶"不要回答"是纯羊毛"。

5. 怎么实时查看库存呢？

库存是商家需要时刻关注的一个问题。一般来说，在"出售中的宝贝"和"仓库中的宝贝"页面中即可查看商品库存。具体方法是：商家通过卖家中心的"宝贝管理"栏进入"出售中的宝贝"页面或"仓库中的宝贝"页面，在其中的商品"库存"栏和"销量"栏中即可查看当前商品的库存和销量。

6. 有可以供商家互相学习交流的地方吗？

淘宝网为广大商家提供了非常丰富的学习平台，如淘宝论坛、淘宝大学、阿里智库等网站都可以供商家进行学习。除此之外，商家也可以选择加入旺旺交流群，与其他商家进行交流。加入旺旺交流群的方法在"接待中心"页面的搜索框中搜索群号并进行添加即可。

4.4 课堂实训

4.4.1 实训一：在"千牛"工作台中设置快捷回复

【实训目标】

本实训要求在"千牛"平台的"新客户接待"组中新增快捷短语，为店铺设置快捷回复短语"您好~欢迎光临本店，请问您看中哪款宝贝？我可以帮您介绍一下~我是客服'小微'"，并插入微笑表情，效果如图4-24所示。

图4-24 设置快捷回复效果

【实训思路】

根据实训目标，分为4个步骤对设置快捷回复短语的操作进行讲解。

STEP 01 打开"接待中心"窗口，在客户交流区中单击"快捷短语"按钮☺️，右侧列表框中将显示系统自带的快捷短语，这里单击 新建 按钮。

STEP 02 打开"新增快捷短语"对话框，设置文本的字号为"12"、颜色为"黑色"，在中间的文本框中输入所需快捷回复短语的内容。在"快捷编码"文本框中输入"2"，单击"选择分组"下拉列表框右侧的下拉按钮，在打开的下拉列表中单击"新增分组"按钮。

STEP 03 在显示的文本框中输入新建分组的名称"新客户接待"，然后单击 添加 按钮，此时在"选择分组"下拉列表框中将自动显示新建分组的名称。在"买家问题"文本框中输入一个与快捷回复对应的买家问题，当买家发送该内容时，"千牛"平台将自动以该短语进行回复。确认无误后，单击 保存 按钮。

STEP 04 返回"接待中心"窗口，将鼠标光标定位到客户交流区的聊天窗口中，然后输入符号"/2"，此时，聊天窗口将自动显示新创建的快捷短语。按【Enter】键即可将快捷短语添加到聊天窗口，再次按【Enter】键或是单击聊天窗口中的 发送 按钮，便可将消息发送给客户。

4.4.2　实训二：使用"千牛"工作台与买家交流并修改订单

【实训目标】

本实训要求使用"千牛"工作台查找在店铺中下订单的买家，将其添加为好友，并发送消息与买家交流，将订单商品的价格修改为9折，等待买家付款后再根据买家需求更改邮递地址和联系方式。

【实训思路】

根据实训目标，本实训包括交流和订单修改两部分，都是通过"千牛"工作台来完成的。我们首先需要登录"千牛"工作台，然后搜索并添加客户为好友，与客户交流，根据客户需要修改订单信息。

【步骤提示】

STEP 01 查找和添加联系人。登录"千牛"工作台，单击 ⊙ 按钮打开"接待中心"界面，搜索客户并将其添加到好友列表中。

STEP 02 联系人管理。将添加的客户移动到新建的"新开发客户"组中。

STEP 03 与买家进行交流。选择好友，在窗口中输入文字，并插入表情和图片等信息，发送信息与买家交流，促进买家下单。

STEP 04 修改订单价格。根据交流结果，为买家提供9折优惠；当买家下单后，切换到"未完成"选项卡查看订单商品，在订单下单击 改价 按钮，为买家设置9折优惠。

STEP 05 核对订单地址。在商品信息下方单击 地址 按钮，可以查看买家地址、联系方式等信息；在右下角单击 发送地址 按钮，可以将地址发送到聊天框中供买家确认。

STEP 06 添加商品备注。在商品信息下方单击 备注 按钮，在打开的下拉列表中可以填写备注信息。

STEP 07 发货。当买家完成付款后，在"千牛"工作台中可查看到买家已付款完成。确认订单信息无误后，打开"卖家中心"页面，在"交易管理"栏中单击"已卖出的宝贝"超链接，查看已卖出的宝贝，然后单击 发货 按钮进行发货。

4.5　课后练习

（1）使用"千牛"工作台查找在店铺中下订单的买家，将其添加为好友，并发送消息与买家交流。

（2）通过"千牛"工作台将订单商品的价格修改为8折，等待买家付款后再根据买家需求更改邮递地址和联系方式。

（3）在"千牛"平台上为店铺设置自动回复"欢迎光临××小店，本店商品满200元减20元，满300元减50元，风格多样、做工精良，一定有一件能满足亲的需要哦！"

（4）在"千牛"平台上为店铺设置羽绒服洗涤方法的快捷回复短语。

第 5 章
图片与商品交易管理，
助力淘宝创收

网店中，图片是商品的展现形式，拍摄的商品图片可能出现尺寸不符、图片昏暗、有污点、不够清晰、有色差等问题。为了让商品图片更加吸引人，商家需要选择合适的图像处理软件对图片进行处理，以提高图片的质量。处理后的商品图片可直接用于商品发布，商品发布到淘宝店铺后，才能被买家浏览到，才能被下单购买。发布商品后，商家还需要对商品的上下架、发货、关闭交易等进行管理。

- 商品图片的基本处理
- 提升商品图片质量
- 商品交易管理

本章要点

案例导入

"质"与"美"兼备，成就销量神话

小关在淘宝上经营了一家珠宝店，主要商品为一些纯银首饰，如耳环、戒指、手镯、项链等。

小关刚创建淘宝网店铺的时候，首先，为了保证商品的真实性，直接使用实拍的各个角度的珠宝照片作为主图与商品描述图；其次，小关深信质量才是王道，因此店铺中的每一件珠宝，他都详细描述了参数、性能、功能等数据，事无巨细，并且提供了纯银鉴定的方法，以及纯银的标志等。他相信买家在看过商品的信息后，一定会信任自己的商品，并购买自己的商品。但是结果却出乎他的意料。

数据显示，小关商品的转化率远低于同行水平，买家在商品页停留的平均时长也非常短，跳出率很高。这一点让小关非常不解，在外观上，自己珠宝的外观与那些销量很好的珠宝外观比较类似，价格也不高，而自己的主图和商品详情页都很好地迎合了买家对质量的需求，为什么无法得到好的效果？

于是小关决定分析同行的优秀店铺。经过一番对比，小关终于找到了原因。同行做得好的店铺，不管是主图还是详情页图片，图片的美化效果都非常好，不仅商品清晰、明亮，连页面排版都有条有理、简洁大气，文案搭配恰到好处。在引起买家的兴趣后，再逐步介绍商品的参数和性能，让买家一点点了解所需的信息，甚至通过场景拍摄，向买家展示了商品的使用环境，增加了买家购买的理由。反观自己的商品，图片清晰度不高，美化程度不够，且参数太多，非常影响买家的阅读体验，从第一眼的印象上就被对手的商品比了下去。

吸取这些经验后，小关迅速地对主图和详情页图片进行了美化，店铺的经营情况明显得到了改善。店铺销量提了上去，销售额也逐渐超过同行的其他店铺。

【案例思考】

几乎淘宝上的商品均要进行美化处理，那么商品图片美化真的有那么重要吗？商品图片的美化是不是越美观越吸引客户越好呢？

5.1 商品图片的基本处理

为了使拍摄的照片更加美观和符合标准，商家需要使用图片处理软件对图片进行处理。图片处理软件可根据需要进行选择，如Photoshop软件、光影魔术手、美图秀秀等。本节以Photoshop CS6为例讲解网店商品图片的常用处理方法。

↘ 5.1.1 调整图片大小与角度

使用数码相机拍摄的图片所占用的存储空间一般均较大，而网店商品图片由于上传要求和空间存储量的限制，商家需要对图片的大小进行适当的调整。此外，在照片的拍摄过程中，可能因为角度选取不对，导致拍摄的照片出现倾斜或透视变形等问题，影响买家的购买决策，此时，商家需要变换图片的角度，使其达到人眼自然观看到的效果。下面分别对调整图片大小与角度的方法进行介绍。

1. 调整图片大小

Photoshop软件中调整图片大小的方法：打开Photoshop CS6软件，打开需要调整大小的图片，然后选择

【图像】→【图像大小】菜单命令，打开"图像大小"对话框，在"像素大小"栏中的"宽度"数值后的下拉列表框中选择"像素"选项，在"宽度"数值框中输入具体数值，单击 确定 按钮完成设置，如图5-1所示。调整大小后，选择【文件】→【存储为】菜单命令，在打开的对话框中设置存储图片的位置和类型即可。

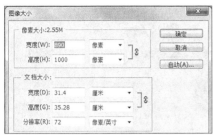

图5-1　调整图片大小

经验之谈：
　　在调整图片大小时，为了保持图片的比例不发生变化，商家需要选中"约束比例"复选框，这样再调整宽度时，高度将根据原图片的比例自动缩放，反之亦然。

2. 变换图片的角度

　　将倾斜的素材图片进行角度调整，使其达到垂直于水平线的效果，然后裁剪至合适的大小，具体操作如下。

STEP 01 打开"葡萄酒.jpg"图像（配套资源:\素材文件\第5章\葡萄酒.jpg），从图5-2中可以看到拍摄的商品图片存在倾斜的现象。

STEP 02 双击"背景"图层，打开"新建图层"对话框，设置"名称"为"图层0"，单击 确定 按钮，如图5-3所示。

图5-2　打开"葡萄酒"图像

图5-3　新建图层

STEP 03 按【Ctrl+T】组合键进行自由变化操作，将鼠标光标放在右上角定界框外侧，当光标变为箭头时，按住鼠标旋转图像，旋转到适当位置后释放鼠标，如图5-4所示。

图5-4　旋转图片

经验之谈：
　　按【Ctrl+T】组合键，在工具属性栏的"设置旋转"数值框中输入角度值，或选择【图像】→【图像旋转】菜单命令中的角度命令可实现精确的角度调整。

STEP 04 调至正确的角度后按【Enter】键，查看旋转角度后的效果，如图5-5所示。

STEP 05 按【Ctrl+J】组合键复制"图层0"，选择复制后的图层，选择"涂抹工具" ，调整画笔大小，向外涂抹图片边缘，使其覆盖四角的透明区域（涂抹时注意沿着木板的纹理走向进行涂抹，填充整个画布），效果如图5-6所示（配套资源:\效果文件\第5章\葡萄酒.psd）。

图5-5　旋转后的效果

图5-6　完成后的效果

5.1.2　裁剪图片

在处理网店商品图片时，商家经常会根据需要对图片进行裁剪，常用的裁剪方式一般有自由裁剪、裁剪为固定大小、裁剪为指定形状3种。

1. 自由裁剪

在Photoshop中，使用裁剪工具可以裁剪出图像的选定区域。其方法为：选择"裁剪工具" 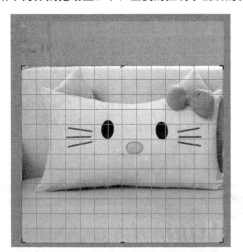，在工具属性栏中设置"裁剪模式"为"不受约束"，此时在图像边缘将出现8个控制手柄，用于改变选区的大小；将鼠标光标移动到图片边缘处拖动，对图像进行裁剪，裁剪完成后双击保留的图片区域或按【Enter】键即可完成裁剪。图5-7所示为分别拖动上、下、左侧的控制手柄后的裁剪效果。

图5-7　自由裁剪

2. 裁剪为固定大小

淘宝网中很多上传的图片都是限制了大小的，Photoshop软件可以将图片裁剪为指定的大小，如将图片裁剪为800像素×800像素的主图大小。其方法为：选择"裁剪工具" 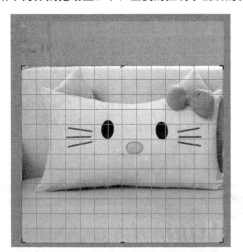，在工具属性栏的下拉列表中选择"大小和分辨率"选项，打开"裁剪图像大小和分辨率"对话框，在其中的"高度"和"宽度"数值框中输入

"800"，在其后的下拉列表中选择"像素"选项，单击 [确定] 按钮；返回裁剪区域，拖动图像边缘的8个控制手柄调整需保留的图片区域，然后双击图片区域即可完成裁剪，如图5-8所示。

图5-8　裁剪为固定大小

经验之谈:

选择"裁剪工具" ⊄ ，直接在工具属性栏的"高度"和"宽度"数值框中输入数值，Photoshop 也可按输入的比例裁剪图像。

3. 裁剪为指定形状

普通的裁剪方法无法将图片裁剪为某些指定的形状，此时商家可利用形状工具、钢笔工具等来绘制形状，然后为图片应用剪贴蒙版，以达到裁剪图像为指定形状的目的。这里以为保暖裤添加裁剪后的面料细节为例，介绍将图像裁剪为指定形状的方法，具体操作如下。

STEP 01 打开"保暖裤.jpg"图像（配套资源:\素材文件\第5章\保暖裤.jpg），如图5-9所示。

STEP 02 选择"椭圆工具" ◯ ，按住【Shift】键不放在左下角绘制圆，在工具属性栏中设置填充色为"白色"、描边色为"红色"、描边粗细为"3点"、宽度和高度均为"230像素"，按【Enter】键应用设置，如图5-10所示。

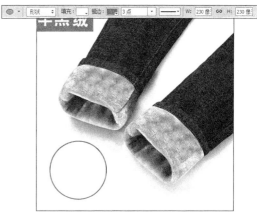

图5-9　打开素材　　　　　　　　　　图5-10　绘制形状

STEP 03 选择【文件】→【置入】菜单命令，在打开的对话框中双击"羊羔绒.jpg"图像（配套资源:\素材文件\第5章\羊羔绒.jpg），将羊羔绒图像添加到当前窗口中，按【Ctrl+T】组合键拖动其四角调整大小，并将其移动到绘制的圆上，按【Enter】键即可完成调整，如图5-11所示。

STEP 04 在"图层"面板中选择"羊羔绒"图层，在其上单击鼠标右键，在弹出的快捷菜单中选择"创建剪贴蒙版"命令，如图5-12所示。

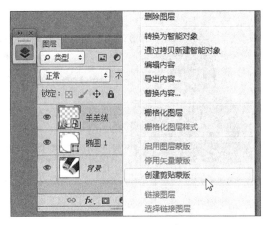

图5-11　置入素材　　　　　　　　　　　图5-12　创建剪贴蒙版

STEP 05 羊羔绒图像被裁剪到圆形中，图层左侧出现向下的指示箭头，如图5-13所示。

STEP 06 选择"移动工具"，拖动羊羔绒图像，调整图像在圆中的显示区域，效果如图5-14所示（配套资源:\效果文件\第5章\保暖裤.psd）。

图5-13　创建剪贴蒙版效果　　　　　　　　　图5-14　最终效果

经验之谈：
在图像上创建选区，按【Ctrl+J】组合键复制选区，可实现图片的区域裁剪。

5.1.3　抠取商品图片并换背景

为了使商品更加具有吸引力，有时商家需要为商品替换背景。不同的图片，其抠取的方法有所不同，对于纯色背景的商品图片，商家可使用魔棒工具组实现抠取；对于轮廓清晰的商品图片，则可使用磁性套索工具进行抠取；对于半透明的商品图片，则可使用通道进行抠取。

1. 简单、快速抠图

扫一扫

简单快速抠图

当需要抠取的部分为规则的圆、矩形等常规形状时，商家可使用选框工具进行抠图；当需要抠取的商品主体图颜色单一且和背景差别明显时，或背景颜色单一与商品主体差别明显时，可直接使用魔棒工具或快速选择工具快速抠图。这里以为吹风机换背景为例讲解简单抠图的方法，具体操作如下。

STEP 01 在Photoshop中打开"吹风机.jpg"图像（配套资源:\素材文件\第5章\吹风机.jpg），选择"快速选择工具" ，调整画笔大小，在吹风机上拖动鼠标创建选区，如图5-15所示。若背景颜色单一，可为背景创建选区，然后选择【选择】→【反向】菜单命令，将选区转换为图片主体。

STEP 02 将鼠标光标移动到吹风机下端，按住【Alt】键向前滚动鼠标滚轮，以鼠标光标为中心放大图片，便于查看细节。在工具属性栏中单击"从选区减去"按钮 ，在需要减去的选区上拖动鼠标，减少选区，如图5-16所示。若在工具属性栏中单击"添加到选区"按钮 ，可添加选区。

图5-15　为吹风机创建选区

图5-16　减去选区

STEP 03 为了保持边缘的真实感、消除边缘的锯齿感，可适当设置羽化效果，这里按【Shift+F6】组合键，打开"羽化选区"对话框，在其中设置"羽化半径"值为"1像素"，单击 确定 按钮，如图5-17所示。

STEP 04 在Photoshop中打开背景素材文件（配套资源:\素材文件\第5章\电吹风背景.jpg），使用"移动工具" 将吹风机中的选区拖动到"电吹风背景.jpg"文件中，调整吹风机的大小、位置和角度，如图5-18所示。

图5-17　羽化选区

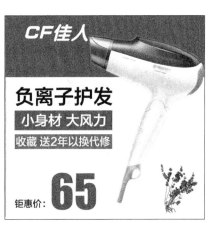

图5-18　更换背景

STEP 05 双击吹风机所在图层，打开"图层样式"对话框，选中"投影"复选框，设置投影角度为"165度"、距离为"12像素"、大小为"49像素"，单击 确定 按钮，如图5-19所示。

STEP 06 返回图像窗口，查看最终效果，如图5-20所示（配套资源:\效果文件\第5章\吹风机.psd）。

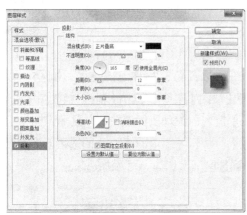

图5-19　添加投影

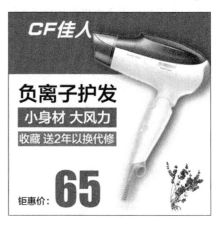

图5-20　最终效果

2. 钢笔工具精准抠图

钢笔工具是一种十分精准的抠图工具，非常适合抠取边缘清晰、平滑的对象，适用范围比较广，是常用的图像抠取方式之一。这里介绍使用钢笔工具精准抠图的方法，具体操作如下。

STEP 01 在Photoshop中打开"唇膏.jpg"和"唇膏背景.jpg"图像（配套资源:\素材文件\第5章\唇膏.jpg、唇膏背景.jpg），切换到"唇膏.jpg"图像文件窗口中，在工具箱中选择"钢笔工具" ✒，在工具属性栏的"选择工具模式"下拉列表中选择"路径"选项，然后在图像中选取一个边缘点进行单击，确定所绘制路径的起点位置，如图5-21所示。

STEP 02 沿着唇膏图像的边缘依次单击，为图像添加锚点，添加到起始点时，再次单击起始点锚点，即可闭合路径，如图5-22所示。在添加锚点时，尽量在放大的图片上进行添加，并尽量将锚点添加在边缘靠内的位置。

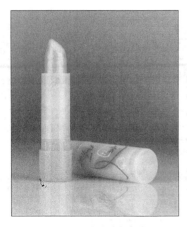

图5-21　确定路径起点

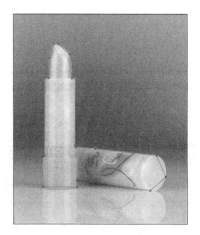

图5-22　完成路径的绘制

STEP 03 闭合路径后，选择"转换点工具" ⊾，单击右侧锚点为其添加控制柄，拖动控制柄调整路径的平滑度，如图5-23所示。控制柄两端的锚点分别用于调整当前路径两侧线段的平滑度。

STEP 04 按照该方法依次调整所有路径线段的平滑度，绘制完成后按【Ctrl+Enter】组合键或在"路径"面板中单击"将路径作为选区载入"按钮 ▒，将路径转换为选区，如图5-24所示。

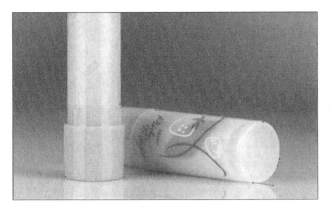

图5-23　调整路径平滑度

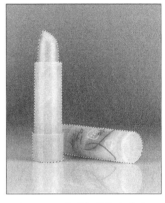

图5-24　将路径转换为选区

STEP 05 使用"移动工具" ▸┿ 将唇膏选区拖动到"唇膏背景.jpg"文件中，调整其大小和位置，并为其添加投影效果，如图5-25所示（配套资源:\效果文件\第5章\唇膏.psd）。

图5-25　完成后的效果

经验之谈：

在使用"钢笔工具"抠图时，商家也可以边绘制路径边调整路径。绘制锚点后，按住【Alt】键切换到"转换点工具"进行调整即可。为了更好地确定抠取部分的边界，商家在确定锚点时通常需要将图片放大，按【Ctrl+ +】组合键或【Ctrl+ −】组合键即可快速放大或缩小图片。

3.通道蒙版复杂抠图

一些特殊的商品（如水杯、酒杯、婚纱、冰块、矿泉水等）使用一般的抠图工具得不到想要的透明效果，此时需结合钢笔工具、图层蒙版和通道等进行抠图。这里以抠取婚纱为例讲解半透明商品的抠图方法，读者可借鉴该方法进行其他半透明商品的抠取，具体操作如下。

STEP 01 打开"婚纱.jpg"图像（配套资源:\素材文件\第5章\婚纱.jpg），按

【Ctrl+J】组合键复制"背景"图层，得到"图层1"，如图5-26所示。

STEP 02 在工具箱中选择"钢笔工具" ，沿着人物轮廓绘制路径，注意绘制的路径应不包括半透明的婚纱部分；打开"路径"面板，单击右上角的"设置"按钮 ，在打开的下拉列表中选择"存储路径"选项，将路径存储为"路径1"，如图5-27所示。

图5-26 复制"背景"图层　　　　图5-27 绘制并存储路径

STEP 03 按【Ctrl+Enter】组合键将绘制的路径转换为选区；单击"通道"面板中的"将选区存储为通道"按钮 ，创建"Alpha 1"通道，如图5-28所示。

STEP 04 复制"蓝"通道，得到"蓝副本"通道；为背景创建选区，将选区填充为黑色，然后取消选区，如图5-29所示。

图5-28 将选区存储为通道　　　　图5-29 为背景创建选区并将选区填充为黑色

经验之谈：

　　在选择通道时，商家可分别查看3个通道的对比，选择对比最明显的通道，这样更方便涂抹和抠取。在涂抹人物部分时，如果想抠取得更精确一些，商家可以将画笔缩小后再进行涂抹，特别是在涂抹细节和头发丝部分时，可以边涂抹边与RGB通道的图层进行对比，使涂抹部分更加精确。

STEP 05 选择【图像】→【计算】菜单命令，打开"计算"对话框，设置源2通道为"Alpha 1"，设置混合为"相加"，单击 确定 按钮，如图5-30所示。

STEP 06 查看计算通道后的效果，在"通道"面板底部单击"将通道作为选区载入"按钮 ，载入通道的人物选区，如图5-31所示。

図5-30　计算通道　　　　　　　　　图5-31　载入通道的人物选区

STEP 07 打开"图层"面板，选择"图层1"，按【Ctrl+J】组合键复制选区到"图层2"上；隐藏其他图层，查看抠取的婚纱效果，如图5-32所示。

STEP 08 打开"婚纱背景.psd"图像（配套资源:\素材文件\第5章\婚纱背景.psd），将人物拖放到"婚纱背景.psd"图像中，调整大小与位置，保存文件并查看完成后的效果，效果如图5-33所示（配套资源:\效果文件\第5章\婚纱.psd）。

图5-32　查看抠取的婚纱效果　　　　　　图5-33　完成后的效果

5.1.4　添加防盗水印

网络上同类型的商品众多，所以商家常常在自己的商品图片上添加水印，以与其他商品区分开，同时这可以防止精心拍摄、制作的精美图片被他人盗用。本小节将制作商品文字图片，然后将其以水印的形式添加到商品图像中，得到水印效果，具体操作如下。

STEP 01 打开"蛋糕.jpg"图像（配套资源:\素材文件\第5章\蛋糕.jpg），选择"横排文字工具" T，在图像中输入英文大写字母"DIY"；在工具属性栏中设置字体为

"方正小标宋简体"，并设置填充色为"#612a16"，将文字移动到画面左下方，如图5-34所示。

STEP 02 选择"矩形选框工具" ⬚，在英文字母中间绘制一个矩形选区，如图5-35所示。

图5-34　输入文字　　　　　　　　　　　　　　　图5-35　绘制选区

STEP 03 按【Shift+Ctrl+I】组合键反选选区，单击"图层"面板底部的"添加图层蒙版"按钮 ◙，隐藏文字中间部分图像，如图5-36所示。

STEP 04 选择"横排文字工具" T，在文字中间的空白处输入一行中文文字，然后在工具属性栏中设置字体为"黑体"、填充颜色为"#612a16"，如图5-37所示。

图5-36　隐藏文字中间部分图像　　　　　　　　　　　　　图5-37　输入文本

STEP 05 使用"横排文字工具" T，在中文文字下方再输入两行虚线，将其颜色设置为与文字一样，并参照图5-38所示的排列方式进行排列。

STEP 06 在"图层"面板中选择与水印相关的图层，按【Ctrl+E】组合键将它们合并成一个图层，如图5-39所示。

STEP 07 按【Ctrl+J】组合键为水印图层创建副本，按住【Ctrl】键单击水印副本缩略图，载入水印选区，填充选区为白色，并将水印移动到任意位置，如图5-40所示。

图5-38　输入虚线　　　　　　图5-39　合并水印　　　　　　图5-40　复制并填充水印

STEP 08 按【Ctrl+T】组合键适当旋转白色文字，将其放到能够遮盖蛋糕图像的位置，如图5-41所示。

STEP 09 在"图层"面板中设置不透明度为"30%"，降低文字的不透明度，如图5-42所示。

STEP 10 选择"移动工具" ，按住【Alt】键移动并复制文字，将其放到画面其他位置，遮盖部分蛋糕图像，得到水印效果，如图5-43所示（配套资源\效果文件\第5章\添加商品水印.psd）。

图5-41　旋转文字　　　　　　图5-42　降低不透明度　　　　　　图5-43　复制并移动文字

经验之谈：

　　除了制作文字水印，商家还可以制作图片水印。其方法为：在 Photoshop 中打开商品图片和水印图片，将水印图片拖动到商品图片中，并调整水印图片的大小、位置和透明度即可。

5.2　提升商品图片质量

除了对商品图片进行基本的大小调整、裁剪、抠图换背景、添加水印等操作外，商家还可以通过曝光度调整、偏色调整，以及清晰度调整来提高商品图片的质量。

5.2.1　调整照片的光影结构

在拍摄照片时，由于天气、器材和拍摄方法等各种因素，拍摄的照片容易出现曝光不足或曝光过度、照片发灰等现象，导致光影结构不明显，从而缺乏美感。为了让图片看起来更加具有层次感，商家可在Photoshop中选择【图像】→【调整】菜单命令，在弹出的菜单中通过多种明暗度调整命令对光影进行细致的调整。下面对常见的几种命令进行介绍。

- 使用"曝光度"命令：通过设置曝光、位移和灰度系数校正值，调整曝光不足/过度的照片。
- 使用"亮度/对比度"命令："亮度/对比度"命令是一个简单直接的调整命令，从名称就可以看出，它专用于调整图像亮度和对比度。
- 使用"色阶"命令："色阶"命令可以对图像中的明亮对比及阴影、中间调和高光强度级别进行调整，还可以校正色调范围和色彩平衡。
- 使用"曲线"命令："曲线"命令是经常被使用到的命令，可以对图像色彩、亮度和对比度进行调整，使图像色彩更加具有质感。
- 使用"阴影/高光"命令："阴影/高光"命令一般用于还原图像阴影区域中过暗或过亮的细节。使用单纯调整图像明暗度的命令，可能会将图像中亮度合适的区域调整得更亮，导致调整后的图像不符合制作要求，此时，即可使用"阴影/高光"命令对图像细节进行还原。

扫一扫

调整照片的光影结构

本小节将对抱枕图片进行调整，在调整过程中先通过"色阶"调整图片的曝光正常，再通过"曲线"调整图片的质感，具体操作如下。

STEP 01 打开"抱枕.jpg"图像（配套资源:\素材文件\第5章\抱枕.jpg），如图5-44所示。

STEP 02 按【Ctrl+L】组合键打开"色阶"对话框，向左拖动白色滑块，设置色阶值为"209"，单击 确定 按钮，如图5-45所示。

图5-44 打开素材

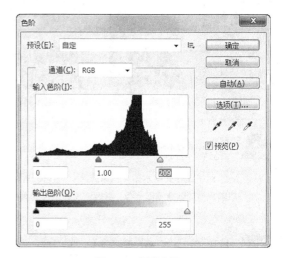

图5-45 调整色阶

STEP 03 返回工作界面，查看调整色阶后的效果，如图5-46所示。

STEP 04 按【Ctrl+M】组合键打开"曲线"对话框，在曲线的上、中、下端单击添加控制点，拖动控制点，调整图像亮部与暗部的对比度，完成后单击 确定 按钮，如图5-47所示。

图5-46 调整色阶后的效果

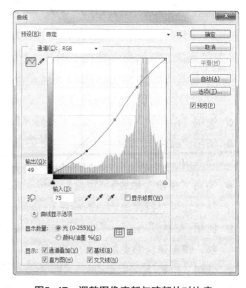

图5-47 调整图像亮部与暗部的对比度

STEP 05 返回工作界面，查看调整后的效果，如图5-48所示（配套资源:\效果文件\第5章\抱枕.jpg）。

图5-48　最终效果

经验之谈：

在"曲线"对话框中选中"预览"复选框，可预览设置后的效果，撤销选中即可查看原素材效果，商家在进行设置时可通过该复选框对比设置前后的效果。同理，调整色阶、阴影/高光、亮度/对比度等命令时，也可预览调整效果。

↘ 5.2.2　调整偏色的照片

大部分拍摄的商品图片都会出现偏色问题，如阴天拍摄的图片会偏淡蓝色、荧光灯下拍摄的图片会偏绿色，而底片本身也可能造成偏色。为避免销售后期的纠纷，商家此时就需要对偏色的图片进行校正。在Photoshop中选择【图像】→【调整】菜单命令，在弹出的菜单中可以通过多种调色命令对颜色进行细致的调整。下面对常用的调色命令进行介绍。

- **使用"色相/饱和度"命令**：使用"色相/饱和度"命令可以调整图像全图或单个颜色的色相、饱和度和明度，常用于处理图像中不协调的单种颜色。
- **使用"色彩平衡"命令**：使用"色彩平衡"命令可以更改图像总体颜色的混合程度，常用于普通的色彩矫正。
- **使用"匹配颜色"命令**：使用"匹配颜色"命令中的中和功能，可以快速矫正图像的偏色。
- **使用"可选颜色"命令**：使用"可选颜色"命令可以对图像中的颜色进行针对性的修改，而不影响图像中的其他颜色。它主要针对印刷油墨的原色含量来进行控制，包括青色、洋红、黄色和黑色。
- **使用"替换颜色"命令**：使用"替换颜色"命令可以将图像中选择的颜色用其他颜色替换，并且可以对选中颜色的色相、饱和度和亮度进行调整。

这些调色命令通过对色相、饱和度、明度和亮度进行调整，从而使色彩恢复正常。本小节将对"衬衣.jpg"图片进行调整，纠正图片中人物发黄的皮肤颜色，使其恢复红润的肤色，然后使用"替换颜色"命令调整衬衣颜色，使其恢复正常，具体操作如下。

STEP 01 打开"衬衣.jpg"图像（配套资源:\素材文件\第5章\衬衣.jpg），如图5-49所示。图片颜色偏黄，这在皮肤颜色上体现得最为明显。

STEP 02 选择【图层】→【新建调整图层】→【色相/饱和度】菜单命令，打开"新建图层"对话框，单击 确定 按钮，打开"色相/饱和度"属性面板，在"预设"下拉列表中选择"全图"选项，在"色相"数值框中输入"－18"，补充红色，减少黄色，然后单击 确定 按钮，如图5-50所示。

扫一扫

调整偏色的照片

图5-49　打开素材

图5-50　调整图片整体色相

STEP 03 返回图像窗口，查看调整后的色彩效果，此时皮肤发黄的问题得到改善，但衬衣变为了紫红色，如图5-51所示。

STEP 04 选择【图像】→【调整】→【替换颜色】菜单命令，打开"替换颜色"对话框，单击 按钮，在图像窗口中单击红色衬衣吸取颜色，选中"选区"单选按钮，白色区域为颜色替换的范围，在"颜色容差"数值框中输入"63"，调整颜色替换范围为衬衣，在"替换"栏中设置色相、饱和度、明度分别为"16""10""5"，单击 确定 按钮，如图5-52所示。

图5-51　调整后的效果

图5-52　调整衬衣颜色

STEP 05 返回图像窗口，此时衬衣颜色再次恢复正常颜色，如图5-53所示，然后保存文件，完成操作（配套资源:\效果文件\第5章\衬衣.jpg）。

图5-53　衬衣调色后的效果

经验之谈：

　　"替换颜色"命令为调整单一颜色的有效方法，为了不影响其他部分的相似颜色，商家可为需要调整的区域创建选区，再执行颜色调整命令；此外，也可使用"可选颜色"命令进行替换颜色的调整。

⬊ 5.2.3　调整照片清晰度

　　由于各种客观拍摄原因商品图片不够清晰时，商家可以通过Photoshop软件对图片进行处理，使图片更加清晰，具体操作如下。

STEP 01 在Photoshop中打开"婚纱1.jpg"图像（配套资源:\素材文件\第5章\婚纱1.jpg），如图5-54所示。

STEP 02 按【Ctrl+J】组合键复制"背景"图层，设置图层混合模式为"柔光"、不透明度为"60%"，如图5-55所示。

图5-54　打开素材文件

图5-55　复制图层并设置混合模式

STEP 03 按【Ctrl+Alt+Shift+E】组合键快速盖印图层，选择【滤镜】→【其他】→【高反差保留】菜单命令，打开"高反差保留"对话框，在"半径"数值框中输入"5.5像素"，单击 确定 按钮，如图5-56所示。

STEP 04 在"图层"面板中选择该图层，设置其混合模式为"柔光"，再次按【Ctrl+Alt+Shift+E】组合键盖印图层，如图5-57所示。

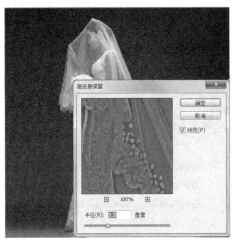

图5-56　设置高反差保留

图5-57　设置图层混合模式

STEP 05 若边缘效果依然不够清晰，还可以选择【滤镜】→【锐化】→【USM锐化】菜单命令，打开
"USM锐化"对话框，在其中设置锐化的数量为"250%"、半径为"0.5像素"，然后单击 确定 按
钮，如图5-58所示。

STEP 06 设置完成后即可查看图片效果，如图5-59所示，然后保存文件，完成操作（配套资源:\效果文
件\第5章\婚纱1.psd）。

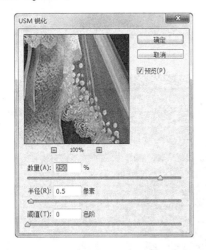

图5-58　设置USM锐化

图5-59　最终效果

5.3　商品交易管理

商家除了对图片进行处理外，还需要对商品交易进行管理。商品交易管理是指对商品上下架、订单发货、关闭
交易等与交易相关的内容进行管理。商品交易管理是商家日常进行并必须掌握的操作，本节对其进行具体介绍。

↘ 5.3.1　商品上下架

商家可以通过淘宝卖家中心的"出售中的宝贝"页面对商品的上下架进行管理，也可以通过"千牛"工作台进行管理。本小节介绍在"千牛"工作台中进行商品上下架管理的方法，具体操作如下。

STEP 01 登录"千牛"工作台，打开"接待中心"界面，在界面左下角单击"出售中的宝贝"按钮☑，在打开的对话框中单击 确定 按钮，如图5-60所示。

STEP 02 在"千牛"工作台中打开"出售中的宝贝"页面，选中需下架的商品前的复选框，单击 下架 按钮，将商品下架，如图5-61所示。

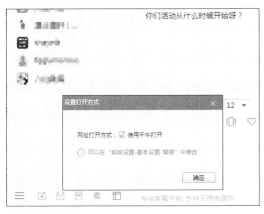

图5-60　打开出售中的宝贝

图5-61　下架商品

STEP 03 在"宝贝管理"栏右侧单击 ✓ 按钮展开宝贝管理列表，单击"仓库中的宝贝"超链接，查看下架后存放于仓库中的宝贝，如图5-62所示。

STEP 04 选中仓库中需重新上架的商品前的复选框，单击 上架 按钮，即可重新上架所选商品，如图5-63所示。若单击商品后的"编辑宝贝"超链接，可打开"商品发布"页面，在其中即可修改商品信息。

图5-62　查看仓库中的宝贝

图5-63　重新上架商品

经验之谈：

　　淘宝店铺中的商品，一般不建议删除，商家可将商品下架放入仓库中，等到需要时再重新上架；如果不再售卖该商品，确实需要将其删除时，可在"出售中的宝贝"页面或"仓库中的宝贝"页面中通过 删除 按钮进行删除。

↘ 5.3.2　订单发货

　　买家完成付款后，如果商品需要邮寄，商家则需要联系快递，填写快递单号并进行发货。本小节介绍在"千牛"工作台中进行订单发货管理的方法，具体操作如下。

STEP 01 确认信息无误后，即可发货。在"接待中心"页面底部单击"卖家中心"

按钮，打开"卖家中心"页面，在"交易管理"栏中单击"已卖出的宝贝"超链接，查看已卖出的宝贝，然后单击 发货 按钮，如图 5-64 所示。

图5-64　发货

STEP 02 打开"发货"页面，选择发货方式，这里选择"在线下单"选项卡，然后在要选择的快递公司后单击 选择 按钮，并输入运单号码，再单击 确认 按钮，继续根据提示完成发货操作，如图 5-65 所示。

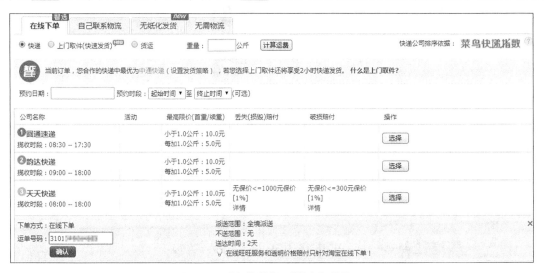

图5-65　选择快递公司并输入运单号码

STEP 03 若是无需发货的商品或同城交易商品，商家也可以在"发货"页面中选择"无需物流"选项卡直接发货，即无须填写快递单号即可完成发货，如图 5-66 所示。

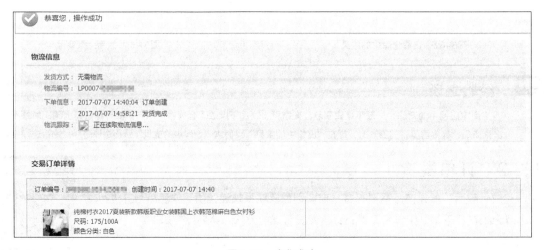

图5-66　发货成功

↘ 5.3.3 关闭交易

当商品订单出现买家取消购买、买家重新下单等情况时，商家可以在"已卖出的宝贝"页面取消该订单。其方法为：在"千牛"工作台的"接待中心"页面中单击"卖家中心"按钮，打开"卖家中心"页面，在"交易管理"栏中单击"已卖出的宝贝"超链接，打开"已卖出的宝贝"页面，在需要关闭交易的商品"交易状态"栏中单击"关闭交易"超链接，在打开的提示框中设置交易关闭的原因，单击 确定 按钮即可，如图5-67所示。

图5-67 关闭交易

5.4 知识拓展

1. 需要调色的商品图片

一般来说，由于光线、拍摄器材等客观原因造成的商品照片与实际商品存在色差时，商家需要对图片颜色进行调整，还原图片本身颜色，使图片更具真实性。采用正规拍摄方式和方法，在布光合理的环境中拍摄出来的商品图片均是不需要调色的，但商家有时可根据主图背景、详情页风格等对其进行色调的处理，使其与主图色调相融合。

2. 淘宝网店的图片尺寸

淘宝网对上传的图片大小有一定的要求，因此在制作和上传图片之前，商家首先需对图片的大小进行了解。表5-1所示为淘宝网中常见的图片尺寸及具体要求。

表 5-1　　　　　　　　　　　　淘宝网中常见的图片尺寸及具体要求

图片名称	尺寸要求	文件大小	支持图片格式
店标	建议：80 像素 ×80 像素	建议：80KB	GIF、JPG、PNG
宝贝主图	建议：800 像素 ×800 像素	小于 3MB	GIF、JPG、PNG
店招图片	默认：950 像素 ×120 像素 全屏：1920 像素 ×150 像素	建议：不超过 100KB	GIF、JPG、PNG
全屏海报	建议：1920 像素 ×400 像素 ~600 像素	建议：小于 50KB	GIF、JPG、PNG
轮播图片	默认：950 像素 ×460 像素 ~650 像素	建议：小于 50KB	GIF、JPG、PNG
分类图片	宽度小于 160 像素，高度无明确规定	建议：小于 50KB	GIF、JPG、PNG
导航背景	950 像素 ×150 像素	不限	GIF、JPG、PNG
页头背景	不限	小于 200KB	GIF、JPG、PNG
页面背景	不限	小于 1MB	GIF、JPG、PNG

3. 曲线与色阶的关系

"曲线"与"色阶"都属于调整图像明暗度的命令，并且都能通过观察直方图，从细节上调整图像。在调整图像时，它们有很多相似之处：在曲线中有3个预设控制点，其中"阴影"用于调整照片中的阴影区域，这和"色阶"中的阴影滑块作用类似；"高光"用于调整图像的高光区域，这和"色阶"中的高光滑块作用类似；如果在曲线的中间处添加一个控制点，该处可以调整图像的中间色调，这和"色阶"中的中间调滑块作用类似，如图5-68所示。

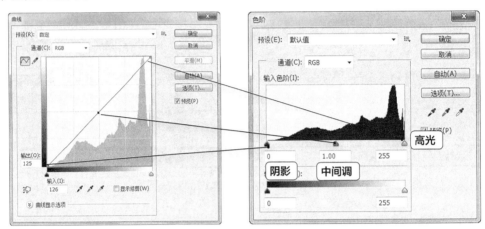

图5-68　曲线与色阶的关系

5.5　课堂实训

↘ 5.5.1　实训一：抠图并更换背景

【实训目标】

本实训要求在Photoshop中打开素材图片（配套资源:\素材文件\第5章\茶具.jpg、茶具背景.jpg），抠取图片中的茶碗并移动到茶具背景中，如图5-69所示（配套资源:\效果文件\第5章\茶具.psd）。

图5-69　抠图并更换背景

【实训思路】

根据实训目标，首先使用魔棒工具抠取茶碗，然后使用移动工具将其放入"茶具背景.jpg"文件中，调整茶碗的大小、位置，完成后调整图片的亮度和饱和度，使图片颜色与背景更融合，然后为其添加投影效果。

【步骤提示】

STEP 01 为背景创建选区。使用"魔棒工具"单击黑色背景区域。

STEP 02 反选选区。按【Ctrl+Shift+I】组合键反选选区，为茶碗创建选区。

STEP 03 羽化选区。按【Shift+F6】组合键，在打开的对话框中设置羽化值为"1像素"。

STEP 04 移动选区。使用"移动工具"拖动选区到背景文件中，复制茶碗，按【Ctrl+T】组合键调整茶碗大小和位置，完成后按【Enter】键。在"图层"面板中双击茶碗图层，在打开的对话框中为茶碗添加投影效果，最后保存文件，完成抠图并更换背景的操作。

5.5.2　实训二：为衣服换颜色

【实训目标】

本实训要求通过"替换颜色"命令将"女大衣.jpg"图像中衣服的红色替换为玫红色。图5-70所示为替换前后的效果。

图5-70　为衣服换颜色

【实训思路】

根据实训目标，分3个步骤进行颜色的替换，分别是为红色衣服创建选区、替换选区颜色、保存文件，下面进行具体介绍。

STEP 01 为红色衣服创建选区。打开"女大衣.jpg"图像（配套资源:\素材文件\第5章\女大衣.jpg），使用"魔棒工具"为红色衣服创建选区。

STEP 02 替换选区颜色。选择【图像】→【调整】→【替换颜色】菜单命令，打开"替换颜色"对话框，更改容差、色相、饱和度值，更换衣服颜色为玫红色。

STEP 03 保存文件，查看更改衣服颜色后的效果（配套资源:\效果文件\第5章\女大衣.psd）。

5.6 课后练习

（1）商家在处理色彩鲜艳的商品时，需要增加图像色彩的饱和度，本练习将处理一张曝光不足、色彩暗淡的咖啡杯图片（配套资源:\素材文件\第5章\咖啡杯.jpg），处理后的图片色泽鲜艳、美观。处理咖啡杯时，我们首先使用"曲线"命令增加图像亮度，然后使用"色阶"命令增加明部和暗部的对比度，最后使用"色彩平衡"命令调整背景颜色为"白色"，调整前后的效果图如图5-71所示（配套资源:\效果文件\第5章\咖啡杯.psd）。

图5-71　咖啡杯处理前后的对比效果

（2）本练习将对实拍童装图片（配套资源:\素材文件\第5章\童装.jpg）进行颜色调整，并为抠图更换背景，处理后的童装图片更加粉嫩可爱，充满童趣。处理该图片时，我们首先需要适当提高其亮度与对比度，然后适当增加饱和度，校正衣服色差，最后抠取童装图像，将其放置到背景图像中（配套资源:\素材文件\第5章\童装背景.psd），调整前后的效果图如图5-72所示（配套资源:\效果文件\第5章\童装.psd）。

图5-72　童装处理前后的对比效果

第 6 章
抢占移动端，
最大的流量来源

随着移动时代的来临，移动端的网购人群增长速度迅速，越来越多的人选择在移动端上购物。要想网店在移动端上取得更好的发展空间，商家就需要针对移动端屏幕的特点，以及客户的浏览习惯对移动端店铺进行装修，并且熟练运用针对移动端的推广方式对店铺进行推广，如移动端可扫描二维码进入店铺、发布微淘吸引粉丝关注等。本章将对移动端店铺装修与推广等知识进行讲解，让读者能在移动端的运营中如鱼得水。

- 认识移动端店铺
- 移动端页面的装修
- 移动端店铺运营推广

本章要点

 案例导入

抓住移动端购物新趋势

不得不说，电子商务的发展真的很迅速，近几年已经由PC端扩展到移动端，移动电子商务时代已经到来。其中微信营销、短信营销是现在网店推广的重要方式。这些推广方式都是移动客户端的一种推广形式。作为淘宝潮流大军中的一员，杨帆在经营童装的几年来就深刻地感受到了这一点。他在淘宝网上销售童装有好几年了，之前生意还是挺好的，这让他干劲十足。他不仅在产品质量上严格把关，而且不断优化自己的店铺页面，并积极利用各种推广工具推广店铺，希望自己的店铺一直持续并保持良好的发展势头，创造更为丰厚的利润，但事与愿违——不管他怎样努力，店铺的销量非但没有上升，反而呈现下滑趋势。这可急坏了杨帆。他决定静下心来好好思考原因，在排除童装的行情差、商品价格高、评价低等因素后，他将目光放到了移动端上。

杨帆分析，就自己而言，之前都是在PC端上购物。当下载手机淘宝后，经常利用逛街、下班路上、吃饭、睡觉前等零碎时间在手机上浏览自己需要的商品，看到中意的直接下单。这种购物方式远远比待在PC端前目不转睛地盯着电脑进行商品的选择更加惬意，慢慢地，手机购物成了自己的购物习惯。于是，他又观察了周围的亲人、朋友，发现年轻一代都钟爱这种购物方式，而且一些销量非常好的店铺也都迎合了人们的这一习惯，在移动端店铺的装修上下足了工夫，商品页面非常整洁、美观。虽然屏幕很小，但商品图片清晰、完整，商品卖点凸出，并且能使大家清晰、快速地找到需要查看的信息，非常适合客户浏览。反观自己的移动端店铺时，他发现原本在PC端上看着非常美观的商品页面，在移动端上显得七零八落，甚至有些图片已经变形了，文字密密麻麻，非常影响观效果，他自己都恨不得马上离开店铺，更不用说来购买商品的客户了。这让杨帆恍然意识到了移动端店铺装修的重要性，于是杨帆开始着手大干起来。当然仅是装修移动端店铺还是远远不够的。作为资深的淘宝商家，杨帆觉得移动端店铺推广也是必不可少的，如设置二维码扫描关注进入店铺，或利用"微淘"来增加店铺的曝光度，这些都是目前非常流行的移动端推广方式。

通过这一系列的措施，杨帆惊喜地发现，才短短两个月，其移动端店铺的流量增多了，转化率明显比之前高了很多，店铺销量开始持续增加，这让杨帆喜出望外，更加坚定了优化移动端的想法。

【案例思考】

为什么要进行移动端店铺页面的装修与推广？移动端店铺的装修需要抓住哪些要点？移动端店铺的推广方式有哪些？

6.1 认识移动端店铺

近两年，淘宝网中超过一半的流量来自移动端，移动端的用户数量在逐渐增加，如今已是移动端网购的时代。淘宝商家想要在淘宝网中获取更长远的发展，必须开通移动端淘宝店。

6.1.1　移动端淘宝的优势

移动端不受时间和环境的限制，随时随地大家只要想购买东西，就能进行下单购买。买家在浏览商品时，由于移动网络的便利性，看见中意的商品几乎很少议价，会直接进行下单。

使用移动端购买商品时，买家只能看见当前的页面，不像PC端可打开多个页面比较质量和价格等，因此，影响买家不购买当前页面商品的因素相对减少了，这提高了买家下单的概率；此外，使用移动端淘宝下单的买家都较年轻化，减少了聊天和议价的可能，更容易直接下单。

6.1.2　移动端淘宝店分析

随着移动互联网的发展，使用移动设备逛网店成为一种新的潮流趋势，因为操作的灵活性和方便性，买家可随时随地进行购物。为此，淘宝App、天猫App、Wap端口等针对访问移动端店铺的端口应运而生。根据互联网数据中心的显示，人们通过移动设备访问Web的数量不断上升，特别是在节假日期间，远远超过了PC端，店铺中很大一部分的流量都来自于移动端，因此移动端店铺对于任何一个电商商家来说都变得尤为重要。

6.2　移动端页面的装修

要想做好移动端店铺的营销，商家首先需要对移动端店铺进行装修。移动端店铺装修的原理与PC端的装修原理相同，富有视觉冲击力的店铺更能吸引买家的注意力，并延长买家在店铺中驻足的时间。

6.2.1　设置移动端店铺的店标和店招

与PC端一样，移动端店铺也需要设置店铺的店标和店招，而制作店标和店招的方法与PC端相同，区别在于移动端的店招大小与PC端不同，移动端店招大小建议为750像素×254像素。本小节介绍设置移动端店铺的店标和店招的方法，具体操作如下。

STEP 01 进入"卖家中心"页面，单击"店铺管理"栏中的"手机淘宝店铺"超链接，在打开的页面中单击"立即装修"超链接，如图6-1所示。

STEP 02 打开"开通微淘账号"页面，单击 同意协议并开通 按钮，如图6-2所示。

图6-1　立即装修　　　　　　　　　　　图6-2　开通微淘账号

STEP 03 此时系统提示微淘开通成功。返回"卖家中心"页面，选择"店铺管理"栏中的"手机淘宝店铺"选项，在打开的页面中选择"立即装修"选项，此时将打开无线运营中心页面，在打开的页面中单击"店铺首页"超链接，如图6-3所示。

STEP 04 在打开的页面中选择店招模块，单击右侧"店铺基本信息"栏中的"更换Logo"超链接，如图6-4所示。

图6-3　进入店铺首页

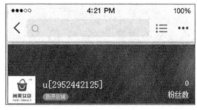

图6-4　更换Logo

STEP 05 在打开的页面中单击 上传图标 按钮，在打开的"打开"对话框中选择店铺Logo，单击 打开(O) 按钮即可上传店招，如图6-5所示。单击 保存 按钮可保存上传的店铺Logo。

STEP 06 返回"手机淘宝店铺首页"装修页面，在右侧"模块编辑"栏的"新版店招图片"栏中选中"官方推荐"单选按钮；在下方选择店招图片后，在"新版导航颜色"栏中选择对应的颜色；在"店招图片链接"栏中单击右侧的 🔗 图标，在打开的对话框中单击"链接地址"后的 ✔选择链接 按钮。此时"店招图片链接"栏下的文本框中将显示链接，然后单击 确定 按钮，如图6-6所示。

图6-5　选择店铺Logo

图6-6　设置店招图片及链接地址

STEP 07 也可以选中"自定义上传"单选按钮，单击下方的店招图区域，选择图片空间的店招图片，在打开的对话框中单击 ✔上传 按钮，如图6-7所示。

图6-7　选择店招图片

经验之谈：

此处已将图片上传至图片空间，若没有上传至图片空间，需要先上传图片。

STEP 08 在"店招图片链接"文本框中设置自定义上传店招的链接地址，单击 确定 按钮，如图6-8

所示。

STEP 09 在店铺店招模块可看到设置后的效果，单击上方的 发布▾ 按钮，即可在店铺中应用编辑后的店招与店标，如图6-9所示。

图6-8 设置图片的链接地址

图6-9 店招装修效果

6.2.2 设置移动端宝贝模块

商家在移动端店铺装修中，也可添加自定义模块。其添加方法与PC端相同，只需将模块拖动至合适的位置后，再在右侧的模块编辑区域进行设置即可。本小节讲解设置宝贝智能双列模块的方法，具体操作如下。

STEP 01 打开"手机淘宝店铺首页"的装修页面，将"智能双列"模块拖动至右侧的合适位置，如图6-10所示。

STEP 02 此时在右侧将自动打开"智能双列"栏，单击切换到"基本模式"选项卡，输入宝贝标题，设置链接、宝贝个数、过滤价格、关键字等信息，然后单击 确定 按钮，如图6-11所示。

图6-10 添加智能双列模块

图6-11 基本模式设置

STEP 03 设置完成后，可查看设置的智能双列效果，如图6-12所示。

STEP 04 还可手动推荐宝贝，在"推荐类型"栏中选中"手动推荐"单选按钮，单击 +添加商品 按钮，打开"商品小工具"对话框，选择推荐的宝贝后，单击 确定 按钮即可，如图6-13所示。

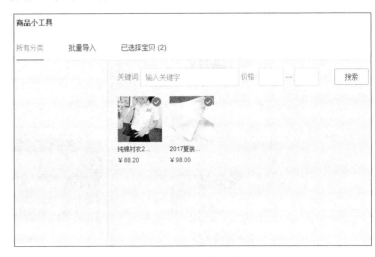

图6-12　设置的智能双列效果　　　　　　　　　图6-13　手动推荐宝贝

STEP 05 在"智能双列"栏中单击 确定 按钮即可。当所有的板块设置完成后，可单击右上方的 发布 ▾ 按钮，发布信息，如图6-14所示。

图6-14　确认设置并发布信息

> **经验之谈：**
> 其他模块的设置方法都基本相同，商家只需将模块拖动至手机板块中，然后在左侧进行编辑即可。

↘ 6.2.3　移动端宝贝详情页发布

在设置移动端详情页时，商家可通过网页版宝贝详情页自动生成，也可手动添加宝贝详情页。本小节讲解设置移动端宝贝详情页的方法，具体操作如下。

STEP 01 在淘宝"卖家中心"页面，选择"宝贝管理"栏中的"出售中的宝贝"超链接，在需要发布手机详情页的宝贝右侧单击"编辑宝贝"超链接，如图6-15所示。

STEP 02 在打开页面的"移动端描述"栏中将鼠标光标移动至"添加"按钮 + 上，此时将自动展开如图6-16所示的工具栏，然后单击"图片"按钮 🖼。

扫一扫

移动端宝贝详情页
发布

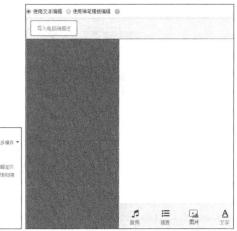

图6-15　编辑宝贝　　　　　　　　　　　图6-16　编辑图片

经验之谈：

移动端宝贝详情页还支持音频、图片和文字输入。商家单击"音频"按钮♫可添加音频详情页；单击"摘要"按钮☰，可添加140个字的摘要；单击"文字"按钮A，可添加文字描述。

STEP 03 在打开的"图片空间"对话框中选择需要添加的详情页图片，单击 插入 按钮，如图6-17所示。

图6-17　选择需要添加的详情页图片

STEP 04 返回页面可查看添加的详情页图片，单击 发布 按钮，如图6-18所示。

STEP 05 此时，在移动端打开店铺，即可查看该宝贝的详情页效果，如图6-19所示。

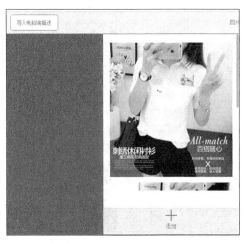

图6-18 查看添加的详情页图片 　　　　图6-19 该宝贝的详情页

6.3　移动端店铺运营推广

随着手机淘宝用户的不断增加，很多商家开始了移动端的竞争。店铺的运营推广很大程度上决定着店铺的转化，移动端也有其对应的推广方式，如"码上淘"、微淘达人等。不同的推广方式能吸引不同的消费人群。

6.3.1　利用"码上淘"进行推广

"码上淘"即买家扫描二维码进入店铺的方式。现在通过扫描"二维码"查看内容的方式应用广泛，二维码包含链接地址，可以引导买家通过手机等扫描设备快速进入相应的网站。本小节讲解利用"码上淘"推广产品的方法，具体操作如下。

STEP 01 进入淘宝"卖家中心"页面，单击"店铺管理"栏中的"手机淘宝店铺"超链接，如图6-20所示。

STEP 02 进入"手机淘宝店铺"页面，单击"码上淘"下方的"进入后台"超链接，如图6-21所示。

图6-20　进入手机淘宝店铺 　　　　　图6-21　进入后台

STEP 03 进入"码上淘"页面，此时将提示当前使用的淘宝账号，单击 进入码上淘 按钮，如图6-22所示。

STEP 04 展开"创建二维码"列表，单击"通过宝贝创建"超链接，如图6-23所示。

STEP 05 选择扫码的宝贝，单击 下一步 按钮，如图6-24所示。

STEP 06 选择进行推广的渠道，这里选择"物流包裹"选项，确认后单击 下一步 按钮，如图6-25所示。若是"渠道标签"栏中没有二维码推广使用的选项，可单击 ＋新增渠道 按钮，添加推广渠道。

STEP 07 此时，二维码创建成功，在右侧将显示二维码的效果，单击 下载 按钮可进行下载，如图6-26所示。

图6-22　进入"码上淘"　　　　　图6-23　通过宝贝创建二维码

图6-24　选择扫码的宝贝

图6-25　选择进行推广的渠道

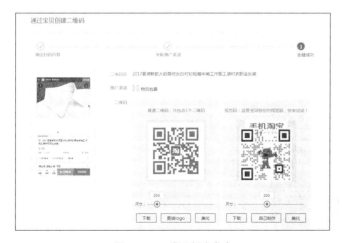

图6-26　二维码创建成功

↘ 6.3.2 利用微淘达人推广店铺

使用移动端是大势所趋，很多店铺移动端的成交额已超过PC端，微淘位于手机淘宝底部导航条的第2位，它可以为店铺带去大量移动流量。对于淘宝商家而言，微淘是淘宝营销的一个重要武器。商家通过微淘后台发布各类新商品信息，可以让粉丝及时知道店铺动态，提升店铺的好感度，便于进行品牌传递，直至达到成交转化。图6-27所示为优秀的微淘推广案例，买家可从浏览量、点赞量与评价量判断商品的人气，单击对应的图片可进入宝贝购买页面。

图6-27　优秀的微淘推广案例

1. 发布微淘

微淘有多种发布方式，如发帖子、发宝贝清单、发图片、发上新等，商家可以根据需要，选择喜欢的发布方式，具体操作如下。

STEP 01 在"卖家中心"的"店铺管理"栏中单击"手机淘宝店铺"超链接进入"无线店铺"装修页面，再单击右侧的"发微淘"超链接，如图6-28所示，进入"发布微淘"页面。

图6-28　进入"发布微淘"页面

STEP 02 选择需要发布的微淘方式，如单击"发帖子"超链接，如图6-29所示，将打开"发帖子"页面。

图6-29　进入"发帖子"页面

STEP 03 设置宝贝的链接地址、标签等相关信息，设置完成后单击 发布(今日还可发布：1篇) 按钮即可发布，如图6-30所示。

图6-30 编写微淘信息并发布微淘

2. 微淘推广要素

微淘是移动端引流的常用工具，很多大型网站都在做微淘营销，那么中小型买家该如何使微淘成为提升销量的"利器"呢？一是自己成长为具有实力的淘宝达人，或是寻找粉丝多、发帖内容优质的淘宝达人合作，来提高微淘帖子的曝光量，增加店铺的流量。下面总结了4种从店铺自身出发，商家进行微淘运营的方法。

● **熟悉微淘运营规则**：要充分了解和熟悉微淘的运营规则，及时关注微淘的新闻和活动，如关注不同等级的账号每天所能发布的微淘条数。

● **如何拉粉**：首先对老客户群发信息进行召回，对于店铺来说，如何留住粉丝才是重点。此时可发表主题丰富的内容，针对内容收藏数量或互动来分析粉丝的喜好，重点发布粉丝想要看到的题材内容。在进行题材内容设计时，可从一些热门话题、事件等方面着手，增加内容的吸引力。同时适当利用节日等活动多安排与粉丝互动，以及回馈粉丝的机会。

● **熟悉店铺的运营推广计划**：结合店铺的促销活动、店铺上新日、节日活动等运营推广计划，可提前两天发布预告广播，提醒粉丝特权抢先看、提醒粉丝收藏，以及到时间提醒粉丝购买，如××美衣商家"双十一"活动时在11月10日~12日共发了10条相关微淘信息。

● **发布微淘的时间安排**：分析微淘用户访问的高峰时段，如0：00~1：00、8：00~10：00、13：00~14：00、16：00~17：00、18:30~19:30、20：00~23：00，一般均是根据淘宝官方的大盘数据，再结合店铺销售的成交额，找出适合店铺的高峰时间段。

6.4 知识拓展

1. 提高移动端的安全性

为了提高移动端的安全保障，商家可开通钱盾认证服务。在移动端安装钱盾的方法为：打开"钱盾"，单击"账户安全中心"，根据提示登录自己的账号，在网站中登录淘宝账号将会要求进行一键验证，单击进行认证即可。除此之外，商家还可开启账号保险箱功能，打开阿里钱盾，单击"账号保险箱"后的 开启 按钮，此时将打开"钱盾保险箱"页面，绘制新解锁图案并确认解锁图案后，将开启钱盾保护功能，如图6-31所示。

图6-31　开启钱盾保护功能

2. 给他人分享手机淘宝上的宝贝链接

进入移动端，打开"宝贝详情页"页面，单击右上角的 ┋ 按钮，在打开的下拉列表中选择"分享"选项，单击"复制链接"按钮 ⊘，将复制的链接分享给他人，对方即可查看到该宝贝对应的移动端链接，如图6-32所示。

图6-32　分享宝贝链接

6.5　课堂实训

↘ 6.5.1　实训一：设置移动端店铺的店招与店标

【实训目标】

本实训要求激活手机淘宝店铺，并设置店铺的店招与店标。

【实训思路】

根据实训目标，本实训包括店招与店标制作、店招与店标装修两部分。店招与店标的制作需要注意图片的大小与保存格式应适应移动端店铺对应模块的尺寸。店招与店标的装修需要先开通微淘账号，然后在移动端装修页面编辑对应的模块，上传制作的店招与店标图片，最后保存并发布编辑的页面即可。下面进行具体介绍。

STEP 01 店招与店标制作。根据店铺所售商品分别新建大小为750像素×254像素的店招、80像素×80像素的店标，将制作后的图像保存为JPG格式。

STEP 02 开通微淘账号。商家初次进行移动端装修时，需要开通微淘账号。进入"卖家中心"页面，进入"装修手机淘宝店铺"页面，此时将打开"开通微淘账号"页面，单击 同意协议并开通 按钮进行微淘账号的开通。

STEP 03 更换Logo。在打开的页面中选择店招模块，单击右侧"店铺基本信息"栏中的"更换Logo"超链接，上传制作的店标，将其作为店铺Logo，更换原来的Logo。

STEP 04 更换店招图片。选中"自定义上传"单选按钮，单击下方的店招图区域，选择图片空间中的店招图片，根据店铺需要编辑店招信息，修改新版导航颜色与店招图片的链接地址。

STEP 05 发布移动端店铺首页。根据需要继续添加、删除和编辑店铺首页的其他模块，编辑完成后单击 发布 按钮发布首页。

6.5.2 实训二：生成移动端店铺的二维码

【实训目标】

本实训要求生成移动端店铺的二维码，将推广渠道选择为"商品包装"。

【实训思路】

根据实训目标，首先需要进入"码上淘"页面，然后选择合适的宝贝并为其创建二维码，将二维码的推广渠道设置为"商品包装"，最后下载制作的二维码即可。下面进行具体介绍。

STEP 01 进入"码上淘"页面。进入"手机淘宝店铺"页面，单击"码上淘"下方的"进入后台"超链接。

STEP 02 选择创建二维码的方式。展开"创建二维码"列表，单击"通过宝贝创建"超链接，选择扫码的宝贝。

STEP 03 选择进行推广的渠道。此处选择"商品包装"选项。

STEP 04 下载二维码。此时，二维码创建成功，在右侧将显示二维码的效果，单击 下载 按钮可进行下载。使用手机扫描下载的二维码，即可进入对应的宝贝页面。

6.6 课后练习

（1）激活手机淘宝店铺，并设置店铺的店招与店标。

（2）生成手机店铺的二维码，将推广渠道设置为"商品包装"。

（3）进入淘宝"无线端店铺"装修页面，单击"发微淘"超链接进入"发布微淘"页面，发布关于商品上新的帖子。

（4）进入淘宝"无线端店铺"装修页面，设置移动端宝贝模块，并发布无线店铺的详情页。

第 7 章
视觉营销策略，
电商创业的核心技术力

由于电子商务的买家主要通过网页的商品描述，如文字、图片、声音、影像等视觉因素作为判断商品好坏的基础，因而这些视觉因素对网店商品信息的传达质量会有很大程度的影响。而视觉营销是指设计师通过艺术灵感和创造性思维将电商企业文化及其品牌效应、商品展示等用视觉因素合理地展示出来，从而达到刺激消费者的感官，让消费者产生想象、兴趣、欲望，最终达到点击、认可、消费和品牌认知目的的营销手段。本章将围绕视觉营销中的文案、图片、短视频的展示进行介绍，提高电商创业的竞争力。

- 电商中的视觉营销
- 电商中的文案撰写
- 电商中的图片引导
- 电商中的短视频引导

本章要点

案例导入

店铺视觉设计成就大生意

韦一满是淘宝大学讲师，淘宝优秀店铺视觉营销设计师，独立研发并讲授《宝贝图片处理美化》《店铺装修的功能和使用》等多门淘宝大学课程，为成千上万的淘宝商家设计了店铺视觉方案，在网店装修这个行业中是名副其实的皇冠级金牌商家。

然而刚开始经营淘宝店铺的时候，韦一满却并没有这么志得意满。韦一满最初决定成为淘宝商家的时候，选择了服装行业，因为姐姐在做批发生意，自己刚好可以搭个顺风车。韦一满的店铺名称叫"格格坞"，她负责网店装修，她的老公负责网页技术工作。店铺虽然开始经营了，但生意很不景气，加上夫妻二人平时也有工作要做，无法投入太多精力到店铺中，这种现状难免让人有点泄气。

不过一次偶然的机会，"格格坞"终于迎来了柳暗花明。韦一满的店铺都是自己亲自操刀设计的，文案撰写、图片拍摄处理、短视频拍摄剪辑、店铺页面的排版设计等都花了很多工夫，因此店铺视觉形象在同行业中显得非常独特别致，就是这份独特，将一个淘宝商家带到了韦一满面前。这个商家非常欣赏韦一满的店铺形象，想委托她为自己的店铺进行设计，结果经由韦一满设计的这家店铺，其等级在短短一个多月内就从2心升到了2钻。这让韦一满意识到网店设计对网店人气拉升所起到的巨大作用，同时这个巨大的商机也让韦一满下决心将"格格坞"转型为提供网店视觉设计。

韦一满搜索了当时在淘宝网做网店视觉设计的商家，发现只有寥寥几人。最先委托她设计店铺的那位商家也给她介绍了不少生意。"格格坞"的生意慢慢做起来了，但很快韦一满又面临了新的问题。韦一满的店铺是定制设计，做了一段时间后发现要按照客户的要求不停修改方案，不仅非常耗时，而且人力成本也非常高。为了能够及时交出设计方案，她经常通宵加班，但依然无法很好地满足客户的需求。韦一满在认真考虑后，决定对"格格坞"进行二次转型，将定制设计转变为以成品设计为主。

直接提供成品设计让客户可以自己选择喜欢的方案，这不仅降低了价格，而且她所耗费的时间也会相对更少。两年后，"格格坞"从同行中脱颖而出，成了淘宝名副其实的皇冠级商家。韦一满说："设计是一个需要靠脑力的行业，不仅需要敏锐的思路，最重要的是要有创造力。"现在的"格格坞"拥有了自己的设计室，创办了公司，不仅线上店铺设计声名远播，线下设计也做得红红火火。

扫一扫

案例解析参考

【案例思考】

店铺视觉设计其实就是常说的店铺装修，目前很多淘宝商家都会精心设计或购买良好的店铺装修模板，那么网店视觉设计究竟有多重要？网店视觉营销的意义在哪儿？

7.1　电商中的视觉营销

电商中的视觉营销和传统视觉营销依附的介质不同，消费者对商品的判断是以视觉为基础的，消费者主要通过页面的商品描述，如图像、文字、声音、影像等，作为判断和购买商品的依据；传统实体店的商品基本是看得见、摸得着的，消费者可以通过视觉、手感、嗅觉等方式判断商品。因此，仅有优质的商品是远远不够的，精细化的视觉营销策略和优质的商品相结合才是电商的竞争"利器"。

7.1.1 视觉营销对电商的影响

电商中的视觉营销重在"营销"两个字，其最终目的是促进交易，提高销售额。据一位著名的心理学家对人们认知事物感官的分析，视觉对一个人的影响程度是最大的，占比有83%，剩下的这17%分别包括了听觉、触觉、嗅觉等。对于电商而言，店铺的视觉效果对买家的影响重要性则占比为100%，这具体表现在以下3个方面。

- **提高流量**：好的广告图可以吸引买家单击进入店铺，如直通车、淘宝主图、智钻图、站外海报等。
- **提高转化率**：好的商品描述页可以增加买家阅读的兴趣，甚至被文案或图片所打动，进而下单购买，这毋庸置疑会提高进入页面的流量的转化率。
- **提高客单价**：适当的店内广告、高端大气的店铺风格、恰当的关键营销推荐都会为商品增值，提高流量的客单价。

以在淘宝网热卖的女装淘宝店"乐町"为例，它的商品从质量、款式、设计来说都属于比较有个性的，极具个性和档次的商品特写、清晰别致的主题海报、温馨的色调搭配、天真烂漫的模特选择使页面充满典型的少女、乖巧、甜美气息，正是这些精细化的视觉营销手段，给买家心里留下了鲜明的品牌形象和商品风格，让众多买家为其倾倒。图7-1所示为"乐町"的海报与商品展示。

图7-1 女装淘宝店"乐町"的海报与商品展示

↘ 7.1.2 视觉营销的要点

精细化的视觉营销可以给买家良好的购物体验和美的享受，可以吸引更多的新老买家和潜在买家，提高访问量和促进成交量，而做好网店视觉营销就需要做到以下6点。

- **网店视觉设计要基于市场调研**：网店视觉效果并非仅是依靠设计师的主观臆想设计，而是需要结合商品的特点，以及受众的心理特征。因此在做网店视觉设计前，商家首先要做好市场调研，然后策划网店定位，分析受众、竞品，制定商品策略、设计网店风格，从而形成视觉营销大纲。

- **店铺招牌要简洁**：店铺招牌是网店的品牌、定位、文化的体现，一般出现在网店的页面顶端，包括店铺名称、Logo、标语和促销信息、收藏按钮等。店铺招牌要简洁，版面要有留白，切不可包含太多文字和图像，以免产生杂乱感，使买家产生视觉疲劳。

- **色彩搭配要和谐**：网店的色彩与风格是买家进入店铺中首先感受到的东西，不同颜色、不同颜色的配比能给人带来不同感受，引起心理不同的反应，直接影响人的美感认知、情绪波动，因此色彩是做好店铺视觉营销的基础。很多商家在装修店铺时，喜欢将一些酷炫的色块随意地堆砌到店铺中，这让整个页面的色彩杂乱无比，给买家造成视觉疲劳，而好的色彩搭配需要基于色彩心理，从商品的风格、文化，以及目标消费者的特征、心理等出发，运用具有相应商品风格特质和目标受众特征的色彩进行设计，从而使其从内容和形式上统一起来，这不仅能够让页面更具亲和力和感染力，而且能够提升浏览量。图7-2所示为两种不同视觉效果的色彩搭配。

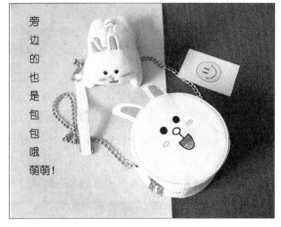

图7-2 色彩搭配要和谐

- **商品图片要真而美**：在网店中，买家主要通过商品图片来深入了解自己感兴趣的商品，包括商品的颜色、款式、质地、尺寸等方面的内容，因此商品图片不仅要快速吸引买家的眼球，并且信息要真实、全面、清晰，能够体现出商品的品质、质地、色彩、形状、大小等，还要从不同角度清晰地展示细节，真实、美观地展现商品原貌，同时要兼顾美感。但需要注意的是，商家不能为了吸引买家的眼球，通过视觉手段让商品失真，如色彩、面料视觉质感发生改变等，这会使其因小失大。

- **店铺布局要科学**：店铺的布局成功与否，直接影响了买家能否在第一时间产生浏览或购买的欲望。为最大可能地把握店铺的每一点流量，提高整体流量，网店布局除了要根据自家店铺的风格、商品、促销活动分门别类地进行清晰、完整的布局外，还要求讲究整体部分的合理性，使买家享有一个流畅的视觉体验。在店铺布局过程中，商家需要把商品的图片和文案精心结合起来，利用对齐、对比手法，使页面主次分明、中心突出、区域划分明确、统一性强，从而达到促销或者推广的目的。图7-3所示为当前流行的首页局部效果。

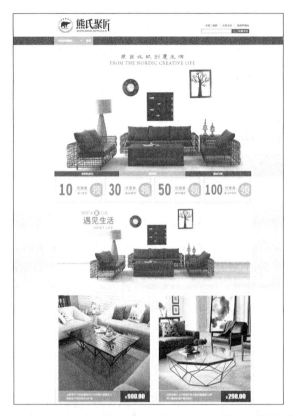

图7-3　店铺布局要科学

● **海报设计要突出**：海报设计是指将图片、文字、色彩、空间等要素进行组合，以恰当的形式展示出所要表达的信息，海报是视觉传达非常有效的途径之一。海报在页面中所占面积较大，目的清晰、新颖别致的海报不仅能在第一时间吸引买家的视线，使买家获得瞬间的刺激，而且能提起买家的购买兴趣。海报设计包含了视觉营销中的诸多知识，如色彩的选择与搭配、字体的选择与搭配、画面构图技巧、卖点提炼与展示等。图7-4所示为凉鞋海报，它采用左文右图的方式，画面简洁，重点突出"要时尚也要舒适"的广告语，其次用红色文字凸出"专柜正品"，并在其中添加箭头指示商品。

图7-4　凉鞋海报

7.2 电商中的文案撰写

适用性强、搭配合理的文案能直观地向买家倾诉商品的详细信息，引导买家完成商品的浏览与购买。电商文案更像是一种营销文案，它不仅只是展示文案人员的文字功底和创意，更重要的是与买家沟通，通过文案所展示的内容说服买家。文案根据所产生作用的不同，大致被分为电商广告文案、商品主图文案、网店详情页文案、电商品牌文案和网络推广文案5种。下面分别对每种文案的相关知识进行简要介绍。

↘ 7.2.1 电商广告文案

电商广告是网络中最常见的一种广告形式，一般以JPG、GIF、Flash等格式的图像文件出现在网页中较为醒目的位置，如横幅广告一般放置在网站主页的顶部。海报广告一般由标题、副标题、促销信息、日期时间、标签组成，要想在2秒内引起注意并促成点击，首先，广告文案的写作必须要易于阅读、逻辑清晰；其次，广告文案的写作并不仅是好句子的撰写与堆砌，还需要注意以下4个方面。

● **注重创意**：电商的广告文案主要投放在互联网上，相对于地铁、公交等线下渠道的广告而言，线上广告的时效性更短，可能仅为2秒，如何快速在2秒内吸引买家眼球，商家在进行广告文案的创作时就要求结合一定的创意来进行表现，才能为后面的点击创造可能，否则广告将被浪费掉。需要注意的是，商家千万不要玩一些隐喻式的创意，而要讲究速度与激情，做到快、准、狠，直达买家眼球。图7-5所示的箱包创意广告，通过包与长颈鹿的合成，然后配以有创意的广告语"装得下，世界就是你的……"，快速吸引买家的眼球。

图7-5 箱包创意广告

● **精简广告标题**：广告标题不宜太长，否则不方便阅读，一般控制在10个字以内。此外，标题在用词上尽量使用易于传播的口语化语言，尽量让人过目难忘，切忌使用一些专业语、生僻词。图7-6所示分别为"贝贝母婴""七彩人生家具产品"的广告，标题既简短又通俗易懂，前者突出店铺优惠"满300返300"，后者通过"会呼吸的床垫"凸出床垫的透气性。

图7-6　海报标题要精简

● **文案不脱离商品**：对于销售商品的广告文案而言，文案必须要"言之有物"，即广告语与商品紧密相连。商家要分析自己商品的特点，能满足人的哪些需求，找出商品的关键词，然后利用关键词来发挥想象，创作出匹配的营销文案。如人们之所以买钻头，是因为人们需要一个洞，因此该广告文案可以围绕"快速打洞、不同材质打洞、可多次打洞"等展开。图7-7所示为化妆品广告文案，"让肌肤喝足水"是产品补水功能的关键词延伸。

图7-7　文案不脱离商品

● **逻辑上要清晰**：在设计电商广告文案时，营销是电商广告不可或缺的意识。在进行营销时，商家可能采用限时促销、打折、包邮、满减等营销手段。这些营销活动的表达一定要清晰，切忌含糊不清、有明显歧义，并不宜同时在海报中设置多个活动，否则很容易被混淆。

7.2.2 商品主图文案

商品主图文案是指网站商品主图上的文案。想要第一时间留住买家，除了商品与图片外，好的文案必不可少，可以说主图文案的质量直接影响了主图是否拥有足够的点击量。下面从网店主图文案策划要点、主图文案撰写角度两个方面对商品主图文案进行讲解。

1. 商品主图文案策划要点

主图文案决定了主图的点击率，策划优秀的主图文案是非常重要的工作。一般情况下，具有高点击率的主图文案都需要满足以下4点要求。

- **紧抓需求、目标明确**：在撰写主图文案时，商品卖给什么样的人是必须考虑的问题。在创作文案时，商家需要对这部分人的心理特征进行分析研究，写出目标人群喜欢看的文案，从而引起点击或收藏。如果目标人群定位在中低端，那么性价比是吸引该群体购买的关键因素；如果目标人群定位在中高端，那么完美的品质与体验都是吸引该群体购买的关键。图7-8所示的两款熨烫机主图中，前者通过优惠券、活动价、送精美台灯、以换代修来说明商品的实惠，来抓住求实惠的买家；后者则重点通过熨烫的技巧来突出熨烫机的高品质与完美体验。

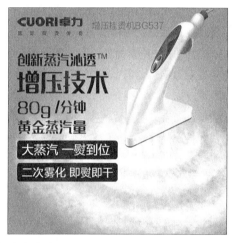

图7-8 紧抓需求、目标明确

- **文案精练**：文案精练是指主图文案能够精确地表达消费者希望了解的信息，消费者在网上商店中选择商品时，通常最先看到的是主图，如果主图文案过多，消费者难以抓住重点提取自己所需的信息，会直接放弃阅读转而查看下一个商品，因此主图文案一定要精练。

- **卖点清晰**："所谓"卖点"，就是指商品具备的别出心裁或与众不同的特色、特点，既可以是商品的款式、形状、材质，也可以是商品的价格等。卖点清晰是指让买家即使一眼扫过，也能快速明白商品的优势是什么，和别的商家有什么不同。一张主图的卖点不需要过多，但要能够直击要害，以直接的方式打动买家，切忌絮絮叨叨、罗列堆砌。

- **凸出差异化**：要在搜索出的同类产品中做到脱颖而出，主图除了通过商品的排列、背景的选择进行差异化表现外，还可以通过创新的文案让人耳目一新。许多商品的卖点都是大同小异的，文案创新就是将这些卖点进行优化，这是吸引买家眼球的关键。如图7-9所示，在搜索女士保暖打底裤时，很多商家在主图上采用"加绒加厚"的描述方式，而最后一张图片则通过"一条过冬保暖王"的文字配上厚厚的加绒实拍照片，很好地与其他商家的主图区别开来，形成了差异化，反而更容易吸引买家眼球。

图7-9　凸出差异化

2. 主图文案撰写角度

撰写主图文案需要找准合适的切入点，商家可以从以下8个角度入手。

● **利益诱导**：利益诱导主要是针对追求性价比的目标人群，该目标人群大多数会关注商品的价格是否经济实惠，而对于商品的外观、文化并不会关注太多。这类文案设计的侧重点在于价格问题，从多角度阐述商品的优惠信息，如"买就送、立减×元、量大从优、活动仅此一次"等，激发他们的购买欲望，图7-10所示为通过利益诱导消费者多购买的文案。

● **使用直观数字**：如老品牌创办的时间、价格、销量、容积等以数字来体现可以更加直观，能吸引买家眼球，如"10年经典品牌""29元包邮，限今天""3分钟卖出100件""月销10000件"，需要注意的是，淘宝文案描述的数字与真实数字差距不要太过于悬殊。图7-11所示为将牙刷使用时间长、充电快的特点通过"45天""1.5小时"来进行表现，表达更为直观。

图7-10　利益诱导

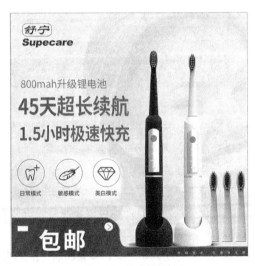

图7-11　使用直观数字

● **情感宣泄**：情感宣泄是指通过场景带入的图片与文案设计，营造买家置身其中的感觉。如图7-12所示，左图为"空气净化"主图，文案从"呵护宝宝健康成长"的角度，与疼爱宝宝的宝妈、宝爸产生亲情感共鸣，说服买家购买商品；右图中采用"爱你一万年"文案，引起情侣对爱情的共鸣，使买家产生对爱情的向往，从而购买该商品。

图7-12 情感宣泄

- **效果描述**：将使用本商品后的理想效果进行描述，如"30天完美瘦身""5分钟收紧毛孔""睫毛液三周见效"等，图7-13所示为"7天祛痘，15天去痘印"的文案，抓住了买家迫切祛痘的需求。
- **恐吓描述**：恐吓描述是指将事情的危害进行适当夸大描述，如化妆品用的不好可能会毁容，颈椎病没有好的原因竟是没有拥有一个好枕头，图7-14所示从颈椎病出现的严重后果角度，推荐买家购买该款枕头。

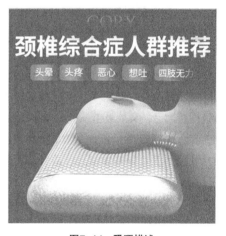

图7-13 理想描述 　　　　　　　　　　图7-14 恐吓描述

- **名人效应**：将自己的商品与名人联系起来，如"××同款""××不老的秘密"等，增加商品的说服力，或是突出其受到一些名人追随者的喜爱。
- **事件借力**：朋友圈、微博有时会被一些热门事件刷屏。此时将热门事件中的词语、名称等用到文案中，对商品进行个性化的描述，也可以快速吸引买家眼球，受到追求潮流、追求独特人群的关注与购买。例如，《你的名字》是一部很火的电影，淘宝网店的一款情侣戒指直接将其应用到了主图文案中，如图7-15所示。
- **善用对比**：在主图上，对比不仅可以是商品使用前后效果的对比，还可以是商品与其他物品的对比。对比可以产生较强的视觉效果，突出商品的优点，图7-16所示为迷你充电宝与手掌的大小对比，与文案中"掌心的充电宝"呼应，突出了充电宝"小"的特征。此外，在文字上，商家还可以通过数据进行对比，如"一倍的价格5倍的效果"。

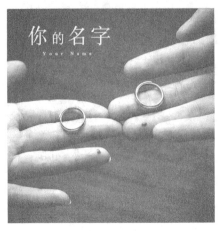

图7-15 事件借力

图7-16 善用对比

7.2.3 网店详情页文案

网店详情页文案是电子商务文案的重要组成部分之一。它主要用于网店商品信息的表述，达到激发消费者购买欲望的目的。网店详情页文案展示的是商品详情，主要通过文字、图片等元素全面地展示商品的功能、特性，以及销售、物流等方面的信息，从而增加消费者对商品的兴趣，激发其潜在需求，引导消费者下单，因此网店详情页文案是促成消费者购买的有效手段。那么，怎么才能写出优秀的网店详情页文案，达到引人注目的效果呢？下面通过以下5点进行介绍。

- **文字要简洁**：如今快速的生活节奏让读者习惯了快餐式的阅读，看到大篇幅的文字就习惯性觉得很累。详情页文案中的内容较为充实，再使用大量的文字进行说明会让版面变得更加紧凑，影响页面的美观度。商家应尽量采用简洁、概括性的语句来进行商品信息的描述，形成前后呼应，使文案既能清楚描述商品，又能吸引消费者继续阅读下去。

- **内容充实，主题明确**：详情页文案应该包括商品的属性信息、商品功能和卖点、商品优势、商品物流信息和售后信息等基本信息，并且着重表现出商品的主题，让消费者能够直观地感受到商品所带来的好处。

- **能引发消费者兴趣**：引发兴趣是吸引消费者关注的第一个环节，商家一般可以从品牌介绍、焦点图、目标客户场景设计、商品总体图、购买理由、使用体验等方面进行考虑。

- **能激发消费者需求**：激发消费者需求是引发消费者兴趣的进一步延伸，当消费者在是否购买之间摇摆不定时，商家要通过激发他的潜在需求，引导其产生购买意愿。简而言之，激发消费者需求就是给他一个购买的理由，商家可以通过优惠活动、促销活动等进一步激发消费者的购买欲望，表达出物超所值的信息，诱导消费者购买，通过推荐帮助他们做出购买决定。

- **能获取消费者信任**：文案的目的在于引导、说服消费者，推动消费者产生购买行为。因此商家在写作文案的过程中要充分考虑消费者的可接受性，保证文章的真实性，切忌随意夸大而引起消费者的不信任，而商品的细节展示、用途展示、商品的参数展示、好评展示、售后承诺等都是获取消费者信任的有效手段。

7.2.4 电商品牌文案

品牌文案主要用于进行品牌建设、累积品牌资产。走心的品牌文案能够赋予商品或品牌特殊的情感、加深消费者对商品或品牌的认知与理解、传递品牌理念和商品诉求，因此所有的品牌都应该重视品牌文案的创作与传播。

1. 品牌名称命名

品牌名称是品牌文化的最直接显现，是品牌之魂。品牌名称是品牌的第一个"广告"，有位著名广告人说过，"好名称，值一亿元广告费。"一个好的品牌名称，能牢牢抓住消费者的第一印象，植根于消费者脑海中，让品牌在市场中占尽先机；一个不恰当的品牌名称，会直接阻碍品牌发展。起名不难，难的是起出既符合商品定位，又富有时代气息的名字。下面介绍4种常见的取名方法。

- 口语化：口语化名称命名简洁，能够在第一时间给消费者留下直观印象，它既可以传达出一种品牌意念、达到影响消费者的目的，又点出与众不同的特色，拉开与竞争对手之间的差别。一般来说，品牌用词在人群中的熟知率与认同率越高，其传播的传导效果就越好，因此口语化的品牌名称有促进品牌传播与商品销售的效果，如"好吃点"很容易就可以引起消费者的食欲和好感，配合朗朗上口、平易近人的"好吃你就多吃点"广告语，很轻松地拉近了品牌与消费者之间的距离，这为其赚取了足够多的人气，如图7-17所示。
- 品牌名称即服务：品牌名称即服务也是一种独特的命名方式，消费者遇到以这种方式命名的品牌只需听名称就能猜出它是干什么的，名称和服务关联性高，当消费者需要这项服务时很自然就会想到该品牌，形成品牌即品类的局面。图7-18所示的"麦包包"这个时尚箱包品牌，人们一看见它就会想成"卖包包"，当然它确实是一个卖包包的品牌，品牌名称就体现了它们的品牌服务。

图7-17　口语化

图7-18　名字即服务

- 拟人化：将一个品牌拟人化，可以使其在市场中显得形象化、有温度感，如"康师傅"中的"师傅"就像一位德高望重或极具行业造诣的人，极具亲和力和责任感。另一种拟人化的命名方式是将品牌与具体人物联系起来，若该人物的性格品质与品牌所要传达出来的精神文化相吻合，还会增强品牌个性的表达效果。特拉斯汽车是中国消费者熟知的品牌。该品牌创始人为了纪念交流电的发明者——尼古拉·特斯拉，就将其名称作为该品牌名称；特斯拉是一位绝世天才，因特立独行而不被世人理解，其"特立独行"的品质就很契合特斯拉汽车的气质。这个名字既达到了纪念的目的，又彰显了商品特性。
- 富于情怀：当一个商品的核心竞争力并不具备更大的竞争优势时，情怀就能变成它的一张好牌，带给消费者温度感，起到一种情感唤醒作用。例如，"溪水藏"是一个知名的农场品牌，品牌含义为"一颗藏在东江源头的好橙子"，其果园被群山环抱，溪水穿行其中，主打原生态的好橙子，再联系品牌名，自有一种清新、健康之感。

2. 品牌口号撰写

品牌口号就是品牌的广告口号，或者说是广告标语，是广告文案中令人记忆深刻、具有特殊位置、特别重要的一句话或一个短语。品牌口号对一个品牌而言起着非常重要的作用，品牌口号可以宣传品牌精神、反映品牌定位、丰富品牌联想、清晰品牌名称和标识等。好的广告语，不仅可以向消费者传达商品的独特卖点，展现品牌的个性魅力，激发消费者的购买欲望，还可以引起社会大众的共鸣和认同，成为跨越时空的广告语言经典，深刻影响社会价值与行为规范。下面介绍5种常见的编写品牌口号的方法。

- **一句话描述商品功能特点**：品牌口号一般均比较简短精练，有些品牌就采用一句话描述商品功能的方法确定品牌口号，展示该品牌商品的卖点。例如，"王老吉"作为凉茶品牌，其凉茶有清热解毒、预防上火、提高人体免疫力之功效，"怕上火，喝王老吉"这一广告语就充分展示了商品功能，将消费者使用商品之后获得的好处摆在了他们面前，使商品卖点一目了然。
- **突出用户体验感**：一切品牌商品的最终目的都是为了让消费者有良好的使用效果，这时品牌从消费者的使用感受出发，去突出消费者的体验感，有利于消费者形成对商品的使用认知，特别是将非常棒的消费感受作为广告语宣传之后就相当于给消费者吃了定心丸，能促进消费者的购买行动。例如，"白加黑"感冒药的广告语："白天吃白片，不瞌睡；晚上吃黑片，睡得香。"就是从消费者吃药后的体验入手讲述感冒药的效用。
- **与行动、场景相联结**：在撰写品牌口号时，将品牌、行动和场景相联结这也就是将商品与现实场景搭建起来的方法，消费者可以从中想象出一种情景，这可以刺激他们的被代入感与行动力，"饿了么"和"途牛"就是借助场景来渲染品牌的，其一句简短的广告语就能为品牌营造适当的代入氛围，如"饿了别叫妈，叫饿了么！""要旅行，找途牛"。
- **表达品牌主张**：有些品牌的广告语以企业的目标、主张为诉求点，一般比较简洁、短小、精练、有内涵，有一定的外延深度和广度，传达了一定的品牌态度。例如，戴比尔斯的品牌口号"钻石恒久远，一颗永流传"，不仅道出了钻石的真正价值，而且将爱情的价值提升到了足够的高度，使人们很容易把钻石与爱情联系起来。表达品牌主张的广告语相当于是在向消费者传达品牌理念与态度，这种想法一定要是"正能量"的才能引起消费者的反响，如红牛的"你的能量，超乎你的想象"；佳能的"感动常在"。
- **引起情感共鸣**：基于商品或品牌的特征，衍生对应的情感，用比较感性的语句来刺激消费者的心理需求，引起情感的共鸣，继而拉近与消费者的距离，从而加深消费者对品牌的印象并勾起他们的需求与购买欲。例如，麦氏咖啡"好东西要与好朋友分享"的品牌广告文案，这是麦氏咖啡进入市场时推出的广告语，由于雀巢已经牢牢占据市场，那句广告语又已经深入人心，麦氏只好从情感入手，把咖啡与友情结合起来，这深得消费者的认同，于是麦氏就顺利进入咖啡市场。人们一看见麦氏咖啡，就想起与朋友分享的感觉，这是从情感上占据消费者内心的品牌口号。

3. 品牌故事撰写

对于企业来说，一些干巴巴的制度、一句简单的口号或者一堆枯燥干瘪的理论，远远比不上一个生动的品牌文化故事所带给人们的认同感强。因此一个好的品牌故事与一个好的品牌名称、品牌广告语同样重要，甚至可以说是品牌的根基，品牌故事中传达的思想内涵就是一个品牌的文化理念与态度，它能直达消费者内心，而且在一定程度上，品牌故事会起到给品牌定性、加深品牌在消费者心中印象的作用。

商家在撰写品牌故事文案时，不单单是只写品牌的历史和故事，还可以从多个角度展开故事，如写创始人的创业故事或是从商品的设计、传播等方面谈品牌态度；从市场需求、品牌名或Logo的角度写品牌故事；从品牌创生地的当地文化方面展示品牌的诞生原因，彰显品牌文化内涵等。例如，台湾大众银行的一个广告故事就是从品牌精神"不平凡的平凡大众"出发讲述了社会平凡大众——一位63岁的平凡母亲在孤身一人去探望在国外生子的女儿时克服一系列困难的故事，该故事名为"母亲的勇气"，深刻地刻画了平凡人物的

"不平凡"，秉承了品牌倡导的精神理念。

一般优秀的品牌文化故事主要是为了向目标受众群体传递品牌价值，建立彼此之间的情感联系和认同，由此来获得消费者的信任和支持。要想达到这样的效果，商家则必须写出打动消费者，引起他们共鸣的故事，因此在塑造品牌文化故事的过程中，必须遵循以下3个原则。

- 品牌故事最好是发生在品牌发展过程中的真实故事。从各大知名品牌企业可以看到，企业发展过程中会遇到各种各样的问题，提取其中的真实故事才能经得起推敲，让消费者信服。图7-19所示为人头马的品牌故事，其以日常生活中的片段为主要描写场景，采取类似短篇小说的形式，通过富有吸引力的故事情节来创造特定的情节场景，以表现商品品牌的情感特征和功能。

雷米马丁（人头马）取自其创立人名，他于1695年2月出生在靠近雅尔纳克北方的一个小镇卢伊勒（Rouillac）。马丁是葡萄园主栀子；19岁时娶了利涅尔（Liganeres）的公证人的女儿为妻。他在生意兴隆时，明白了预先藏酿干邑的重要性。他的孙子接掌并发展了这盘生意，同时兼任了地方税收集员的工作。马丁的儿子在1821年主理公司，在19世纪10年代到19世纪20年代初，将公司产量由53万加仑上升到270万加仑。

经验之谈：

品牌故事一般包括背景、主题、细节、结果和点评5个要素，怎样通过文字将这些部分生动地描写并刻画出来，是撰写品牌文化故事的关键。

图7-19　人头马的品牌故事

- 品牌故事必须突出产品的个性和侧重性，让消费者直观地感受到品牌的价值观。例如，海尔口口相传的"怒砸冰箱事件"，其侧重点是产品的质量，体现了"不合格的产品绝不出厂"的个性特征。这样才能让消费者在听到故事时，快速感受到海尔"质量第一"的品牌价值观。

- 在品牌竞争的过程中，不能采用恶意炒作或贬低竞争对手的方法，恶意炒作或贬低竞争对手虽然能提高品牌的知名度，却产生了负面影响，对品牌的发展没有好处。

4. 日常品牌文案撰写

日常品牌文案就是日常生活中，品牌在各大移动平台发布的关于品牌推广与销售的文案，它包括所有与消费者接触的直接销售或非直接销售商品的文案，只要是有助于品牌营销的文案，都可被划分到日常品牌文案之类。一般情况下，其可以被分为商品上新文案、节假日营销文案、热点借势文案和其他常规营销文案等，下面分别进行介绍。

- **商品上新文案**：推出新商品是一件品牌的大事，除了开新品发布会以外，不少品牌会选择在微博、微信等新媒体平台上发布新品的上新预热文案，为新产品造势，引起目标人群的好奇与期待，同时在过程中收获人们对品牌及新产品的关注。这种上新文案的写作方法可以是直白地写出新品卖点，引起人们的期待；可以是设置悬念，引起人们的好奇，还可以是采取与竞争对手对比的方法赚足噱头。

- **节假日营销文案**：每逢节假日就意味着品牌文案的宣传期又到了，如二十四节气和中国其他传统节日，端午节、小雪节气等，不少企业、品牌会利用消费者的节日心理来进行节假日营销，达到品牌推广的目的。它们一般是结合品牌形象与具体的节日特点来撰写营销活动文案，以提高品牌的曝光度并加强与消费者之间的情感联系。在节假日中消费者的感情都比较充沛，所以这时品牌会选择写作充满情感的文案来充分调动他们的情绪。只要文案足够有创意，能打动消费者，消费者自然会牢记并认可该品牌。

- **热点借势文案**：热点借势文案的写作方法是将热点的相关元素与目标人群的情感需求、产品卖点相结合，从而达到品牌营销的目的。例如，某某明星在一起后，就发文称"大家好，给大家介绍一下，这是我女朋友"并@女方，这瞬间登上了微博平台热搜，引起轰动，成为了当时的热点讯息，就连亚马逊官网首页的广告语都改成了与之相关的内容，不少品牌更是借机发布了借势文案，如图7-20所示。

图7-20 品牌借势文案

- **其他常规营销文案**：因为并不是每日都是节假日、都有热点新闻和商品上新，所以品牌日常文案也是品牌文案的一种重要类型。例如微博，作为品牌宣传的一大平台，就需要一定的曝光度，不能只有重要活动才发布文案。一般来说，日常文案主要是与用户联络感情，文案也可以与商品关联不大，只要发布的内容有趣，让用户感兴趣就好。

7.2.5 网络推广文案

网络推广文案是为了对企业、商品或服务进行宣传推广而创作的文案，它可以给商家带来更多的外部链接，如果引发了网友的大量转载，一传十、十传百、百传千，效果将非常可观。网络推广文案的写作方式更加自由，更加符合当下的网络文化潮流。下面分别介绍6种常见的网络推广文案。

- **博客文案**：博客是一种个人网站，主要由博主不定期发表或分享新的文章，以供网友交流和学习。目前较为主流的博客有新浪博客、网易博客和搜狐博客等。大家在博客中既可以发表自己的学习经验，记录自己的生活，也可以在其他的板块中进行评论和发表看法。它的氛围更加轻松，可以吸引更多志同道合的网友关注。

- **微博文案**：微博是目前最流行的一个信息分享与交流平台，其使用人数众多，并且更注重信息的时效性和随意性，大家能够发表自己任何时候的所见、所感、所闻和所想。微博有140个字以内的小短文，文章内容要犀利、有趣或经典；还有长微博，其内容要主题明确、条理清晰。大家不管采用哪种方式写文案，要想进行文案的传播，就要紧紧抓住网友的心理特征，或结合时事热点，写出具有关注度的文章。图7-21所示为关于"宜家广告"的微博文案，广告中通过简短的文字描述构造了一系列小故事，引起读者的兴趣，然后将商品融入到每个小故事的最后，让人在捧腹大笑的同时也记住了商品。

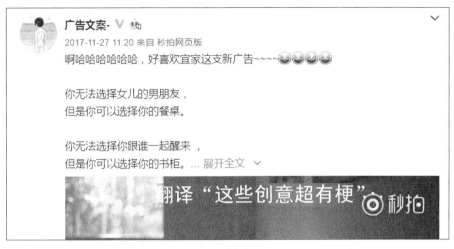

图7-21 关于"宜家广告"的微博文案

● **微信文案**：微信的快速发展使其成为了最热门的网络营销和推广平台之一，也是社会化媒体营销中的主要推广平台。大家在微信平台中可以通过微信公众账号进行内容的分享，但要保证文章内容的质量，这样才能吸引更多的粉丝关注并进行转发。微信的一大特点是微信朋友圈中的大部分成员是你的好友，因此文章的可信度较高，其一旦在朋友圈得到转发，很快就能吸引更多的朋友。图7-22所示为"名创优品"的微信文案部分截图。它通过总结一些实用的衣物收纳技巧，对收纳商品进行推广，让读者在阅读文章的过程中接受商品。

图7-22 "名创优品"的微信文案

● **论坛文案**：论坛是一种交互性强、内容丰富且及时的互联网电子信息服务系统，用户可以在论坛中获得各种信息服务，也可以自己发布信息，或者与他人讨论等。论坛的门槛和成本都较低，文案人员可以在论坛中发布企业的商品或服务的相关信息，以潜在目标客户的需求为主要出发点，合理组织语言，通过文字、图片、视频等方式加深客户对企业商品或服务的印象，最终达到宣传的目的。图7-23所示为在论坛中发表的文案，该文案结合自拍的商品照片，通过展现购买后的摆放效果和描写商品色彩搭配等来进行商品的推广。

图7-23　论坛中的文案

- **电子邮件文案**：电子邮件文案营销曾是风靡一时的一种营销手段，但随着微博、微信等社交平台的出现，它的风光已不再。然而对于一些商家和企业来说，它仍然是个很好的营销方法。写作电子邮件文案时，大家要注重文案标题和正文的精简程度，将更为详细的资料以附件的形式进行发送，并且要特别注意标题的写作，不能给读者一种打广告的感觉，否则易导致读者拒绝打开邮件，图7-24所示为一篇电子邮件文案。

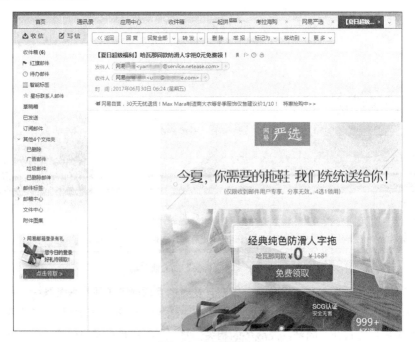

图7-24　电子邮件文案

● **短信文案**：现在获取用户的成本越来越大，而短信一直是营销中不可或缺的渠道之一。在编写短信文案前，大家首先需要明确发送短信的目的，如产品上新、产品打折、优惠券领取、产品清仓等，并且短信需要控制在70个字以内，简洁的短信更便于阅读，短信末尾一般需要添加店铺、商品或优惠券领取的短链接，方便用户点击购买。在撰写短信时，其用语应尽量率真、温暖、轻松，以拉近与消费者的距离，图7-25所示的"每日优鲜品"短信则以情人的口吻进行短信文案的编写。

> 【每日优鲜】希望有一天你会回来，这样我就可以不用再对着手机和你说早安、说午安。【4折券】送你，我等你！
>
> 【每日优鲜】是我，很久没看见你了，这张【4折券】给你吧。可以忘了我，但不要忘记吃好呀。
>
> 【每日优鲜】不愿放手让你离开，担心那个TA是否像我一样懂你。【4折券】送你，我永远守候你。
>
> 【每日优鲜】等待的日子并不辛苦，因为我相信你会回来。【4折优惠券】送你啊，喜欢吗？
>
> 【每日优鲜】只有再次见到你，我的生命才会有意义。给你——专属于你的15元无门槛红包。
>
> 【每日优鲜】我不相信你舍得走远，所以我还在这里等待。5折券给你，我等你来！

图7-25　短信文案

7.3　电商中的图片引导

图片是电商中不可缺少的元素，若使用恰当，将有助于提升销量；若使用不当，将直接降低转化率。在使用图片前，商家首先需要了解网店商品图片的要求，什么样的图片才能有助于销售商品，以及了解动态图片在电商中的作用，理解动图是如何提高店铺成交率的。

↘ 7.3.1　网店商品图片的要求

商家要在网店中使用商品图片，首先需要使商品图片满足网店的要求。以淘宝网店为例，其商品图片除了图片大小要符合规定外，还应满足以下7个要求。

● **图片清晰**：清晰的图片不仅能吸引买家的眼球，还能展示商品的细节，甚至能更加坚定买家的购买信心。

● **图片的光线自然**：商品图片光线自然才能更加切合实际的商品，展示商品的质感。

● **减少色差**：虽然色差不可避免，但商家应该想办法尽可能降低色差，以免造成买卖双方之间的误会或引起纠纷。

● **整体精美**：店铺文案中尽量搭配美观的图片，采用图文结合的方式，用文字解说图片或用图片诠释文字的意义，使文案的内容更加丰富、效果更加美观，营造良好的营销效果。

● **背景干净**：背景是为商品服务的，商家不能使用太过花哨的背景，以免其喧宾夺主。干净的背景会让商品更加突出，让画面显得和谐统一。此外，将背景的颜色与商品的颜色进行色彩的对比，不仅不会抢走主体商品的风采，而且会使画面看起来更加丰富饱满，如图7-26所示。

● **风格统一**：在同一页面上，商品图片的风格尽量统一，如使用相同的背景、相同的光源、相同的角度，使买家感觉到清爽、整齐，如图7-27所示。

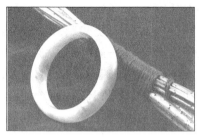

图7-26　背景干净　　　　　　　　　　　　　　　　　图7-27　角度统一

- 有必要的细节展示：考虑到买家想了解商品细节的心理需求，商家应尽量多拍摄一些商品的细节图来满足买家了解商品的愿望，从而打消买家在质量方面的心理顾虑。

↘ 7.3.2　网店图片的使用策略

网店中的图片除了需要满足网店的要求外，为了增加点击率和提高转化率，商家往往还需要注重以下使用策略。

- **凸出图片主体**：当销售商品时，图片的主体为商品，因此为了凸显商品，商家在处理一些图片时往往会隐藏或虚化一些其他抢眼的元素，如虚化商品的背景、裁剪掉服装模特的漂亮脸部等。
- **分析图片差异化**：根据投放位置对临近展示主图或直通车图片进行充分研究，从素材选择、色彩、构图等找出它们的共性，然后走差异化路线，如风格差异化、色彩差异化、构图差异化等。如图7-28所示，袜子纵排铺满整个画面，色彩艳丽，很抢消费者的眼球。
- **搭配关联销售的图片**：在商品详情页中，搭配关联销售的图片，可以增加消费者选择的空间，加大其购买的概率，同时可能增加客单价。图7-29所示为乐町某款黑色毛衣的关联推荐图片。

图7-28　差异化构图　　　　　　　　　　　　图7-29　添加关联推荐图片

- **善用买家秀图片**：很多消费者在购买商品前，都会浏览评论区，而图片评论无疑更直接、更有效地展示了商品的效果，更具说服力。商家除了可以鼓励好评买家上传买家秀图片，还可以找专业的摄影师将光线与场景布好，然后选择表现能力好的买家进行自拍，制作出优质的买家秀图片，以此提高产品销量。
- **展示商品功能**：在制作商品的功能图时，应该将商品功能性的一面淋漓尽致地展现出来，增强图片说服力，如运动服，可通过静物图结合适当的文字提示展现服装透气性、吸汗性、耐穿性、不掉色等功能。

- **填补短行文字旁的空白**：通常情况下，较短的文字行会给买家带来容易阅读的感觉。使用与文字相关的图片来填补短行文字旁边的空白区域，可以让画面更加丰富，具有平衡感，给消费者带来良好的视觉体验。图7-30所示为在短行文字旁插入图片后的效果。
- **引导买家的注意力**：好奇心几乎每个人都有，图片中模特的眼神、动作的指引或箭头的指示等具有引导作用的元素，可以很容易地将买家的视线集中到需要重点表达的信息上面。如图7-31所示，模特的动作与眼神可以将买家的关注点集中到右侧的卖点文案上。

图7-30　在短行文字旁插入图片　　　　　图7-31　使用图片引导买家的注意力

7.3.3 电商新宠——动图营销

动图是图片的动态表现形式，是介于视频和图像之间的一种形态。与静态图片相比，动图更加接近真实体验，能激发买家不断在画面中寻找惊喜，大大增加了品牌为消费者带来的视觉享受，更容易吸引买家眼球；与视频相比，它体积小、成像清晰，无需安装任何插件，可以更高效、更清晰明了地把商品的优势价值或品牌文化、安装步骤等呈现给目标人群。在众多营销手段中，动图营销所花费的成本相对低廉，非常适合资源有限的电商营销。通常情况下，电商中的动图营销主要体现在以下4个方面。

- **Logo展示**：在静态Logo的基础上，对Logo中的元素进行动态设计，使其富有生命活力。这样的Logo更有乐趣，也更能加强消费者对品牌的认识。
- **展示商品功能、使用方法、360°外观**：能够在有限的时间内形象且直观地展现商品的功能特点、使用方法、360°外观，带动消费者不自觉地退想商品在现实中的使用效果和方法，并且一览无遗地观看商品所有角度，提高消费者的视觉体验。
- **打造主推商品**：在静态的网页中，消费者的要求很容易被动态的元素所吸引，因此动态图一直是抓住消费者注意力的有效方法。例如，在店招中为主推商品制作动态文字或标签，可以提高主推商品的展现率和点击率。
- **诠释细节品质**：在静态图中为想要展示的细节部分加上动态效果是诠释细节品质的重要手段，如对于飘逸的长裙，可以通过添加动态摆动的裙摆来诠释材质的飘逸。

7.4 电商中的短视频引导

当所有的电商商家都在通过图片和文字向买家展品的时候，买家很容易陷入视觉疲劳期，从而很难通过几张图片和一段文字来区分商品的好坏和商品的质量，此时新的营销方式——短视频营销成为电商领域中风头最为强劲的营销方式之一。由于短视频有声音、有图像、有文字，且拥有更强的张力，因此越来越多的企业将商品介绍制作成短视频，通过短视频的方式向买家介绍商品，以此打动和吸引买家来购买。

7.4.1 电商短视频类型

目前，短视频营销除了在淘宝、天猫等电商平台盛兴，也是企业品牌宣传、商品推广的重要推广手段。以淘宝应用为例，短视频主要分为商品型短视频、内容型短视频和用户短视频。不同类型的视频所想要传达给消费者的信息是不同的，如品牌文化、商品特性、用户体验等，下面分别进行介绍。

- **商品型短视频**：用非常简明扼要的几点内容告诉买家商品卖点，以单品展示为主，时长一般在60秒以内。图7-32所示为羽绒服淘宝主图的短视频，其通过模特对羽绒服的细节进行了展示。

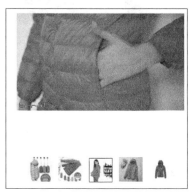

图7-32 淘宝主图的短视频

- **内容型短视频**：泛指有情节、有故事或以达人教学为主的内容型的短视频，时长一般在2分钟以内。内容型短视频被广泛用于创意广告、店铺故事、镇店之宝、新品故事、商品使用步骤等，一般出现在商品详情页、首页或其他营销页面，如淘宝的必买清单、微淘、淘宝头条、爱逛街等板块，商家在制作内容型短视频时可与达人合作，以取得更好的宣传效果。图7-33所示为"妖精的口袋"品牌简介短视频，通过视频，买家可以对其服装的整体风格进行把握。

图7-33 "妖精的口袋"品牌简介短视频

- **用户短视频**：在用户评论区可以发布商品的用户短视频。商家可以鼓励购买商品的买家发短视频增加真实性，以打动其他买家购买。

↘ 7.4.2 电商短视频攻略

各大电商平台都在大力推广短视频，可见短视频在销售上的推动力是非常巨大的，这具体表现在增加用户停留时长、潜在提升转化率等方面，特别是服装、美妆、玩具、厨具、家居等需要充分展示使用场景的行业。那么，什么样的短视频内容，才更能深入人心，在潜移默化中激发用户的购买热情和冲动呢？下面具体介绍。

- **竖视频，更亲密的交互方式**：随着买家在移动端消费习惯的养成，与横视频相比，移动端采用垂直化的竖视频更能全面、清晰地展示某些商品，带来更沉浸式的观看感受，商家也可以通过重塑叙事方式来打动买家，这不仅能更加突显视频人物，还能拉近与买家之间的距离，给人一种亲密感。图7-34所示为一款女士大衣的竖屏展示效果。

- **场景化与片段化，更能刺激销量**：场景化是指将商品置于某种使用的场景，或将买家所处的场景融入视频中，以此感染买家购买；片段化就要求商家不要想着把商品所有的功能点全部体现出来，而是要抓住有效的时间，给买家提供最有价值的信息。图7-35所示为榨汁机使用场景与片段的展示。

图7-34　竖视频展示　　　　　　　　　　　　图7-35　场景化与片段化展示

- **讲述真实的故事，更容易被记住**：亲朋好友的推荐及用户评论是影响买家购买决策的重要因素，如在视频中展示买过该商品的用户给出的真实想法和评价，更能打动买家。真实包含真实人物、真实故事、真实情感，即通过一些真实的人物，讲述真实的故事，反映真实的情感，这样才会让所有人记住。图7-36所示为某面膜视频，它主要通过节目中的真实人物进行现场试验、介绍，增加面膜功效的真实性。

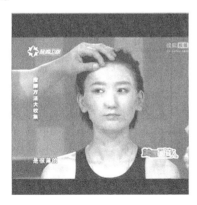
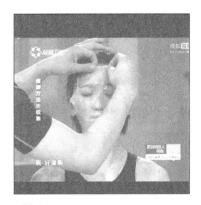

图7-36　面膜视频

↘ 7.4.3 电商短视频的要求

短视频兴起，很多商家都想加入。为了提高审核通过率，提高短视频带来的营销效果，商家在拍摄、制作短视频时需要注意以下4个方面内容。

- **注重画质和视频构图**：视频拍摄画质和视频构图需达到专业水平，如低像素手机拍摄、镜头单一、画面抖动等都可以造成视频模糊、色差大。
- **合理控制视频大小**：视频的清晰度与尺寸有关系，尺寸越大，清晰度越高。视频的尺寸与网站要求的尺寸相符，如主图视频的尺寸大小和主图的尺寸一样，为500像素~800像素。
- **视频格式**：淘宝视频常见的视频格式，如.mp4、.mov、.flv、.f4v。
- **视频内容规范**：视频中尽量不含其他平台的二维码、站内外店铺等任何二维码信息，以及微信、QQ、其他视频平台、引导App下载信息，更不能违反影视行业相关法律法规条例。

淘宝现在的流量入口众多，如淘宝主图、淘宝头条、有好货、爱逛街等，除了上面的基本规范外，每一个入口都有其自身的规范，以便于对短视频质量进行把控。例如，淘宝主图视频的要求有以下3点。

- **时长**：不超过60秒，建议为9~30秒，可优先在猜你喜欢、有好货等推荐频道展现。

经验之谈：

通常商家拍摄的视频比较长，为了符合时长规范，商家需要对视频进行剪辑，此时可下载安装"视频编辑专家"，打开[视频文件截取]的功能，通过"添加文件"按钮添加视频文件，单击"下一步"按钮，设置指定文件输出的目录，拖动两边的滑块截取60秒内长度的视频文件，进行下一步操作即可。

- **尺寸**：尺寸建议为1:1，这可提高买家在主图位置的视频观看体验。若比例不对，可能造成画面变形，上下有黑边等现象，影响视觉体验。图7-37所示为不同尺寸比例的视觉效果，可看出1:1的画面更大，买家看得更清晰。

图7-37　不同尺寸比例的视觉效果

- **内容**：突出商品1~2个核心卖点，不建议电子相册式的图片翻页视频。图7-38所示的视频通过文字的说明，以及人物看手机时间的动作，与时间的对比来突出"快速干发"的卖点。

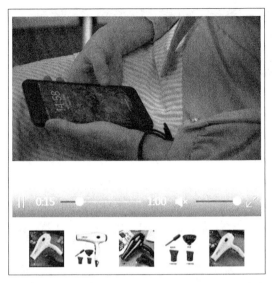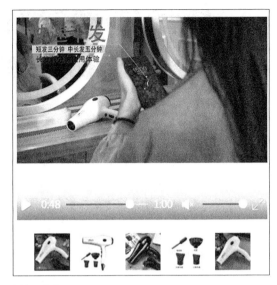

图7-38　突出商品1~2个核心卖点

7.5　知识拓展

1．文本视觉设计技巧

文案的文字功底与创意虽然重要，但缺少文本视觉设计，难免会在页面中显得平淡无奇，使人无心阅读，若是如此，再好的文案也将付之东流，更谈不上促进销售。在文本的视觉设计中，商家除了设置文本的主题、字号、颜色外，还可以进行其他设计，让文案变得活灵活现。下面介绍常用的几种文字视觉设计方法。

- **使用图形装饰文本**：在文本下方添加图形是图形装饰文本最常见的方式；此外，商家还可以将图形融入文本的笔画中，从而得到更具创意的文本效果。图7-39所示为使用图形装饰文本后的效果。
- **加粗、倾斜文本**：通过Photoshop中文本工具的"加粗"工具**T**与"倾斜"工具*T*可实现对文本的加粗与倾斜。文本加粗可以让文本更加醒目；文本倾斜可以得到更加动态的显示效果，如图7-40所示。
- **变形文本**：使用Photoshop中文本工具的"创建文字变形"工具可以为文本创建扇形、上浮、下浮、波浪、凸起、膨胀等变形效果，如图7-41所示。

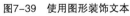

图7-39　使用图形装饰文本

图7-40　倾斜文本

图7-41　变形文本

- **使用颜色装饰文本**：在输入文本过程中，商家不仅可以为文本填充纯色，还可以为文本设置渐变色，或为文本的笔画设置不同的颜色来装饰文本。图7-42所示为文本设置渐变色后的效果。

图7-42　使用颜色装饰文本

● **编辑文本笔画**：将文本的某些笔画扭曲、拉长、缩短、变粗、删除是装饰文本的常见方法。图7-43所示为编辑文本笔画后的效果。

● **使用图案装饰文本**：使用文本为图案创建剪贴蒙版，可以得到丰富多样的图案裁剪的文本效果。

● **为文本添加图层样式**：利用"图层样式"对话框可以为文本设置描边、投影、发光、图案叠加效果。图7-44所示为文本的投影效果图。

图7-43　编辑文本笔画　　　　　　　　　　　　　图7-44　投影效果

● **为文本添加立体效果**：通过3D效果或使用CorelRAW中的立体工具可为文本添加立体效果，如图7-45所示。

图7-45　为文本添加立体效果

2. 文本视觉营销技巧

在电商视觉营销设计中，文字除了传达营销信息外，还是一种重要的视觉材料，字体的布局在画面空间、结构、韵律上都是很重要的因素。下面对淘宝视觉营销设计中常用的文字布局技巧进行介绍。

● **字体的选用与变化**：在设计电商广告文案时，选择2~3种匹配度高的字体能达到最佳的视觉效果；否则，字体过多会产生杂乱而缺乏整体的感觉，容易分散买家注意力，使买家产生视觉疲劳。在选择字体的过程中，商家可考虑通过加粗、变细、拉长、压扁或调整行间距来变化字体大小，使文本产生丰富多彩的视觉效果。

● **文字的统一**：在进行文字的编排时，需要把握文字的统一性，即文字的字体、粗细、大小与颜色在搭配组合上要让买家有一种关联的感觉，这样文字组合才不会显得松散杂乱。

● **文字的层次布局**：在淘宝视觉营销设计中，文案的显示并非是简单地堆砌，而是有层次的，通常是按重要程度设置文本的显示级别，引导买家浏览文案的顺序，首先映入买家眼帘的应是该作品强调的重点。在进行文字的编排时，可利用字体、粗细、大小与颜色的对比来设计文本的显示级别。图

7-46所示的焦点图，首先通过大号字配合气球突出"热恋"的氛围，然后配合形状使用白色强调销量，最后用红色的文字突出"温暖"。

图7-46 文字的层次布局

3. 页面布局视觉设计

一个店铺的布局成功与否，直接影响了买家能否在第一时间产生浏览或购买的欲望。为最大可能地把握店铺的每一点流量，提高整体流量，网店布局除了要根据自己店铺的风格、商品、促销活动分门别类地进行清晰、完整的布局外，还要讲究整体部分的合理性，使浏览者享有一个流畅的视觉体验。要做到合理布局店铺页面，需要遵循以下6点原则。

● 主次分明、中心突出：视觉中心一般在屏幕的中心位置或中部偏上的位置。将店铺促销信息或爆款、主推款等重要商品安排在最佳的视觉位置，无疑能迅速抓住买家眼球。在视觉中心以外的地方可以安排稍微次要的内容，这样可以在页面上突出重点，做到主次有别。图7-47所示为"妖精的口袋"的部分布局，其视觉中心为主推的毛衣或服装。

图7-47 "妖精的口袋"的部分布局

● 大小搭配、相互呼应：在展示多个商品时，商家可以通过大小商品搭配的方式使页面错落有致，如图7-48所示。

图7-48　大小商品搭配

- **区域划分明确**：合理、清晰地分区可引导买家快速找到自己的消费目标。例如为宝贝的分类，买家可根据分类找到所需类型的商品。
- **简洁与一致性**：保持页面简洁与一致性是网页布局的基础，如标题要醒目，页面字体、颜色搭配得当，各个页面的文本与商品的间距及图片与标题之间的留白一致。
- **合理使用页面元素**：页面元素的选用要合理、精确，其在页面中的大小、间距与位置要合适，如背景图案生动、页面文本无错别字且可读性强等。
- **布局饱满、应有尽有**：布局饱满并非是所有模块的简单堆砌，而是将有必要的模块补充完整。除了包含商品常规模块外，还包括收藏模块、客服模块、搜索模块等必备的模块，以增加买家对店铺的黏性，提升新老客户的忠实度，提高店铺的用户体验。

7.6　课堂实训

↘ 7.6.1　实训一：设计化妆品视觉海报

【实训目标】

本实训要求设计一款化妆品海报，要求其构图技巧、配色方式、文本排版等方面要简洁美观、主题突出、能够吸引买家，达到视觉营销的目标。

【实训思路】

根据实训目标，需要首先设计构图方式，然后撰写文案，设计文本的视觉效果。

STEP 01 设计构图方式。利用素材中的背景、商品、水纹、树叶，设计海报的构图（配套资源:\素材文件\第7章\化妆品海报\）。

STEP 02 文案撰写与视觉设计。从"补水、保湿、滋润"的角度撰写商品的文案并通过设置字体、大小与颜色来设计文案的视觉效果，效果图如图7-49所示（配套资源:\素材文件\第7章\化妆品海报.psd）。

图7-49　化妆品视觉海报效果

↘ 7.6.2 实训二：设计家纺详情页面

【实训目标】

本实训要求充分利用图片、文案、形状等视觉元素的设计与搭配组合，从"家纺四件套"四大优势及情景展示、细节展示等方面入手进行"家纺四件套"详情页的视觉设计，诠释宝贝精良的品质，以吸引买家的购买欲望。

【实训思路】

根据实训目标，需要首先设计四件套焦点图，然后设计四件套优势与场景展示等描述图。

STEP 01 设计四件套焦点图。使用鲜艳的深蓝色作为背景，凸显白色的文字，并且和四件套的浅蓝色相呼应，画面要和谐美观，在制作时加入卷边、模特等元素（配套资源:\素材文件\第7章\四件套\）。

STEP 02 设计四件套优势描述图。从"家纺四件套"四大优势、印染技术及情景展示进行四件套的描述，诠释宝贝的印染环保不掉色、不起球等优点，吸引买家下单购买，效果图如图7-50所示（配套资源:\素材文件\第7章\家纺四件套详情页.psd）。

图7-50 家纺四件套详情页视觉效果

7.7 课后练习

（1）做好网店视觉营销需要做到哪几点？

（2）简单叙述网店商品图片需要达到哪些要求。

（3）尝试通过拍摄的商品照片，结合商品的卖点，为商品设计详情页面，要求图片美观、文案说服力强、图文搭配得当，并为商品制作30秒的主图视频，发布商品时在发布页面中添加主图视频。

第8章

流量之争，
电商创业的核心竞争力

　　流量是店铺生存的根本，只有拥有了足够的流量，店铺才有可能拥有更多的成交、收藏、加购、转化率和盈利。因此，不管是经营哪一种网店的商家，都在想方设法地使用各种推广手段引进流量、促进成交量。本章将以淘宝为例，讲解如何参加淘宝的活动推广，以及如何应用淘宝的推广工具来为店铺引流，包括设置单品宝、设置优惠券、设置搭配套餐、参加聚划算、使用直通车、使用智钻和淘宝客等。通过本章的学习，读者可以掌握如何为店铺进行有效引流。

- 淘宝活动推广
- 淘宝付费推广

本章要点

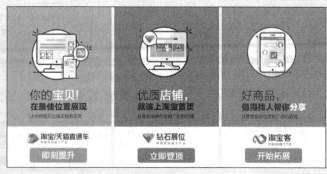

案例导入

想要"省心",反而"闹心"

随着电商行业的不断发展,淘宝店铺也越开越多,不少淘宝商家都在发愁如何获得流量,如何提高销量。然而获得流量和提高销量并不是一件容易的事,不仅需要花费时间与精力,还需要大笔的费用投入,这让很多商家都不知所措。

经营女装店铺的杨丽认为,自己推广一来缺乏经验,二来也没有时间,容易事倍功半,还往往要承受投入了推广费用却完全收不到回报的损失。因此,杨丽决定寻找一家好的淘宝代运营服务公司来帮自己推广淘宝店铺。于是,杨丽从众多淘宝代运营服务公司中选择了一家看似不错、有很多营销成功案例的公司,并进行了签约,给该淘宝代运营服务公司缴纳了初期店铺管理费3980元,并协定店铺盈利后该公司收取一定的提成费用。

而两个月后,杨丽开的淘宝店一直没有销量。当杨丽怀疑自己上当时,运营公司小李便哄骗杨丽说初期做淘宝都很困难,并为其制订了一系列推广计划,包括优化搜索引擎、加入直通车、在其他网站进行网站推广等,然后利用一些成功的客户案例鼓动杨丽继续投资推广,升级运营套餐。杨丽听其谈论得头头是道,最终选择继续投资3万元。然而两个月后,杨丽的店铺依旧销量平平,不见任何起色,这让杨丽幡然醒悟并报警,而诈骗她的假冒代运营公司最终也被××警方查处,涉案人员数百人。

吃过苦头的杨丽懊恼不已,决定踏实苦干,于是自己购买了相关书籍,并通过各大网站对淘宝推广方法与技巧进行学习,不断实践。最终,店铺的销量开始逐步提升,这让她兴奋不已,坚定了淘宝推广的学习之路。

目前,淘宝推广方式中比较流行的有设置单品宝、设置优惠券、设置搭配套餐、参加聚划算、使用直通车、使用智钻和淘宝客等。在选择推广方式时,商家并不能想当然地选择,需要综合考虑店铺的运营情况、资金成本、推广周期与推广力度,以求在成本的可控范围内达到理想的推广效果。

扫一扫

案例解析参考

【案例思考】

为什么要自己进行店铺的推广?淘宝中自带的推广工具有哪些?如何为店铺选择推广工具?

8.1 淘宝活动推广

很多店铺都有各种推广活动,其目的在于提高成交量。常用的淘宝活动有单品宝、优惠券、搭配套餐、聚划算、淘金币等,下面进行详细介绍。

8.1.1 单品宝

单品宝是淘宝提供给商家的一种店铺促销工具,订购了此工具的商家可以在自己店铺中选择一定数量的商品,在一定时间内以低于市场价的价格进行促销活动。本小节将对单品宝活动的设置方法进行介绍,具体操作如下。

扫一扫

单品宝

STEP 01 在"营销中心"单击"店铺营销工具"超链接，在打开页面的"优惠促销"栏中单击"单品宝"超链接，如图8-1所示。

图8-1 单击"单品宝"超链接

STEP 02 在打开的页面中单击右上角的 +新建活动 按钮，如图8-2所示。

图8-2 创建单品宝活动

STEP 03 进入"活动设置"页面，在"基本信息"栏中设置活动名称、活动时间、优惠级别、优惠方式等内容，完成设置后单击 下一步 按钮，如图8-3所示。

STEP 04 在打开的页面中选中参与活动的商品对应的复选框，然后单击 下一步 按钮，如图8-4所示。

图8-3 输入基本信息

图8-4 选择参与活动的商品

经验之谈:

商家在设置活动的优惠级别和优惠方式时，一定要慎重。因为一旦确认选择，活动成功创建后，其内容是无法修改的。

STEP 05 在打开的"设置商品优惠"页面中，单击参加活动商品所对应的"点击设置"超链接，如图8-5所示。

STEP 06 打开"宝贝打折设置"对话框，在其中输入折扣"8"后，单击 确认 按钮，如图8-6所示。

图8-5 设置商品优惠

图8-6 宝贝打折设置

STEP 07 返回"设置商品优惠"页面，将另一个商品的折扣设置为"8.5"，并取整，然后单击 保存 按钮，如图8-7所示。

图8-7 设置其他商品折扣

STEP 08 返回"单品宝"选项卡，在"活动管理"页面中显示了新创建的活动信息，如图8-8所示。如果对设置的活动不满意，可以单击"修改活动"超链接进行重新设置。

图8-8 显示新创建的活动信息

8.1.2　优惠券

店铺优惠券是一种虚拟电子券，也是商家最常用的一款店铺促销工具。淘宝商家可以通过满就送等方式发放优惠券，也可以由买家主动领取。本小节将对店铺优惠券的设置方法进行介绍，具体操作如下。

STEP 01　在"营销中心"单击"店铺营销工具"超链接，在打开页面的"优惠促销"栏中单击"优惠券"超链接，如图8-9所示。

STEP 02　在打开的页面中单击"店铺优惠券"对应的 立即创建 按钮，如图8-10所示。

图 8-9　单击"优惠券"超链接　　　　　　图 8-10　创建店铺优惠券

STEP 03　在打开的"新建店铺优惠券"页面中分别设置基本信息和推广信息，然后单击 保存 按钮，如图8-11所示。

图8-11　设置优惠券的基本信息和推广信息

STEP 04　返回"淘宝卡券"选项卡，其中显示了新创建的店铺优惠券，如图8-12所示。创建后可以修改和删除卡券，也可以复制链接给客户。

图8-12　查看新创建的店铺优惠券

经验之谈：

一个买家最多只能拥有同一个店铺尚未消费抵用的 5 张店铺优惠券，如果商家发放过多，买家也无法收到。同时，一笔订单仅限使用一张店铺优惠券，如果买家产生多笔订单，且均符合使用要求时，则可以分别使用。

↘ 8.1.3 搭配套餐

搭配套餐，顾名思义就是将几种商品搭配在一起销售，给买家一些让利，以显得更实惠。商家通过促销套餐可以让买家一次性购买更多的商品。那么，在淘宝中怎样进行搭配套餐的设置呢？本小节将对搭配套餐的设置方法进行介绍，具体操作如下。

STEP 01 在"营销中心"单击"店铺营销工具"超链接，在打开页面的"优惠促销"栏中单击"搭配套餐"超链接，如图8-13所示。

STEP 02 在打开的页面中单击左下角的 创建搭配套餐 按钮，如图8-14所示。

图8-13 单击"搭配套餐"超链接

图8-14 创建搭配套餐

STEP 03 打开"创建搭配套餐"页面，在其中可以设置基本信息，如填写套餐标题、搭配宝贝、套餐原价等，在"设置物流信息"栏中选中"卖家承担运费"单选按钮，然后单击 发布 按钮，如图8-15所示。

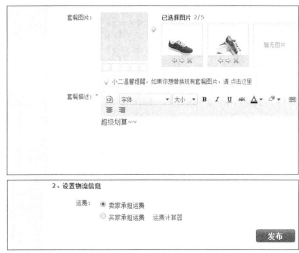

图8-15 设置搭配套餐的基本信息与物流信息

STEP 04 返回"搭配套餐"页面，其中显示了新创建的搭配套餐活动，如图8-16所示。

图8-16　查看创建的搭配套餐

8.1.4　聚划算

聚划算是淘宝中爆发力最强的营销平台，具有人气高、流量高的特点，能够促成非常庞大的订单，因此许多商家都想通过参加该活动，打造超过店铺日销额数倍的营销数据，获得更多的收益。聚划算除了能提升宝贝的销量，还对引流量、树立品牌、清库存、创爆款、关联销售、聚客户等方面都有巨大的作用。商家清楚店铺符合参加聚划算的报名资格，并做好充分准备后，即可进入淘宝聚划算官方网站报名参加聚划算活动，具体操作如下。

STEP 01 登录淘宝，在淘宝首页的标签栏中单击"聚划算"超链接，进入聚划算平台，如图8-17所示。

STEP 02 单击右上角的"商户中心"超链接，如图8-18所示。

图8-17　进入聚划算平台

图8-18　单击"商户中心"超链接

STEP 03 跳转到商户中心首页，查看相关规则与招商公告等信息，若单击"商户帮助中心"超链接可以查看参加聚划算的条件、费用等信息，然后单击 我要报名 按钮，如图8-19所示。

图8-19　报名聚划算

STEP 04 在打开的页面中可查看聚划算的各种活动，对主营类目、频道类型、活动时间等进行选择后，聚划算会根据店铺的资质自动判别商家是否可以参加对应的活动，若不符合活动报名资质，将在右下角给予提示，如图8-20所示。

图8-20 查看聚划算的各种活动

STEP 05 单击对应活动中的"查看详情"超链接，在打开的页面中可查看活动介绍、收费方案、保证金规则、坑位规则和报名要求等信息，图8-21所示为单击"2018年聚划算年货节聚名品主题团报名入口"活动后的"查看详情"超链接所打开的页面，商家可通过其对活动和费用介绍、坑位规则和报名要求进行了解。

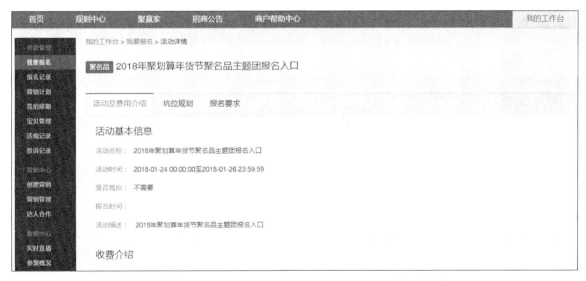

图8-21 "2018年聚划算年货节聚名品主题团报名入口"活动详情

STEP 06 若店铺符合报名条件，可直接在右上角单击 立即报名 按钮，在打开的页面中阅读协议，选中"本人已阅读并同意"复选框，然后单击"提交"按钮，如图8-22所示。

图8-22 阅读协议

STEP 07 在打开的页面中将根据提示签署支付宝代扣协议，刷新页面，根据提示提交报名信息、等待审核、止付费用、提交商品（素材），完成活动报名，通过审核后即可发布商品参加报名的聚划算活动，如图8-23所示。

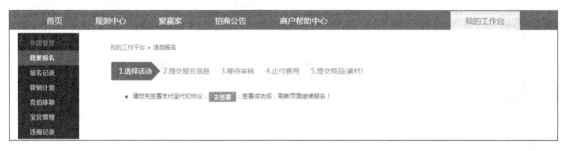

图8-23 根据提示提交报名信息、等待审核、止付费用、提交商品（素材）

8.1.5 淘金币

淘金币是淘宝网中的一种虚拟积分，是淘宝用户的激励系统和通用积分系统，淘宝平台向活跃的高质量用户提供奖励金币，用户在提供抵扣的商品交易中使用金币获得折扣，商家在交易中赚取金币，并通过花金币来获得平台流量，提升店铺用户黏性。

淘宝商家通过淘金币活动，可以获得更多优质客户、稳定流量和超高转化率，同时淘金币活动不需投入成本，不限类目，所有商家都可参与，是淘宝官方非常热门的一种推广方式。首次参加淘金币活动的商家需要先申请开通淘金币账户，具体操作如下。

STEP 01 在"营销中心"单击"店铺营销工具"超链接，在打开页面的"优惠促销"栏中单击"淘金币抵扣"超链接，如图8-24所示。

图8-24 单击"淘金币抵扣"超链接

STEP 02 在打开的页面中将提示商家还未开通淘金币账户，单击 立即申请淘金币账户 按钮，如图8-25所示。

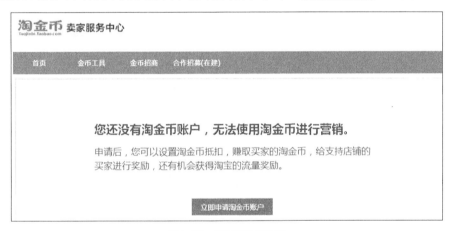

图8-25 开通淘金币账户

STEP 03 在打开的页面中将显示淘金币用户服务协议（卖家版），单击 同意协议并申请账户 按钮，如图8-26所示。同意该协议后，即可申请淘金币账户，在打开的页面中单击 确定 按钮，完成申请。

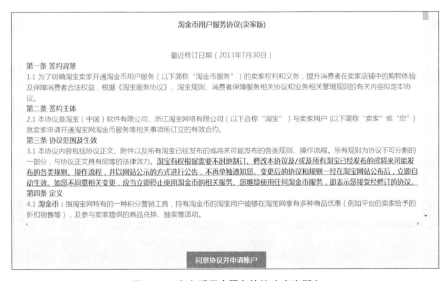

图8-26 淘金币用户服务协议（卖家版）

STEP 04 当商家申请淘金币账户并通过后，再次打开"淘金币抵扣"页面，在"淘金币抵钱"栏中单击 立即运行活动 按钮，如图8-27所示。

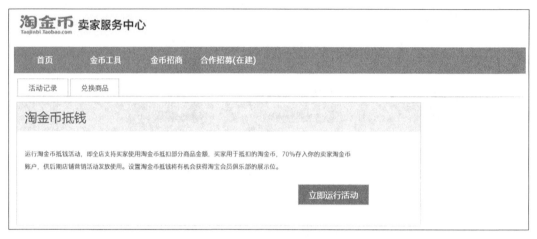

图8-27　运行淘金币抵钱

STEP 05 在打开的页面中可查看淘金币抵钱规则，如图8-28所示。

图8-28　查看淘金币抵钱规则

 经验之谈：

在设置淘金币抵扣的页面顶端，有"花金币工具"和"赚金币工具"超链接，商家单击对应的超链接可设置金币的其他赚与花的方法，如单击"赚金币工具"超链接可设置"充红包得淘金币""金币兑换工具""红包优惠券"；单击"花金币工具"超链接，可设置"金币换流量 Beta""店铺签到送淘金币""收藏店铺送淘金币""评价送金币"等。

STEP 06 在"活动详情"栏中可设置活动时间和抵扣比例，这里设置"活动时间"为"2018-06-30"；在"全店抵扣比例"栏中选中"抵扣2%"单选按钮，设置完成后单击 开通抵扣 按钮，如图8-29所示。

STEP 07 此时将打开提示框"提示淘金币抵钱活动开通成功……"，单击 [确认] 按钮，确定全店抵扣2%，如图8-30所示。

图8-29 设置活动时间与抵扣比例　　　　　图8-30 淘金币抵钱活动成功开启

STEP 08 设置成功后，全店宝贝的淘金币抵扣比例将显示为2%，如图8-31所示。

STEP 09 返回淘金币抵钱设置页面可继续进行高抵扣设置，只需单击"高抵扣设置"后的 [添加单品] 按钮，在打开的"添加高抵扣单品"对话框中输入高抵扣单品的地址，单击 [校验] 按钮进行校验，校验完成后设置抵扣比例，如设置抵扣比例为5%，表示该单品可用淘金币抵扣5%，然后单击 [确认] 按钮，如图8-32所示。

图8-31 查看淘金币抵扣比例　　　　　　图8-32 继续进行高抵扣设置

STEP 10 返回淘金币抵钱设置页面设置不参与抵扣的商品，在"不抵扣设置"栏后单击 [添加单品] 按钮，打开"添加不抵扣单品"对话框，在其中输入不抵扣单品的地址，单击 [校验] 按钮进行校验，校验完成后单击 [确认] 按钮。设置为不抵扣的商品将不参与全店的淘金币抵扣活动，如图8-33所示。

图8-33 设置不参与抵扣的商品

经验之谈：

　　在淘金币抵钱设置页面继续单击 [添加单品] 按钮，可添加其他需要参与高抵扣活动或不参与抵扣活动的商品。在已添加的单品后单击"删除"超链接，可删除参加活动的商品。

8.2 淘宝付费推广

对于实力较强、资金较为充裕的店铺，除了可以使用店铺促销活动获取流量、提高销量外，还可以选择一些付费推广工具。付费推广的推广形式更直接，推广效果也更快速、更明显。本节将介绍淘宝付费推广的三大工具，即淘宝直通车、智钻和淘宝客。

8.2.1 淘宝直通车

淘宝直通车是为淘宝商家量身定制的一种推广方式，直通车按点击付费，可以精准推广商品，是淘宝网商家进行宣传与推广的主要手段，不仅可以提高商品的曝光率，还可以有效增加店铺的流量，吸引更多买家。

1. 直通车展现方式

参加直通车推广的商品，主要展示在以下两个位置。

- **关键词搜索结果页的展位**：买家搜索相应关键词时，在关键词搜索结果页中间、右侧及底部的掌柜热卖区域将出现直通车，图8-34所示为页面底部的"掌柜热卖"，大家单击"更多热卖"超链接可进入直通车聚集页面。

图8-34 关键词搜索结果页底部的"掌柜热卖"

- **买家必经之路上的众多高流量、高关注度的展位**：如PC端的阿里旺旺每日焦点掌柜热卖、我的淘宝首页（猜我喜欢）、我的淘宝（已买到宝贝底部）、我的宝贝（收藏列表页底部）、我的淘宝（购物车底部），以及网易、新浪、搜狐、环球网、搜狐视频、爱奇艺、乐视网等大型媒体站的优质位置。图8-35所示为我的淘宝底部"猜我喜欢"直通车的展示。

图8-35 "猜我喜欢"直通车的展示

经验之谈：

直通车的扣费公式为"单次点击扣费=（下一名出价 × 下一名质量分）÷本人质量分 +0.01 元"。直通车的扣费最高额度为商家设置的关键词出价，当公式计算得出的金额大于出价时，将按照实际出价进行扣费。商家的质量分越高，需要付出的单次点击扣费也就越少。因此质量分越高，不仅直通车排名越靠前，其所需要付出的推广费也将更少。

2. 直通车图引流的关键

直通车能否快速打动消费者是直通车图是否成功引流的关键，商家在制作直通车图时除了要使其主题卖点简洁精确、构图合理、具有吸引力外，一般还可从以下5个方面考虑。

- **分析消费者心理需求**：为了确保主体卖点紧扣消费者诉求，在确定主体卖点时，就需要分析消费者心理需求，消费者的心理需求包括求实心理、求美心理、求便心理、炫耀心理、从众心理、占有心理、崇权心理、爱占便宜心理和害怕后悔心理等。消费者如具有爱占便宜的心理，看到超低折扣后会不考虑是否需要而产生购买行为。1元购、免费试用、秒杀、清仓等营销手段和鲜明的折扣信息等往往会吸引大量消费者，如图8-36所示。

- **分析图片的差异**：根据投放位置对临近展位的直通车图进行分析，充分研究直通车图的特点，包括素材选择、色彩、构图、文案等，找出它们的共性，然后走差异化路线。如图8-37所示，该图以堆叠的方式展现"量大"的特征。

- **使用增值服务**：放大增值服务，如顺丰包邮、货到付款、终身质保、保修包换、上门安装、赠品等，可以增加消费者的兴趣，让消费者觉得贴心，如"第2件半价送礼品"。

图8-36 1元购

图8-37 构图差异化

- **使用大众好评**：若商品已经积攒了大量的销量和好评，这无疑是其强有力的卖点，商家可将文字好评突出放大，利用可靠的论证数据和事实来揭示商品的特点，从而提高点击率，如高回头率、4.99分超高评价、80年经典品牌等。

- **使用诱导的概念**：使用一些噱头，夸张、放大地口号喊出一个让消费者容易认可的卖点，增强说服力，如矿泉水直通车中的"来自大山里的矿泉水"，核桃直通车中的"原生态、无漂洗、无添加"。

3. 新建直通车标准推广计划

直通车标准推广计划的新建主要包括3个环节，添加创意、买词出价和添加人群。这里介绍在淘宝网中制订直通车推广方案的方法，具体操作如下。

STEP 01 进入"卖家中心"，在"营销中心"栏中单击"我要推广"超链接，在打开的页面中选择"淘宝/天猫直通车"选项，如图8-38所示。

STEP 02 进入"直通车推广"页面，在"我的推广计划"栏中单击 +新建推广计划 按钮，如图8-39所示。

扫一扫

新建直通车标准推广计划

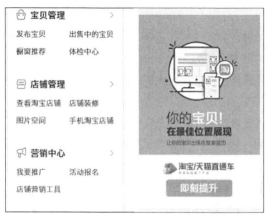

图8-38　选择"淘宝/天猫直通车"选项

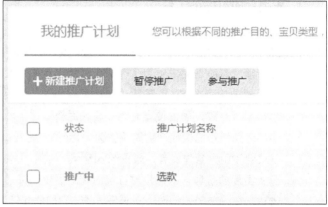

图8-39　新建推广计划

STEP 03 打开"新建标准推广计划"页面，在其中输入新建推广计划的名称，然后单击 提交 按钮，如图8-40所示，完成推广计划的新建，并单击"设置和管理标准推广计划"超链接，返回首页，查看新建的推广计划，如图8-41所示。

图8-40　输入新建推广计划的名称

图8-41　查看新建的推广计划

STEP 04 在新建的标准推广计划的"推广计划名称"栏中单击"测款"超链接，为该推广计划添加推广宝贝并进行设置，如图8-42所示。

STEP 05 在打开的页面中单击 新建宝贝推广 按钮，新建推广宝贝计划，如图8-43所示。

图8-42　单击"测款"超链接

图8-43　新建宝贝推广计划

STEP 06 打开"新建宝贝推广"页面，在"优选条件"栏中设置推广宝贝条件为"全部"，选择"自定义目标"选项，在"设置推广"栏中设置宝贝推广的方案、创意、标题、创意图片等，如图8-44所示。

图8-44 自定义目标

STEP 07 在"买词及出价"栏中单击 ➕更多关键词 按钮，打开"搜索和添加关键词"页面，在右侧的关键词列表框中选择所需的关键词，将其添加到左侧列表框中。在"推荐理由"栏中单击"更多"按钮 ✔，可以添加更多的推荐词，也可以在"搜索关键词"文本框中搜索相关关键词，如图8-45所示。添加完成后，单击 确定 按钮。

关键词	推荐理由	相关性	展现指数	市场平均出价	竞争指数	点击率	点击转化率
<< 礼品包装盒	热 店		5036	0.78元	533	0.63%	7.89%
<< 手年	店		30	0.00元	7	0.00%	0.00%
<< 方盒子	店		59	0.13元	29	1.53%	0.00%
<< 创意礼品礼盒	店		1239	0.54元	134	0.20%	0.00%
<< 礼品 盒子 大码	热 店		353	0.45元	156	0.25%	0.00%
<< 包装盒 礼品盒	热 店		8849	0.87元	897	0.74%	0.00%
<< 方形盒子	店		205	0.00元	89	0.00%	0.00%
<< 大礼品	店		29	0.00元	27	0.00%	0.00%
<< 礼盒包装盒子	店		146	0.00元	43	0.00%	0.00%

图8-45 搜索相关关键词

📢 **经验之谈:**

商家在选择关键词时，可以查看该关键词的数据信息，包括相关性、展现指数、市场平均出价、竞争指数、点击率、点击转化率等，商家应该根据自己店铺的实际经营情况选择合适的关键词，着重分析展现、竞争、点击和转化数据。在添加关键词时，商家可以选择一次添加多个关键词，也可以选择每次添加一个关键词。建议每次添加一个关键词，然后根据该关键词的竞争情况、市场平均出价进行出价，在"设置默认出价"文本框中输入相关出价即可。

STEP 08 返回宝贝推广设置界面，在"计算机出价"和"移动出价"栏中单击"编辑"按钮 ✎，可以更改关键词的出价。单击"匹配方案"栏的 ✓ 按钮，可以更改关键词的匹配方式，如广泛匹配和精确匹配，如图8-46所示。

关键词	展现指数 ↑	计算机出价 ↑	移动出价 ↑	匹配方案
大礼盒 包装盒 自	346	0.65	0.70元	广泛匹配 ✓
创意盒子	573	请输入价格	0.80元	广泛匹配 ✓
礼盒 包装盒 创意	2,486	0.70元	0.78元	广泛匹配 ✓
礼盒 盒子 自	-	0.50元 ✎	0.66元 ✎	广泛匹配 ✓
创意礼品盒 自	10,853	0.58元	0.69元	广泛匹配 ✓

图8-46 编辑价格

STEP 09 在"添加精选人群"栏中设置精选人群，帮助商家更快聚焦流量，提升商品的转化率。设置完成后，单击页面下方的 完成推广 按钮，完成宝贝推广方案的设置，如图8-47所示。

精选人群	人群点击率	市场平均溢价	溢价
店内商品放入购物车的访客	7.62%	102%	10%
高海拔金额的访客	4.24%	64%	10%
爱众20171110172631	8.97%	78%	10%
资深淘宝/天猫的访客	3.98%	53%	10%
购买过店内商品的访客	6.92%	90%	10%

图8-47 设置精选人群

4. 编辑直通车投放计划

在完成推广计划的创建后，根据宝贝的实际推广需要，商家还可以对推广的投放内容进行设置，如日限额、投放平台、投放时间、投放地域等。这里介绍编辑直通车投放计划的方法，具体操作如下。

STEP 01 在直通车首页需要编辑推广计划的"操作"栏中单击"编辑"超链接，如图8-48所示。

STEP 02 打开推广计划编辑页面，在其中可以查看正在推广的单元。选中需要编辑的推广单元前的复选框，如图8-49所示。

扫一扫

编辑直通车投放计划

图8-48 单击"编辑"超链接

图8-49 选择需要编辑的推广单元

STEP 03 单击 设置日限额 按钮，打开"设置日限额"对话框，在"预算"文本框中可以设置每日的推广预算，然后按照实际情况选择预算投放方式，设置完成后单击 保存设置 按钮，如图8-50所示。

STEP 04 单击 设置投放平台 按钮，打开"设置投放平台"对话框，在其中可以对PC端、移动端、淘宝站内和淘宝站外等投放平台进行设置，设置完成后单击 保存设置 按钮。如果不需要在某平台进行投放，可单击 ● 按钮，使其变为 ● 状态，表示不投放，如图8-51所示。

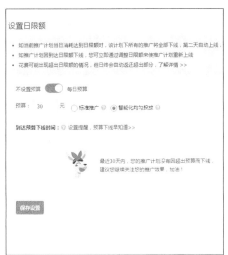

图8-50 设置日限额

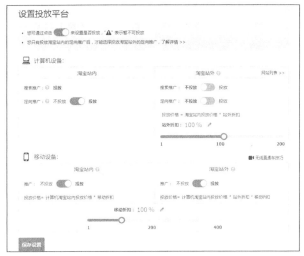

图8-51 设置投放平台

经验之谈：

在"预算"栏中，"标准推广"是指系统根据商家的投放设置正常展现推广，如果是预算不高的商家选择标准化推广方式，可能出现预算提前用完，当天后期缺乏展示的情况；"智能化均匀投放"是指系统根据流量变化和日限额度，在商家设置的投放时间内均匀展示推广，这种推广方式不会出现日限额提前用完的情况，比较适合预算不足的商家。

STEP 05 单击 ⊕ 设置投放时间 按钮，打开"设置投放时间"对话框，在其中设置直通推广的投放时间，这里选择"饰品/流行首饰/时尚饰品新"行业模板，再设置行业在不同时段的折扣，如图8-52所示，设置完成后单击 保存设置 按钮。

STEP 06 单击  按钮，打开"设置投放地域"对话框，在其中可以设置投放地域。如果需要取消某个地区的投放，可取消选中该地区前的复选框。设置完成后单击 保存设置 按钮，如图8-53所示。

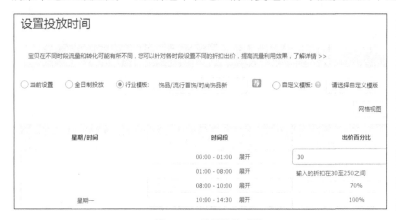

图8-52 设置投放时间

图8-53 设置投放地域

5. 直通车其他推广方式

除了采用默认的推广方式推广商品外，商家还可以使用关键词推广和定向推广来实现更为精确的推广。

● **关键词推广**：设置推广计划后，单击推广单品的标题名称，在打开的页面中选择"关键词推广"选项，可以查看关键词推广的相关数据，包括推广关键词、质量分、出价、排名、展现量、点击量、点击率、花费等。只需选择某个关键词，在上方的工具栏中单击相应的按钮还可以进行修改匹配方式、添加关注、删除、复制、添加标签等操作，如图8-54所示。

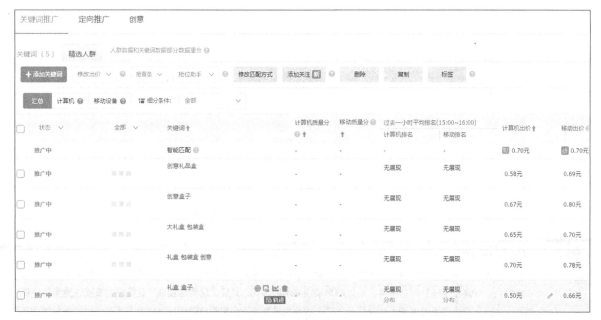

图8-54 直通车关键词推广

● **定向推广**：设置推广计划后，单击推广单品的标题名称，在打开的页面中选择"定向推广"选项，商家可根据实际的需求，设置不同的直通车投放维度，如展示位置、投放人群等，如图8-55所示。

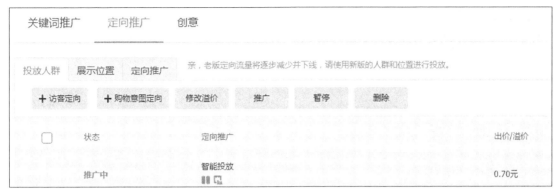

图8-55　直通车定向推广

8.2.2　智钻

智钻是淘宝网提供的一种营销工具，主要依靠淘宝对海量用户的行为进行数据分析，进而将其锁定为某种类型商品的潜在意向用户。商家通过智钻可以获取巨大流量，由于推广效果十分可观，智钻比较受具有一定实力的商家青睐。

1. 智钻的优势

智钻是通过投放智钻广告将广告展示给某部分用户的一种定向推广方式。智钻推广与直通车推广不同，其推广的消费者购物意向相对更低，但仍有很多优势。

- 智钻的投放位置非常多，包括淘宝首页、天猫首页、无线端等站内资源位和各大视频、门户、社区网站等全网优质流量资源。图8-56所示为淘宝首页的智钻展示位，该位置的浏览用户多，流量大，是一个非常具有竞争价值的资源位。
- 智钻的定向方式更多，包括群体定向、访客定向、兴趣点定向和DMP定向等多种定向方式，达到精确圈定目标客户，实现营销目的。
- 智钻拥有自身的数据分析与监控系统，方便商家全面监测数据，实时了解投放效果，对投放进行调整和控制。
- 智钻不仅适合于短期营销目标的达成，也可作为长期营销目标的营销计划，实现全面引流和提升品牌价值的目的。

图8-56　淘宝首页智钻资源位

2. 智钻的准入要求

智钻对淘宝商家、天猫商家和飞猪商家的准入资格进行了规定，只有满足要求的商家才可申请智钻推广服务。

（1）淘宝商家准入要求

智钻资质管理对淘宝店铺的要求如下。

- 商家店铺信用等级一钻及以上。
- 店铺每项DSR在4.4分及以上（特殊类目无DSR要求或者相应放宽，由阿里妈妈根据特殊类目的具体情况另行确定）。
- 店铺如因违反《淘宝规则》中相关规定而被处罚扣分的，还需符合图8-57所示的条件。

违规类型	当前累计扣分分值	距离最近一次处罚扣分的时间
出售假冒商品	6分及以上	满365天
严重违规行为（出售假冒商品除外）	大于等于6分，小于12分	满30天
	12分	满90天
	大于12分，小于48分	满365天
虚假交易（严重违规虚假交易除外）	大于等于48分	满365天

图8-57　违反《淘宝规则》而被处罚扣分的附加条件

- 在使用阿里妈妈营销产品或淘宝服务时未因违规而被暂停或终止服务（阿里妈妈营销商品包括智钻服务、淘宝直通车、天猫直通车和淘宝客等业务）。

（2）天猫商家/飞猪商家准入要求

智钻资质管理对天猫店铺/飞猪商家的要求如下。

- 店铺每项DSR在4.4分及以上（特殊类目无DSR要求或者相应放宽，由阿里妈妈根据特殊类目的具体情况另行确定）。
- 店铺如因违反《天猫规则》《飞猪规则》中相关规定而被处罚扣分的，还需符合图8-58所示的条件。

违规类型	当前累计扣分分值	距离最近一次处罚扣分的时间
出售假冒商品	6分及以上	满365天
严重违规行为（出售假冒商品除外）	大于等于6分，小于12分	满30天
	12分	满90天
	大于12分，小于48分	满365天
虚假交易（严重违规虚假交易除外）	大于等于48分	满90天

图8-58　违反《天猫规则》《飞猪规则》而被处罚扣分的附加条件

- 未因违规被终止过智钻服务。
- 在使用阿里妈妈其他营销商品或天猫服务时未因违规被暂停或终止服务。

经验之谈：

　　智钻很适合为店铺活动造势。使用智钻引流具有预算庞大、占据位置多、持续时间短等特性，是一种爆发性的促销方式。商家使用智钻引流需要注意的是，素材要具有视觉冲击力；折扣要较低；活动策划要环环相扣，就能引导买家购买更多的商品。总的来说，智钻推广是通过在短时间内投放广告引入大量的流量，带来销售额，实现当期盈利，但需要花费不少的广告费，因此需要通过精密策划来实现促销行为。

3. 用最少的钱购买最合适的智钻

　　智钻网络推广支持按展示付费（CPM）和按点击付费（CPC）两种方式，每种方式的竞价原理和付费方式都不相同。其中，CPM是"Cost Per Mille"的英文缩写，指按照广告创意每1000次展现计费，即如果出价6元，广告被人看1000次收取6元，该方式按照竞价高低进行排名，价高者优先展现，出价最高的预算消耗完后，轮到下一位；CPC是"Cost Per Click"的英文缩写，指广告创意按照用户点击次数计费。无论采用哪种竞价方式，为了用最少的钱购买最合适的智钻，商家需要注意以下4点。

- **竞价需冷静**：找到合适自己店铺的广告投放位置后，根据利润与销售计算出能够承受的价位，若竞争该位置的人较多，能竞争到最好，但超出预算可以查找是否有其他合适的位置。切忌为了一时冲动，不顾一切的出价抢广告位，这样即使得到了广告位也不能为店铺带来比广告费更多的收益，得不偿失。

- **科学出价**：智钻与直通车不同，不是出价越高越好，直通车竞价是争抢商品排名，智钻只是获得优先投放的权利，即出价最高的先投放广告，然后是投放出价第二高的广告，至于广告展示多久与广告竞价高低无关，因此需要合理科学出价。

- **快速竞价**：每天整点前的几分钟是竞价最激烈的时候，很多商家往往在前几秒进行出价或加价，因此，创建投放计划后，可利用创建快速竞价迅速抢位置。

- **选择投放时段**：购物高峰期的流量非常大，商家在做预算时，可选择流量较大的时间段进行出价。

4. 创建营销目标与计划

　　智钻计划与直通车计划一样，需要商家根据情况进行创建和设置，智钻计划的创建过程主要包括选择营销目标、设置计划、设置单元、添加创意4个步骤。这里创建营销目标与计划，具体操作如下。

STEP 01 在"营销中心"栏中单击"我要推广"超链接，打开"淘宝推广"页面，在其中选择"智钻"选项，在打开的页面中单击 进入钻展 按钮，如图8-59所示，进入"智钻推广"页面。

图8-59　进入智钻

STEP 02 在打开的页面中切换到"计划"选项卡，单击 新建推广计划 按钮，如图8-60所示。

图8-60　制订推广计划

STEP 03 打开"选择推广场景"页面，在页面中选择需要的营销目标，如"为店铺引流"，如图8-61所示。

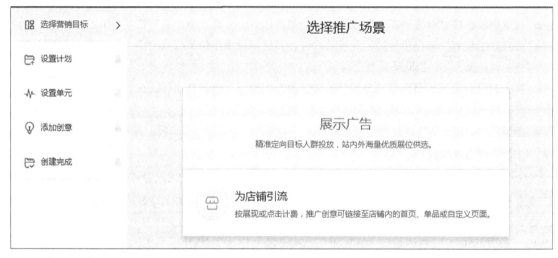

图8-61　选择营销目标

STEP 04 选择营销目标后将自动进入"设置计划"页面，在"设置营销参数"栏中可进行营销场景、生成方案的选择，如图8-62所示。

经验之谈：

营销场景是以广告主和消费者之间的关系模型为数据基础，将流量分成广泛未触达用户、精准未触达用户、触达用户、认知用户、成交用户5类目标人群，并按照不同的营销需求，对需要的人群进行勾选投放，商家可以看到相应的效果数据反馈。

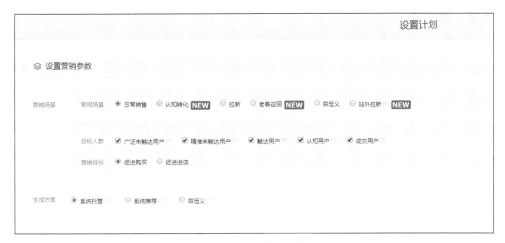

图8-62 设置营销参数

 经验之谈：

　　选择不同的营销场景，目标人群的范围也不相同，如"日常营销""自定义"和"站外拉新"包括5类目标人群；"认知转化"包括触达用户和认知用户2类人群；"拉新"包括广泛未触达用户、精准未触达用户、触达用户、认知用户4类人群；"老客召回"只包括成交用户，商家需根据实际需要选择要投放的目标人群、营销目标和生成方案，完成营销参数的设置。

STEP 05 在"基本信息"栏中设置计划名称、付费方式、地域设置、时段设置、投放日期、投放方式、出价方式、每日预算等内容，图8-63所示为设置投放地域。

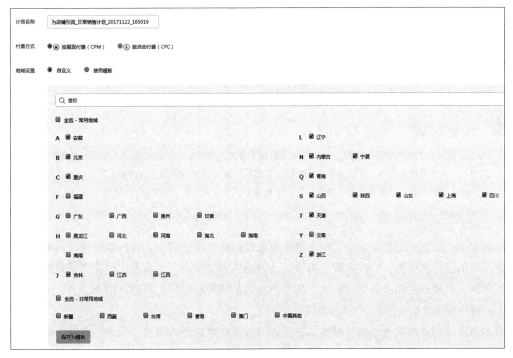

图8-63 设置基本信息

5. 设置单元页面

商家完成推广目标与计划的设置后，单击 [下一步，设置推广单元] 按钮即可进入设置单元页面，在该页面中还需要进行设置定向、添加资源位、添加出价、添加创意等设置，下面分别进行介绍。

- **设置定向**：设置定向可以将推广广告展现给更精准的目标消费人群，从而获得更精准的定向流量。智钻定向的原理是系统根据消费者的多种历史行为，如搜索、浏览、收藏等，给每一个访客打上相应的标签，以为店铺匹配合适的消费者群体。因此，不同的消费者打开淘宝，看到的智钻焦点图也不一样。智钻定向有通投、群体定向、访客定向、兴趣点定向等多种定向方式。
- **添加资源位**：完成定向的设置后，即可选择广告投放的资源位。智钻的资源位非常丰富，商家可按照网站行业、日均访问量、可裂变尺寸、资源位尺寸、创意类型、设备平台等来进行选择，如图8-64所示。

图8-64　资源位选择

 经验之谈：

　　资源位的选择是非常重要的，因为它关系着创意图片尺寸的大小与投放展现的效果，网站行业中的"网上购物"为淘宝站内资源位，建议新手商家选择该类型的网站行业进行投放。选择好位置后，商家在下方即可看到资源位的详细信息，需要重点关注媒体、日均可竞流量、点击率、行业推荐指数等数据，最好选择流量大、点击率高的资源位。

- **添加出价**：出价一般参考各个定向上每个资源位的建议出价即可，在投放过程中，商家可以按照获取流量的多少来调整。一般来说，出价低、流量少和出价高、流量多、预算花费太快都需要适当进行调整。兴趣点定向流量相对较大，商家不要将系统推荐的所有兴趣点都添加上。一般来说，添加与所推广商品最相关的2~3个兴趣点即可。
- **添加创意**：创意是指通过图片制作软件设计出放置在网页上的图片，以给用户留下视觉印象，传达店铺理念、商品及品牌等信息。在添加创意前，商家首先需要根据所选资源位的相应尺寸制作创意图片，因此在制作创意前，应该仔细查看资源位对应的创意要求，不符合的创意即使通过审核，也无法投放到所选资源位。商家在智钻后台"创意"页面中选择左侧导航栏中的"创意快捷制作"选项，系统会自动为店铺推广的商品应用快捷模板；选择"创意模板库"选项，可以查看和自己行业商品相关的模板，如图8-65所示。

图8-65　通过模板制作创意图

8.2.3　淘宝客

淘宝客是一种按成交计费的推广模式，可帮助商家推广商品并获取佣金，淘宝客支持按单个商品和店铺的形式进行推广，商家可以针对某个商品或是整个店铺设定推广佣金。淘宝客佣金的范围很大，佣金越高越容易得到淘宝客的关注。当交易完成后，淘宝客即根据佣金设置情况从交易额中扣除佣金。

1. 淘宝客的推广优势

淘宝客具有信用好、客户信任度较高等特点，因此备受淘宝新手青睐。使用淘宝客进行推广，具有以下5个方面的优点。

- 展示、点击与推广免费，只在成交后收取佣金，商家能随时调整佣金比例，自己灵活控制支出成本。
- 拥有互联网上更多的流量、更多人群帮助进行推广售卖，可以吸引更多的买家。
- 数百万活跃推广者深入互联网各个领域，让推广更加精准。
- 投资回报较高，淘宝客推广的平均投资回报约为1:15。
- 成交计费的方式，使店铺拥有更多被免费推荐的机会。

2. 淘宝客、买家和商家的关系

商家可以自主寻找淘宝客帮助推广，也可以加入淘宝客推广，由淘宝客自己选择进行合作。商家在寻找淘宝客时，淘宝客也会对商家的商品进行评估，对商品进行挑选，这是一个双向选择的问题。大部分淘宝客都会登录淘宝联盟网站，淘宝联盟是一个淘宝客挑选推广对象的站点，进入淘宝联盟后，淘宝客会根据关键词或类目搜索商品，基本会按照30天推广量进行排序。由于很多淘宝客并非该领域专业的销售人员，对推广商品的筛选也不熟悉，便有从众的心理，通常选择推广量高或佣金支出额大的商品，排在前面的商品被推广的概率比其他商品大。

商家加入淘宝客推广，对推广的商品设置佣金，淘宝客便可在阿里妈妈淘宝联盟平台找到该商品。淘宝客找到商品后，便可将普通的商品图片生成链接，使用自己的方式进行推广，如微博、微信、论坛、社区等。对于技术型的淘宝客而言，他们还可自行制作导购型的网址，将商品代码导入网站。当买家点击链接进入店铺，购买商品并确认收货后，商家将会支付淘宝客佣金，但佣金是先支付到对应的淘宝客的阿里妈妈账号，阿里妈妈平台会在每月的20日给淘宝客进行佣金结算，然后淘宝客便可进行提现。

3. 淘宝客推广计划

为了满足不同类型店铺的需求，淘宝客提供了多种推广方式，如营销计划、定向计划、淘宝客活动和如意投等，商家可根据实际需求设置推广计划，如图8-66所示。

图8-66　淘宝客推广计划类型

- **营销计划**：营销计划是商家在淘宝联盟后台进行单品推广的新计划。该计划将支持推广单品管理、优惠券设置管理、佣金管理、营销库存管理、推广时限管理等商家推广所需的基本功能，并可支持查看实时数据及各项数据报表，让淘宝客便捷获取链接进行推广，帮助商家获得更多流量，并了解商品实时推广效果。淘客流量将优先推广加入营销计划商品库的商品。

- **定向计划**：定向计划是商家为淘宝客中某一个细分群体设置的推广计划，是一种自选淘宝客的计划，可以自动或手动筛选通过申请的淘宝客，佣金设置最高70%，属于主动选择的合作形式。定向计划的流量相对较低，但精准度和转化率相对较高，可以让商家获取较大的有效流量。商家在淘宝客首页单击 ＋新建定向计划 按钮，即可创建定向计划。定向计划最多可添加10个，其设置流程包括设置活动标题、设置计划类型和审核方式、设置计划时间、设置类目佣金、设置计划描述。商家在设置计划名称时，可以直接将佣金加入标题中，吸引更多优质淘宝客关注。在设置审核方式时，商家可选择淘宝客的等级，如果佣金较低，可自动审核；如果佣金较高，可手动审核。对于手动审核的计划，商家可在"计划详情"的"淘宝客管理"中进行查看和审核，同时还可查看淘宝客近期推广情况。在设置完计划的整体佣金后，商家也可设置单品佣金，其设置方法与通用计划类似。

- **淘宝客活动**：在淘宝客首页左侧选择"淘宝客活动广场"选项，即可进入淘宝客活动广场，商家可选择适合的活动进行报名。淘宝客活动广场对每个活动的要求不一样，商家只有符合活动要求才可进行报名。淘宝客活动广场具有官方优选淘宝客资源、报名简单、效果数据可查询和可长期稳定报名等优点，佣金比例一般较高，适合推广高利润的畅销商品。

- **如意投**：商家进入淘宝客首页后，在"如意投"选项的"操作"栏中单击"查看"超链接，即可对如意投计划进行设置。如意投是系统根据商家的如意投设置将商品展现给站外买家的一种推广方式，按成交计费，商家推广风险较低。参加如意投的商品，系统会根据综合评分进行排名，由阿里妈妈平台为商家寻找淘宝客进行推广，而不需商家自己寻找淘宝客。如意投具有系统智能、精准投放、管理省心、渠道互补、流量可控等优点，主要展示位置包括中小网站的站外橱窗推广位和爱淘宝搜索页面。

- **阿里妈妈推广券**：阿里妈妈推广券是阿里妈妈官方唯一指定的淘宝客推广优惠券（即优惠券），可支持淘宝客通过优惠券+商品的模式进行推广，在站外推广中引入新购买人群，提高单品转化率。

4. 淘宝客佣金设置技巧

根据所选商品的不同，商家所设置的佣金也有所不同，设置佣金时要参考同类商品的竞争情况，通常淘宝客佣金设置的基本范围为5%~50%，商家可以在这个范围内任意调整。

- **分阶段设置佣金**：在推广初期，刚上架不久的商品有基础的销量与好评，是吸引淘宝客的主推商品，在定制佣金比例时，商家可考虑最大程度的让利淘宝客，以获得更多的推广，此时应适当以高佣金回报淘宝客，如50%佣金；在推广中期，随着销量的逐渐上升，此时商品有较大的市场占有率，商家可适当降低佣金比例，逐步实现盈利；在推广后期，当市场销量比较稳定后，该商品推广的佣金也要稳定下来，不要轻易进行更改，以免流失淘宝客。

- **按客单价设置佣金**：低客单价商品与高客单价商品所参加的淘宝客推广方案是有所不同的，淘宝客佣金可以根据客单价进行设置。若商品单价较低，商家可以参加开心赚宝、卷皮网等第三方的淘宝客活动，这些淘宝客活动具有流量大、佣金较低的特点，其佣金比例一般为10%左右。相对于低客单价的商品，高客单价商品将不能上低价淘宝客活动，因此推广力度加大，获取精确的流量是其关键，此时商家可尝试找商品相关的一些垂直媒体或者达人做线下分享。例如，家居类店铺可以找一些家居类的网站投放广告，或者是找专门分享家居产品的淘宝客进行分享。此类淘宝客的流量定位精准，佣金比例较高，最高可达50%。

- **额外奖励**：淘宝客在挑选商品时往往会较多地关注佣金，相同的推广成本，佣金越高，收益当然越好。一些优质的淘宝客，除了能获得商家给出的高佣金外，还会获得旺旺对其设置的额外奖励，商家和旺旺这样做可以保持淘宝客和店铺之间的黏性，提高淘宝客的忠诚度，以长久维持合作关系，同时激励淘宝客之间的良性竞争，激发淘宝客的积极性，如成交10笔额外奖励5元。

8.3　知识拓展

1. 直通车质量分

直通车质量分是用于衡量关键词和商品吻合程度的分数指标，吻合程度越高，关键词的质量分就越高；质量得分越高，关键词的推广信息与搜索意向更密切，得到展示和搜索的机会也就会更高。直通车质量分主要包括创意质量、相关性、买家体验3个维度，其中创意质量主要体现为关键词点击的反馈情况，要求图片质量一定要好。相关性主要指关键词与类目的相关性、与属性的相关性、与标题和推广创意标题的相关性。买家体验也受很多因素的影响，如收藏、购物车、下单等。因此商家要做好直通车推广，必须做好商品标题的优化、推广标题的优化、创意图片的优化，并做好商品的相关性。

2. 直通车推广范围

并不是任何商品、任何店铺都适合通过直通车进行推广，图片不好看的商品、价格太高或太低的商品、没有销量的商品，以及在中小商家争夺热门关键词的情况下，使用直通车进行推广的收益可能就不太明显。

3. 直通车的竞价技巧

直通车竞价是一个需要不断总结和分析的过程，盲目竞价不仅无法带给店铺足够的流量，还会花费大量的金钱。下面分别对常用的竞价技巧进行介绍。

- 关注转化数据，有技巧地调整关键词出价。在商品推广初期，可以适当限制直通车的花费。
- 删除上一月展现量大于100、点击量非常低或为0的关键词。
- 分析转化数据，找到排名靠前的关键词，提高关键词出价。
- 分析转化数据，从高到低对关键词的竞价进行整理和排序，降低转化低于2%的关键词出价。

4. 判断智钻继续投放的数据

资源位是否值得继续投放，商家可从以下4项数据进行判断。

- 资源位的最大人群覆盖数量，即在该位置上，每天能够获得的流量大小。
- CPM价格，若资源位的千次展现价格比较便宜，说明可以以较少的出价获得资源位。
- 资源位的点击情况。点击率越高，最终点击单价就越低。但也要考虑创意图的吸引力。
- 每个资源位投放的目标人群不同，人群特性和转化效果就存在差异，要注意回报率的情况。

5. 淘宝客维护技巧

淘宝客这种先成交再付费的模式可以有效降低商家的推广风险，但是淘宝客与店铺之间存在双向选择关系，一般来说，佣金比例高、商品利润高、商品销量高、商品评价好的店铺更受淘宝客欢迎。维护淘宝客，与维护店铺的老客户一样都是相当重要的，商家可以从以下3个方面进行维护。

- **取得淘客的联系方式**：获得淘宝客的联系方式，同时筹备并建立属于自己店铺的淘宝客群。
- **了解淘宝客需求**：多和淘宝客交流，了解淘宝客需要什么，及时在店铺淘宝客群更新店铺的优惠信息和佣金变动情况，主动提供店铺推广所需素材包含图片、软文等，让淘宝客推广店铺更省心，同时还可以和他们交朋友，聊点生活趣事等。
- **让淘宝客更愿意推广店铺**：不定期设置淘宝客奖励计划或举办淘宝客大赛，增加淘宝客的积极性及其和店铺的互动，这样做不仅可以维护老淘宝客，还可以吸引新淘宝客，促进店铺长远发展。

8.4　课堂实训

8.4.1　实训一：设置店铺优惠券

【实训目标】

本实训要求设置所有买家都可以直接领取的店铺优惠券，给予买家实惠，以吸引买家购买商品。

【实训思路】

根据实训目标，首先需要进入店铺"营销中心"页面，选择设置的优惠活动"店铺优惠券"，然后设置优惠券的金额与使用条件。

STEP 01 选择"店铺优惠券"活动。在卖家中心的"营销中心"栏中单击"店铺营销工具"超链接，在打开页面的"优惠促销"栏中单击"优惠券"超链接。

STEP 02 创建店铺优惠券。在打开的页面中单击"店铺优惠券"对应的 立即创建 按钮。设置优惠券的面额、使用条件、使用期限、发行数量等信息，完成后单击 保存 按钮。

STEP 03 查看创建的店铺优惠券。切换到"淘宝卡券"选项卡，其中显示了新创建的店铺优惠券，创建完成后可以修改和删除优惠券信息，也可以复制链接给客户。

8.4.2　实训二：使用直通车推广商品

【实训目标】

本实训要求新建直通车推广计划，对店铺中的商品进行推广，以获得更多的流量，赢得更丰厚的利润。

【实训思路】

根据实训目标，使用直通车推广商品可从6个环节把握，包括选择直通车推广、新建标准推广计划、新建宝贝推广、编辑推广方案、直通车关键词推广和定向推广。

STEP 01 新建标准推广计划。在"我要推广"页面中选择"淘宝/天猫直通车"选项，在"我的推广计划"栏中单击 `+新建推广计划` 按钮，打开"新建标准推广计划"页面，在其中输入新建推广计划的名称，然后单击 `提交` 按钮，在完成页面中单击"设置和管理标准推广计划"超链接，返回首页查看新建的推广计划。

STEP 02 新建宝贝推广。在新建的标准推广计划的"推广计划名称"栏中单击"测款"超链接，在打开的页面中单击 `+新建宝贝推广` 按钮，新建推广宝贝计划，设置宝贝推广的方案、创意、标题、创意图片、买词及出价，设置完成后单击 `提交` 按钮。返回宝贝推广设置界面，编辑计算机出价、移动出价、更改关键词的匹配方式，设置完成后，单击页面下方的 `完成推广` 按钮，完成宝贝推广方案的设置。

STEP 03 编辑推广方案。在推广计划的"操作"栏中单击"编辑"超链接，选中需要编辑的推广单元前的复选框，设置日限额、投放平台、投放时间、投放地域等信息，设置完成后单击 `保存设置` 按钮。

STEP 04 直通车关键词推广。设置推广计划后，单击推广单品的标题名称，在打开的页面中选择"关键词推广"选项，设置推广关键词、质量分、出价、排名、展现量、点击量、点击率、花费等。

STEP 05 定向推广。设置推广计划后，单击推广单品的标题名称，在打开的页面中选择"定向推广"选项，设置直通车的展示位置、投放人群等。

8.5　课后练习

（1）为店铺的某些商品设置不同的打折折扣。

（2）为店铺设置淘金币抵扣活动的活动时间和抵扣比例。

（3）为店铺创建"满100元减5元""满200元减20元""满300元减50元"的店铺优惠券。

（4）为店铺新建直通车推广计划，对店铺中的商品进行推广。

第 9 章
借助社交媒体，
打通电商创业闭环

当下几乎人人都在使用社交媒体。明智的电商创业者应思考如何使用社交媒体来推销生意，即社交媒体营销。当然社交媒体营销并不是在各大社交媒体上进行消息的狂轰滥炸，这样收效甚微，甚至被人所厌恶。有效率的社交媒体营销需要精准的定向目标客户，选择适合自身的社交媒体平台，并应用良好的渠道和营销方法。本章将对常见的社交媒体及其营销方式进行介绍，包括朋友圈内容传播、组建社群、打造电商公众号、开启微店等。

- 常见新媒体营销渠道和方式
- 朋友圈内容传播
- 组建社群，打造粉丝力量
- 打造电商公众号
- 开启微店模式

本章要点

 案例导入

"社交+电商"，成就电商新贵"拼多多"

电商发展至今，大家所熟知的模式已无法取得新的突破，若没有遇到新技术带来的革命，社交电商之路依然难走。拼多多作为社交电商领导者，致力于将娱乐社交的元素融入电商运营中，通过"社交+电商"的模式，让更多的用户带着乐趣分享实惠，享受全新的共享式购物体验。

拼多多成立于2015年9月，是一家专注于C2B拼团的第三方社交电商平台，是国内目前主流的手机购物App，其广告语"拼多多，拼得多，省得多"是对其平台性质的简要概述，即用户通过发起和朋友、家人、邻居等拼团，以更低的价格，拼团购买实惠的商品。这种以沟通分享形成的社交理念，逐渐形成了拼多多独特的新社交电商思维。这种思维造就了拼多多在短时间内获得卓越的销量成绩，拼多多上线未满一年，其单日成交额即突破1000万元，付费用户数突破2000万人。

拼多多的拼团模式为：在拼多多平台上，每个商品都有单独购买价格和拼团价格，消费者若选择拼团购买并下单支付成功后将获取转发链接，转发链接给周边的人，可以邀请好友、亲朋参团，参团成员也可以将该团分享出去邀约更多的团员参团，在规定时间内邀请到相应人数支付购买则拼团成功，等待收货。未达到人数则拼团失败，系统会自动退款到付款账户。在拼团过程中，消费者为达到拼单人数，会形成一个自媒体，主动帮助商家推广，从而形成一种病毒式传播。

拼多多成为电商新贵离不开两方面的因素：一是价格有优势，二是有足够大的社交平台提供分享。为了取得价格上的最大优势，拼多多选择的入驻商家大部分是商品生产商、开设有淘宝店的商家。拼多多引导用户分享，促使用户通过分享来完成拼团，在分享的过程中成功实现了平台的推广。

【案例思考】

拼团是团购吗？相对于传统的美团、百度糯米等团购平台，以及商品批发平台，拼多多有哪些优势？

9.1　常见新媒体营销渠道和方式

新媒体相对于报刊、广播、电视等传统媒体而言，是一种新的媒体形态。它涵盖了所有数字化的媒体形式，如常见的微信、微博、贴吧等社交平台，优酷、秒拍、哔哩哔哩弹幕网、快手这类视频平台，豆瓣、天涯这类社区，都属于新媒体的范畴。商家想应用新媒体营销就必须先了解新媒体的营销渠道与营销方式。

9.1.1　筛选合适的新媒体营销渠道

新媒体营销的渠道通常是指用户获取信息的来源。新媒体营销的低成本优势，以及在商品与品牌推广、客户维护方面强大的推动力，使其在现代营销模式中扮演着日渐重要的角色。很多创业者开始步入新媒体营销行列，而筛选合适的新媒体营销渠道是新媒体营销成功与否的第一步。筛选合适的新媒体营销渠道并非单一地通过某一种渠道进行营销，而是进行多渠道整合营销。当前，主流的新媒体营销渠道主要包括以下6种。

● 微信：微信的出现，逐渐改变了人们的生活方式和习惯。微信基于智能移动设备而产生，其简洁的界面、便捷的操作等特点，使微信成为了一款渗透率高、覆盖面广的主流即时通信软件，积累了大

量的活跃用户，并渗透到人们生活和工作的方方面面。微信营销正是建立在微信大量活跃用户的基础上，其特殊的点对点营销模式、灵活多样的营销形式和较强的用户联系性，更是为微信营销提供了更多可能。微信营销主要有两种类型，微信个人营销和微信企业营销。微信个人营销是基于个人微信号所进行的营销，它可以与手机通讯录绑定，邀请手机联系人和微信好友进行交流，也可以通过朋友圈发布状态，与微信好友进行互动。而企业微信营销更多地偏向于企业公众号、企业微信群的运营。

● **新浪微博**：微博较微信更为开放，互动更加直接，推送不受数量和时间的限制，形式多样，并且因其开放性而容易造成爆炸式的传播效果。微博的用户数量非常大，发布信息和传播信息的速度都非常快，微博主通过每天更新微博内容，发布粉丝感兴趣的话题，可以与粉丝保持良好的交流互动，培养起坚实的粉丝基础。如果微博主拥有数量庞大的粉丝群，则发布的信息可以在短时间内传达给更多其他用户，甚至达到爆炸式的病毒推广效果，因此不管是企业还是个人，都会选择将微博作为主要营销平台之一。企业用户可以通过微博向粉丝传播品牌信息、商品信息，树立良好的企业形象，提升品牌影响力。个人用户也可以通过微博建立自己的粉丝圈子，打造个人品牌，开展各种营销活动。图9-1所示为利用微博进行下厨房App的推广。

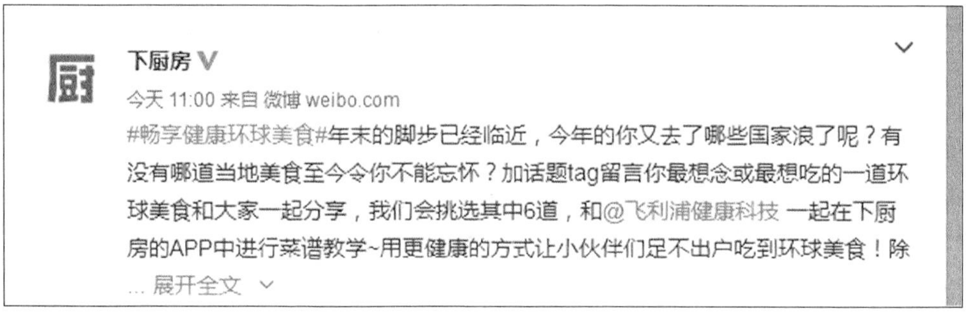

图9-1 微博

● **社交网站**：包括天涯、豆瓣、猫扑、人人等社区，这些网站有其对应的用户群体。在这些网站中发帖是推广的主要方式，需要注意的是，商家不能一直发商品的介绍、商品的推广、商品的广告，这样效果甚微，而比较适合发比较长篇的、内容比较精辟的文章，当然可以适当地将商品、品牌等信息融入到文章中。这些文章容易被转发和被扩散到微博、朋友圈等平台上。

● **问答平台**：如知乎、分答等，这些平台重视内容本身，并且在站外搜索引擎上的权重较高，容易形成用户分享信息的发源地。商家经常在这些平台中与网民互动，可以增加自己的知名度，获得与自身理念相符的消费者群体。

● **视频网站**：如哔哩哔哩、腾讯视频等视频网站，通过现场展示、宣传视频可以更好地传播内容，同时通过弹幕等方式可以及时获取用户反馈，是目前非常流行的一种营销方式。

● **短视频平台**：如美拍、秒拍、快手等，短视频符合受众要求，尤其在移动端的应用效果上十分明显。在传统视频网站进行推广，不仅有水印，还受到广告排期的限制，并且收费昂贵；而短视频就比较"人性化"，不仅允许商家添加自己的标签与文字，而且点开即可观看，平台上还有大批活跃的粉丝，便于进行推广。

↘ 9.1.2 新媒体多元化营销内容

新媒体营销，其实质是内容与渠道的结合。新媒体营销的内容是多元化的，包括文字、图片、视频等，无论采用哪种形式的内容，达到营销的目的才是关键，如读者看完针对某产品的内容后有点击购买的冲动。下面分别对常见的新媒体营销的内容形式进行介绍。

- **文字**：文字可以直观描述需要表达的内容，是最为常见的内容呈现形式，长文本重在塑造故事的生动性，短文本常常与图片搭配使用。

- **图片**：图片可以是照片，也可以是形状、卡通、动图等，恰当、富有创意的图片可以以直观的视觉方式让消费者在瞬间记住图片所要宣传的商品或思想。

- **音频**：音频不仅可以作为气氛渲染的工具，还可以加入旁白、植入广告，不需要占用双眼，即可以实现营销。

- **视频**：在电视广告、网络视频、宣传片、微电影等视频中融入宣传的商品、品牌与思想等。

- **H5动态页面**："H5"是HTML 5的简称，广泛用于活动运营、品牌宣传、商品介绍和总结报告等。H5动态页面以图、文、音频等形式进行展现。"图"的形式千变万化，可以是照片、插画、动画等，并通过翻页等简单的交互操作，达到类似幻灯片的传播效果。H5动态页面考验的是高质量的内容本身和讲故事的能力。精彩的H5动态页面可以赚足眼球，图9-2所示为美团517吃货节推出的活动推广H5页面，其在视觉设计上采用卡通风格，人物造型夸张，引人注意，以蓝色作为背景色，人物色系丰富多彩；在主题设计上，通过点击相关文字与按钮即可出现对应的交互效果，如点击"谁说我是格子衬衫塞裤腰"屏幕底部"嘴巴"中的"喂我"提示，然后汉堡、火腿等食物将从天而降，并被男子全部吞入口中，使该男子大变身，其格子衬衫、大肚腩的形象瞬间被帅气、时尚的小伙子取代，小伙子奔跑着去征服世界，屏幕底部的嘴巴也被胶带封死；而最后一屏出现美团517吃货节的宣传语，以及优惠按钮，单击优惠按钮则可以进入美团吃货节页面。

图9-2　H5动态页面

9.1.3　新媒体营销方式

常见的营销方式有口碑营销、饥饿营销、事件营销、知识营销、互动营销、情感营销和会员营销等，而通过新媒体平台，商家能够更好地整合这些营销方式，减少营销成本，获得最佳的营销推广效果。

- **口碑营销**："有口皆碑"一直以来都是所有品牌追求的效果。口碑营销是指通过好友、亲戚、同学、同事之间的口口相传，使自己的商品信息或者品牌得到传播，相比纯粹的广告、促销、公关、商家推荐、平台推荐等，口碑营销更容易获得买家信任。在新媒体环境下，用户可以摒弃面对面的传播方式，而通过在网络媒体渠道中发布信息，如微博、朋友圈、QQ、社交网站等，可以更加快速地达到滚雪球的效果。

● **饥饿营销**：饥饿营销是指故意制造一种"供不应求"的假象来迷惑消费者。在日常生活和工作中，我们经常被这种营销模式所迷惑，如"限量版""秒杀""限时"等现象都属于饥饿营销。因此，商家可通过媒体渠道设计并发布具有吸引力的促销宣传，来刺激消费者的购买欲，最终实现商品销售的目的，或树立高价值的品牌形象，为未来大量销售奠定客户基础，如早期的iPhone和iPad，当时新闻充斥着各种连夜排队买iPhone的新闻，如今销量还十分可观。

● **事件营销**：事件营销大多数需要精心策划，借助话题炒作拥有超强的曝光率。例如，支付宝策划的"集齐五福，平分2亿元现金"活动，引得全民沸腾，纷纷参与其中，这使得支付宝赚足了眼球和关注度。再如百雀羚《一九三一》一镜到底广告，如图9-3所示，描述一则20世纪30年代老上海的美女刺客故事，故事最后的百雀羚广告，让人猝不及防，这则广告中的故事仿佛一场袖珍谍战片，一时间刷爆了朋友圈，赚得了超高的关注度，之后引发了一连串的公关效应，如"哭了！百雀羚3000万＋阅读转化不到0.00008""百雀羚广告侵权"事件，使得百雀羚的被关注度再次提高，最终实现商品的营销。

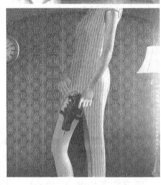

图9-3　事件营销

● **知识营销**：知识营销是指将对客户有价值的知识概括起来，向客户传播，最基本的知识包括商品使用知识、商品保养知识、商品维修知识等。商家还可将专业研究成果、经营理念、管理思想及优秀的企业文化等知识传递给潜在客户，使其逐渐形成对企业品牌和商品的认知，最终购买企业的商品。知识营销适合以长文章形式来进行分享式营销，通过高质量的知识内容来吸引用户，获得更多阅读量和志趣相投的粉丝。例如，某药店公众号的小知识分享"胃炎患者能喝酸奶吗？"，从胃炎患者的身体状态和酸奶的成分出发为读者分析，不仅让读者受益匪浅，还拉近了与读者的距离。

- **互动营销**：互动营销是指商家抓住与消费者共同的利益点，并通过对沟通时机与沟通技巧的把握，将双方紧密结合起来，促进消费者的购买及重复购买、有效支撑关联销售、建立长期的消费者忠诚、实现消费者利益的最大化，如邀请消费者或粉丝参与营销活动、朋友圈回复、论坛微博回帖交流、通过直播与观众进行实时交流等，都是当前互动营销的表现方式。

- **情感营销**：情感营销就是把消费者个人情感差异和需求作为企业品牌营销战略的核心，利用情感营销的方式来使消费者产生共鸣，最终实现盈利。在当今生活品质不断提高的时代，消费者是否购买商品不仅限于商品数量的多少、质量好坏及价格的高低，而是有了高层次的感情需求，如自我价值实现需求、被尊重需求等感情方面的需求。因此很多品牌都打出"向往自由、追求极致、追求个性、自信自强、独立勇敢、奋斗不止、享受生活、青春、梦想、逆袭"等口号，并从亲情、友情、爱情等各个角度进行煽情。例如，在YSL星辰口红营销案例中，将其与爱情、自我价值实现等感情进行捆绑，如"叫男友送YSL星辰，买了才是爱我""连支口红都买不起，姑娘你过得真苦"等话题，使其火遍朋友圈，成功实现营销。再如从香奈儿的各类香水广告可知，香奈儿其实不仅在卖香水本身，更重要的是香奈儿在传递女性的性感和自信。图9-4所示为经典的香奈儿广告语。

图9-4　情感营销

- **会员营销**：会员营销是一种精确的营销方式，旨在培养长期消费者，促进再购率，获得消费者忠诚度，是商家长期持续盈利、持续发展的常用营销手段。它一般通过会员积分兑换、会员打折、会员优惠价、办理长期消费卡等手段，绑定消费者，增加消费者的黏性和活跃度，延长消费者的消费周期。

9.2　朋友圈内容传播

朋友圈是新媒体渠道"微信"中十分重要的社交板块，用户可以通过朋友圈发表文字和图片，同时可通过其他软件将文章或者音乐分享到朋友圈，朋友圈的热度持续不减，成为当前主流的社交渠道。下面从发布朋友圈信息、朋友圈内容运营、朋友圈广告植入、朋友圈活动运营、客户关系维护5个方面剖析朋友圈营销的一些实用策略。

↘ 9.2.1　发布朋友圈信息

对于电商创业者而言，在朋友圈发布信息不仅是指发布卖货信息，在电商急速发展的今天，发布卖货信息不是被忽视，就是被屏蔽掉。这时，创业者需要在朋友圈发布一些富有价值的内容，通过内容、互动、交流来传播知识和建立信任，提升个人影响力，增加个人的关注度，先塑造个人品牌，再销售商品。在朋友圈中，创业者可以根据需要发布文字、图片、视频等多种形式的信息，其方法是：进入微信朋友圈，按右上角相机图标，选择拍摄或从相册中选择图片和视频，完成照片与视频的拍摄或选取后，在打开的页面中可输入文案，单击右上角的"发表"超链接，即可完成图文信息的发布。图9-5所示为在朋友圈发布的围巾系法的信息，好友可对发布的内容进行评论或点赞。需要注意的是，若长时间按右上角相机图标，可直接发布纯文本文案。

图9-5　朋友圈发布信息

↘ 9.2.2　朋友圈内容运营策略

在朋友圈发布的信息中，什么样的信息是有价值的呢？首先，营销内容不能生硬冗长、毫无意义；其次，营销内容在发布的方式上还需要满足以下9个要求。

- **将广告推广给合适的人**：创业者需要站在消费者的角度去思考他们喜欢什么，反感什么，才能写出合消费者胃口的文案。高成交率来源于更精准的定位，对于朋友圈广告而言，将广告推广给合适的人更有利于商品宣传，创业者可根据消费者的风格类型、消费者的关系进行广告的推广。例如，某一条广告比较幽默诙谐，包含了很多网络现象和词汇，可以设置给指定分组的年轻人群进行查看；为刚结识不久的客户推荐一些客单价不高的商品，而对于有了信任基础或交易记录的客户，可以进一步推荐客单价更高的商品等。
- **把握推送时机**：为了保证推广效果，创业者还可以分析目标客户在朋友圈的活跃时间，在大家查看朋友圈的高峰期进行推广。
- **拒绝广告刷屏**：对于那种一天发很多条广告的微商，很多人都会选择屏蔽其信息，拒绝查看其朋友圈，很显然这样的营销是失败的。因此广告发布的频率要适度，尽量不要在间隔较短的时间内频繁发布广告。
- **长度适度**：长度适度是指广告内容不宜过长，尽量精简，保持在120个字以内比较合适。文字太长会被折叠，被看完的可能性比较低。尽量在简短的内容中保证文字轻松有趣。
- **商品数量适度**：是指不要在一条状态中添加太多商品信息，信息太多不仅需要花费消费者更多精力进行阅读，不方便消费者快速做出购买决策，还容易使他们因为选项太多而放弃决策。

- **内容巧用热度**：互联网经济时代，热点新闻的传播速度非常快，创业者必须懂得利用这些热点，打造自己的商品热度。例如freestyle火遍全网的时候，麦当劳借"freestyle"的热度发布了朋友圈广告，快速获得了消费者的认同。在借助热点发布朋友圈广告时，创业者还可以根据需要与消费者保持互动，并且热点事件也更容易吸引消费者进行互动。
- **文字配图吸睛**：同样的内容，采用不同展现形式，其最后的转化率也可能会大相径庭。例如，图片的吸引力肯定比一段文字要高，而一张图片的展现程度远远高于若干张图片，因为一张图片被缩略和裁剪显示的程度最低。
- **善用表情包**：表情包是最近很流行的交流方式，不少用户都对它感兴趣。若是文案中存在表情包，不少用户会将其保存下来作为斗图使用。所以运用表情包也能吸引不少用户的关注。
- **适度的软广告**：软广告是一种委婉、真实、润物无声的广告，一般用商品故事、人物生活等进行包装，如某微信号在朋友圈发布"看到这张图，你想对我说什么？"然后搭配一张能引起话题的商品图片，这就属于软广告。

↘ 9.2.3　朋友圈广告植入策略

对于电商来说，朋友圈中的好友很多都是客户或是消费者，也许自己连面都没见过，双方往往会缺乏信任。若直接打出硬广告，收效甚微，此时创业者就需要建立自己的品牌，让客户在了解你、信任你的同时慢慢接受你的商品。下面讲解朋友圈广告植入的几种常见方法，引导创业者在打造个人品牌的同时植入广告。

- **分享积极健康的生活点滴**：在朋友圈可以把自己生活中的幸福时光和趣事、亲身经历与感悟，以及当下热门的话题、新闻等进行分享。切忌发消极的、关于宗教政治的、低俗等触碰红线的信息，也不要发抱怨的或心灵鸡汤类的内容，因为微信账号代表着个人的风格与思想，人们通常通过账号所发布的内容来了解这个账号的持有人，从而判断是否能与账号的持有人之间建立相互信任、相互欣赏的关系。在分享生活点滴时，有时候也可以在这其中融入自己的商品，但不要太过生硬，最好有一种自然而然的感觉，让这些客户在真实生活中了解和感受商品，这样还能给予他们更多购买商品的信心。图9-6所示是一个微信代理商发布的关于健身俱乐部的朋友圈内容，以自己周边的人或事物为主角，这种表达方式很容易被客户所接受。

图9-6　融合商品的生活分享

- **分享专业知识**：作为在朋友圈进行商品营销的电商，创业者需要有非常专业的商品知识，因为没有人会愿意购买连商品都介绍不清楚的人的商品。此外，专业知识的分享，如使用方法、使用技巧或产品功用等，也能帮助客户解决一些实际的问题，即使解决不了，他们心中也能感受到商品的专业，这能为以后的销售打下坚实的基础，图9-7所示为商品使用方法。

- **分享店铺动态**：对于电商来说，最重要的还是推销商品，所以创业者可以适当在朋友圈中晒一晒自己的商品上新信息、商品详情信息、促销活动、发货情况，但是不能太频繁，一天一到两次或两天一次为最佳，这样的分享不仅可以让客户通过朋友圈了解商品与店铺概况，还可以刺激一些潜在的客户产生购买的冲动，图9-8所示为分享店铺活动的结束时间。

图9-7　分享专业知识

图9-8　分享店铺动态

- **分享自己试用效果**：一款商品的好坏与否，最有说服力的莫非是自己用过，自己还在用，分享使用前后的效果，无疑可以让好友感觉亲切，感觉不会上当。

- **分享工作过程与环境**：分享工作过程与环境，如大量包裹单、生产基地、原料采集等，会在无形中为商品的质量加分。

- **分享客户的消费评价**：分享一些客户使用商品后的照片，或一些客户使用后的评价和感受，这也是常用的一种营销方式，有利于增加客户的信任。创业者在微信营销的过程中，也需要像在网络上销售商品一样，进行物流信息跟踪，当物流显示货物到达客户手中的时候，还需要提醒客户进行确认。而当客户使用后，创业者通常需要客户分享一下使用感受，或者要一些反馈图。有时候，为了让客户在朋友圈中分享使用感受，商家可能赠予他们一些赠品，随客户下次购买的时候一起邮寄过去，一举两得。图9-9所示为分享客户的评价及客户使用后的需求。

经验之谈：

　　朋友圈广告植入的前提是诚实，创业者不管采用哪种方式进行广告的宣传，都要保证不欺骗消费者，不以虚假信息来吸引客户，否则容易影响自己的口碑，轻则造成粉丝的取消关注，重则形成负面的口碑传播。

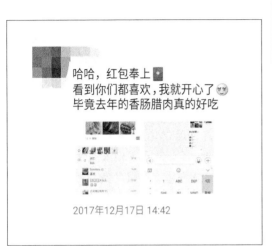

图9-9 分享客户的消费评价

9.2.4 朋友圈活动运营策略

除了直接发布与营销相关的内容外，创业者还可设计互动活动邀请好友参加，如转发、点赞、试用、互动等，其中转发和点赞比较常见，多表现为通过转发微信或图片、集赞，获得折扣、奖品、优惠券、现金等福利等，如"转发图片至朋友圈参与活动，即有机会免费获得价值××元的丰厚礼品。""转发并集齐××个赞，即可获得××元现金红包，截图有效哦！"等，图9-10所示即为朋友圈转发的集赞活动。试用是指免费试用产品，提交试用报告即可返还邮费和商品费用等。互动也是一种比较常用的推广形式，一般表现为游戏互动，如"第××个点赞的人可以获得××""这条微信如果点赞达到××，就抽取两名朋友免费赠送××，截止××时间，截图为证"等。如果技术允许，创业者还可以在朋友圈发布一些有意思的小游戏，吸引用户参与和转发。在设计朋友圈活动时，创业者可通过配图的形式来说明活动的相关信息，如活动时间、参与条件、参加流程等。

图9-10 转发集赞活动

经验之谈:

　　创业者在朋友圈发布重要的活动信息时,一般均要充分预热,以保证在最后主要活动上线时能够获得足够的关注,达成引爆盛况。

9.2.5　客户关系维护策略

　　维持良好的关系是开展朋友圈内容营销的前提,良好的关系有助于创业者快速获得好友、客户、亲戚、邻居、客户的支持,使他们主动配合营销,并扩大营销的效果。总之,建立情感关系也是营销成功的基础。创业者要积极与客户交流,没事给客户问个好;当发布内容后,应该学会及时回复他人的评论,即对客户的行为要做出及时反馈;当客户发布朋友圈后,不要只做旁观者,要做参与者,积极点赞、评论客户,为客户提出更好的解决方法。

9.3　组建社群,打造粉丝力量

　　社群是一种新的人际关系,它建立在互联网基础上,是依据人们的兴趣爱好、身份地位、审美观和人生价值观建立起来的圈子,如喜欢金融的人在一个社群,同为某个行业的老板会在一个社群,喜好滑雪运动的人会在一个社群。网络社交平台的普及和发展,使网络营销逐渐走向平台化、互动化、社群化、体验化和社交化,这为社群营销提供了宽广的发展天地。个人或群体通过网络平台、网络服务汇集特征相似的目标用户,为目标用户群创造长期沟通渠道,创建基于社群成员的商业生态,不仅能够满足用户不同层次的个人需求,还能够通过社群口碑将品牌和商品推广出去,从而获得循环往复、逐渐扩大的营销优势。

9.3.1　创建社群营销的必要条件

　　社会要素组织形式和专业模式的创新再造,让社群经济成为改变未来趋势的新经济模式,同时,众多社群的成功营销案例也为企业和个人提供了更有效的营销方向。建立社群并不难,但要让社群成功运营,则必须具备4个必要的条件。

1. 社群定位

　　社群是由一群有共同兴趣、认知、价值观的人群组成的,社群成员在某方面的特点越相似,越容易建立互相之间的感情联系。因此在建立社群之前,企业和个人必须先做好社群定位,明确社群要吸引哪一类的人群。例如,小米手机的社群,吸引追求科技与前卫的人群;罗辑思维的社群,吸引具有独立和思考标签的人群;豆瓣的社群,吸引追求文艺和情怀的人群。当社群有精准定位后,企业和个人才能推出契合粉丝兴趣的活动和内容,不断强化社群的兴趣标签,给社群用户带来共鸣。

　　一般来说,社群定位要基于社群的类型和企业的性质,按照商品形式,我们可以将社群划分为商品型社群、服务型社群和自媒体社群等;按照划分范围可将社群分为品牌社群、用户社群和商品社群。当然,不管我们如何对社群进行划分,都是为了确定社群的基调,保证社群既能满足用户特定的价值需求,也能为社群运营人员带来回报,形成良好的自运行经济系统。

　　为了更好地进行社群的定位,在建立社群之前,运营者可以先考虑一下建立社区的目的。每一个社群可能有不同的价值,但其目的大多比较类似,如销售商品、提供服务、拓展人脉、打造品牌、提升影响力等,确定了建立社群的目的,也可以更方便社群的定位。

2. 吸引精准用户

企业要想进行精准的营销，必须拥有精准的群体，因此任何营销推广的前提都是对精准群体的细致分析，了解目标群体的消费观念、地域分布、工作收入、年龄范围、兴趣爱好和工作环境等。了解群体与社群定位相辅相成，了解群体更方便社群定位，准确的社群定位更有利于吸引精准的群体人群。

3. 维护用户活跃度

社群成员之间的在线沟通多依靠微信、QQ等社交群组，也使用微信公众号、自建App或网站。对于社群运营而言，能否建立更加紧密的成员关系直接影响着社群最终能否良好发展，因此社群活跃度也是衡量社群价值的一个重要指标。现在大多数成功的社群运营已经从线上延伸到线下，从线上资源信息的输出共享、社群成员之间的优惠福利，到线下组织社群成员聚会和活动，都是为了增加社群的凝聚力，提升用户活跃度。

4. 打造社群口碑

口碑是社群最好的宣传工具，社群口碑与品牌口碑一样，都必须依靠好产品、好内容、好服务进行支撑，并经过不断积累和沉淀才能逐渐形成。一个社群要打造良好的口碑影响力，必须先从基础做起，抓好社群服务，为用户提供价值，然后逐渐形成口碑，带动用户自发传播社群，逐渐建立以社群为基点的圈子，如此社群才能真正得到扩大和发展。

9.3.2　创建微信群

社群有很多种，如QQ群、微信群，以及一些线下的社群。其中，微信社群依托微信强大的群体资源平台，具有容易加好友、营销成本低等优点，是一种非常常用的社群。除了通过被加入或主动扫码等方式加入微信群外，用户可创建自己的微信群，其方法是：登录微信账号，登录后进入首页聊天窗口，单击右上角的"+"，在打开的下拉列表中选择"发起群聊"选项，选择要加入群的联系人，完成后单击右上角的"完成"超链接，即可完成微信群的创建，如图9-11所示。

图9-11　创建微信群

经验之谈：

创建社群后，进入群聊天页面，单击右上角的群图标，在打开的页面中可查看群成员、修改群名称和群公告，或查看微信群的二维码，将二维码保存为图片，并分享到其他社交平台，或张贴到墙上，可以方便其他用户通过扫描二维码加入该群。在群成员后面会显示一个加号或一个减号，若选择加号，可添加好友到群中；选择减号，单击好友头像的左上角的减号，可将该好友移出该群。

9.3.3 组织社群推广活动

策划并开展社群推广活动是保持社群活力和生命力的有效途径，也是加强社群成员感情联系、培养社群成员黏性和忠诚度的有效方式。社群活动十分多样化，分享、讨论、签到、红包、福利、线下聚会等都是社群活动的常见形式。组织社群推广活动，可以不同程度地活跃社群，提高社群成员的积极性。

- **社群分享**：社群分享是指分享者面向社群成员分享一些知识、心得、体会、感悟等，也可以是针对某个话题进行的交流讨论。专业的分享通常需要邀请专业的分享者，当然也可以邀请社群中表现杰出的成员进行分享，以提高其他成员的参与度和积极性。一般来说，在进行社群分享时，分享者需要提前做好相应准备，如确定分享内容、提前通知、分享互动、提供福利、分享宣传等。
- **社群交流**：社群交流是发动社群成员共同参与讨论的一种活动形式，它通过挑选一个有价值的主题，让社群的每一位成员都参与交流，以交流输出高质量的内容。
- **社群福利**：社群福利是激发社群活跃度的一个有效工具。一般来说，不同的社群通常会采取不同的福利制度，或者也可以将多种福利形式结合使用，如物质福利、现金福利（红包）、学习福利、荣誉福利、虚拟福利（积分）等。

经验之谈：

在活跃社群气氛时，发红包也是一种不错的方式。但红包不能随意发，否则有些红包就无法起到理想的效果。一般来说，新人入群、活跃气氛、宣布喜讯、发布广告、节日祝贺等情况，都可以适当发个红包。需要注意的是，发红包最好有一个理由，频繁发红包不仅无法激活成员的积极性，还容易使群沦为一个红包群。此外，发红包最好选择合适的时间段，在工作时间段发的红包引起的关注度相对要低一些。

- **社群打卡**：社群打卡是指社群成员为了养成一种良好的习惯，或培养良好的行为而采取的一种方式，可以监督并激励社群成员完成某项计划，因此打卡型社群通常具有激励成员不断进步的作用。一个打卡社群，如果没有设置严谨的规则，很难持续运营下去，获得良好的效果。一般来说，大家可以通过设置押金规则、监督规则、激励规则、淘汰规则等，来保证社群成员能够坚持打卡，积极实现个人目标。为了保持社群成员持续的打卡积极性，建议大家定期或者不定期对规则进行优化和升级，总结每一次的打卡情况，增加体验感更好的规则，删除效果不好的规则，保持社群成员持续的新鲜度。
- **开展社群线下活动**：在O2O时代，线上线下相结合才是顺应潮流的营销方式，社群运营也不例外。线上交流虽然限制更少，更轻松自由，但线下交流更有质量，也更容易加深感情。一个社群中的成员，在从线上走到线下的过程中，才能建立起成员之间的多维联系，让感情联系不再仅限于社交平台和网络，而进一步连接到生活群、兴趣圈、朋友圈、人脉圈，联系越多，关系越牢固。社群的线下活动根据规模的大小，会表现出不同的组织难度，因此为了保证活动的顺利开展，组织者在活动开始之前必须有一个清晰完整的活动策划，方便组织者更好地把控活动全局，做到有计划、有目的、有质量，如活动计划、策划统筹、宣传推广、对外联系、活动支持、总结复盘等。

9.4 打造电商公众号

随着流量获取成本逐年上升、流量获取技术要求越来越高，很多企业开始打造电商公众号。电商公众号其实就是把企业和消费者联系在一起，企业可以通过公众号将商品直接销售给消费者。相比传统电商平台，公众号的优势在于减少中间环节、节省成本、互动性强、复购率高等，但公众号粉丝增加难是如今普遍存在的问题。本节将从公众号对于电商的价值、申请微信公众号、发布消息、自定义菜单、公众号吸粉等方面对打造电商公众号的方法进行讲解。

9.4.1 公众号对于电商的价值

企业为什么做公众号营销？很多人会回答："利用公众号可以卖东西、跟粉丝互动、搞好客户关系"，其实其价值不仅限于此，它的价值几乎涵盖了企业所有的需求。下面以微信公众平台为例，介绍公众号所具备的商业价值。

● **宣传成本低**：微信公众号可免费发布宣传信息，与宣传单相比，成本更低，送达精准消费者的效率更高。

● **可以实现精准营销**：加入公众号的用户多数为有消费需求的，企业通过对消费需求的挖掘，有针对性地进行营销，可以增加销售额。

● **可以实现O2O营销的闭环**：公众号可以将线上与线下营销结合起来，如线下活动线上宣传、线上奖品线下领取、门店扫码关注公众号等。

● **便于进行产品调研**：产品调研是企业制定经营策略的必要环节，各个企业多通过问卷调查、电话回访等方式进行产品调研，而通过微信公众号，企业可以直接触达粉丝用户；通过微信粉丝实时的反馈及与粉丝的交流互动，企业不仅可以了解其产品体验，还可以对服务体验、品牌体验、物流体验等各个环节的体验情况进行了解，并及时调整运营战略，对各个环节进行优化提升。

● **方便快捷的信息获取渠道**：在移动电商时代，对于用户而言，到计算机端的官网网站进行信息查询，或进行百度搜索或输入网址来访问较为麻烦，若记住了企业昵称，搜索其微信公众号，就可以快速获得企业介绍、产品服务、联系方式等信息。若用户关注了企业公众号，微信公众号能及时、快捷地把产品或服务信息、最新的促销活动送达粉丝，促成交易，增加互动，从而深化品牌传播。

● **提高移动端用户体验**：微信公众平台已经成为企业移动电商的渠道之一，它让用户能随时随地购买到商品，而无需通过下载淘宝、天猫App或跳转到相关网站进行购买，使其在玩微信的同时就能在微信上实现下单、支付交易、物流查询和客户服务等，因此提高了移动端用户体验。

9.4.2 申请微信公众号

常用的微信公众号目前有两类，包括服务号和订阅号。服务号的目的是更多地跟用户进行互动，为其提供多元化的服务；而订阅号是指通过该公众号发布消息，提供给用户来订阅，一般用于品牌宣传、营销推广。用户或企业可选择合适的类型进行申请，这里选择申请适合个人和组织的订阅号，具体操作如下。

STEP 01 进入微信公众号登录页面，在其中输入微信公众号账号和密码进行登录。如果没有微信公众号，单击页面右上角的"立即注册"超链接，如图9-12所示。

STEP 02 打开微信公众号注册页面，选择注册类型，这里选择"订阅号"选项，如图9-13所示。

图9-12 注册微信公众号

图9-13 选择公众号类型

STEP 03 打开邮箱注册页面，输入注册邮箱，单击右侧的 激活邮箱 按钮，注册平台将向注册邮箱发送验证码，进入邮箱查看验证码并填写至"邮箱验证码"文本框中，完成后继续设置微信公众号的账号密码，并选中"我同意并遵守《微信公众号平台服务协议》"复选框，如图9-14所示，然后单击 注册 按钮。

STEP 04 打开账号类型设置页面，继续设置账号类型，这里在"订阅号"下方单击"选择并继续"超链接，如图9-15所示。

图9-14 验证邮箱

图9-15 继续设置账号类型

STEP 05 打开提示对话框，此时提示账号类型选择后不可更改，单击 确定 按钮。打开"信息登记"页面，在该页面中选择订阅号的主体类型，这里选择"个人"，如图9-16所示。

图9-16 选择账号主体类型

STEP 06 在打开的页面中填写公众号注册信息，包括证件号码、手机号码等，并对运营者身份进行验证，然后单击 [　继续　] 按钮，如图9-17所示。

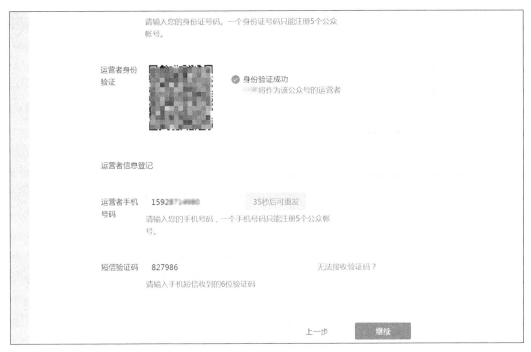

图9-17　填写公众号注册信息

STEP 07 打开提示对话框，此时提示主体信息填写后不可更改，单击 [　确定　] 按钮。打开"公众号信息"页面，填写"账号名称"和"功能介绍"等内容，如图9-18所示。设置完成后，即可进入微信公众号首页。

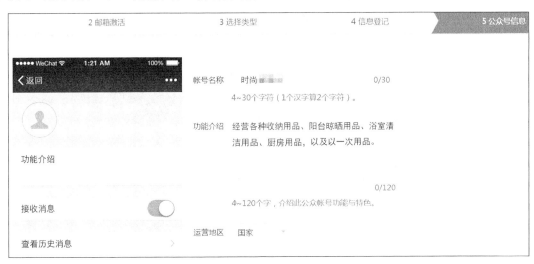

图9-18　填写公众号名称和功能介绍

↘ 9.4.3　发布消息

　　一个公众号的个性和形象主要通过推送的消息体现出来。本小节发布一篇关于收纳技巧的知识分享型文章，具体操作如下。

STEP 01 登录并进入微信公众号首页，在微信公众号首页左侧的导航栏中选择"素材管理"选项，在打开的页面中单击 新建图文素材 按钮，如图9-19所示。

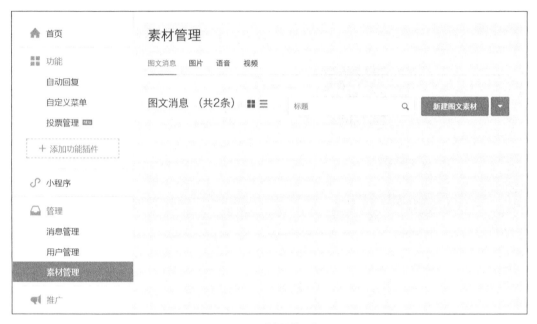

图9-19　进入"素材管理"页面

STEP 02 打开"新建图文消息"页面，在其中输入标题和内容，然后在该页面右侧选择"图片"选项，在文章中插入图片，如图9-20所示。

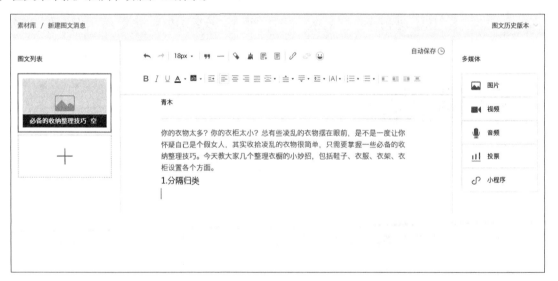

图9-20　编辑标题和内容

STEP 03 打开"选择图片"对话框，单击 本地上传 按钮，打开"打开"对话框，在其中选择需要插入的图片，单击 打开(O) 按钮。返回"选择图片"对话框，在其中查看上传的图片，然后选择需要插入文章中的图片，单击 确定 按钮，如图9-21所示。

STEP 04 返回文章编辑页面，在其中查看插入图片后的效果，如图9-22所示。

图9-21　插入图片

图9-22　插入图片后的效果

STEP 05 在页面下方的"封面"栏中单击 从图片库选择 按钮，如图9-23所示。

STEP 06 打开"选择图片"对话框，上传封面图像，在其中选择一张图片，将其设置为文章封面，单击 下一步 按钮，如图9-24所示。

图9-23　设置封面

图9-24　选择封面图片

STEP 07 打开"裁切封面"页面，框选需要作为图片封面的区域，单击 完成 按钮，如图9-25所示。

STEP 08 返回文章编辑页面，单击 保存并群发 按钮，即可保存并发布文章，如图9-26所示。

图9-25　裁切封面

图9-26　保存并发布文章

STEP 09 打开"新建群发消息"页面，在该页面中可设置群发对象和地区，单击 群发 ▼ 按钮发布文章，如图9-27所示。此时，将打开提示框，提示群发无法撤销，单击 确定 按钮。继续打开提示框，系统将要求运营者确认发布（通过扫描二维码确认）。

图9-27 群发文章

STEP 10 发布成功后，关注了该公众号的用户即可收到推送消息，查看文章内容，如图9-28所示。

图9-28 查看发布的信息

9.4.4　自定义菜单

微信公众号的推送内容一般为图文结合的文章，图文结合的文章更容易引导用户阅读。此外，大家在微信公众号中可以根据实际需要设置自定义菜单，如设置"会员中心""在线购买""售后服务"等，并在菜单中分别设置相关的子菜单，为用户提供相关查询服务。设置自定义菜单的方法为：在微信公众号页面左侧的导航栏中选择"自定义菜单"选项，在打开的页面中的"自定义菜单"区单击"添加菜单"超链接，单击菜单上方的　按钮，可继续添加子菜单，再在右侧进行子菜单名称、菜单内容的编辑即可，若不添加子菜单，可直接编辑菜单内容，如图9-29所示。子菜单可添加多个，若单击菜单右侧的　按钮，可继续添加其他菜单内容，完成自定义菜单的编辑后，当用户选择某个菜单时，公众号即会自动向其发送对应的自定义菜单内容或跳转到对应的网页或小程序中。

图9-29　自定义菜单

9.4.5　公众号吸粉大法

粉丝是一切运营的基础，公众号运营也不例外。为了帮助更多的创业者运营好微信公众号，使微信公众号粉丝能够多一些，下面总结一些公众号吸粉的方法。

● 通过门店扫码增粉：店铺每天都会有固定的人流量，创业者可以通过扫描公众号二维码的方式将进店的人都吸引关注到自己的微信公众号中。如何使用户愿意扫码关注公众号，此时就需要通过扫码送奖品、扫码领积分、扫码打折等方式来进行激励。创业者想要更多地用户扫描二维码，也可以将下载好的二维码打印在纸上，并张贴在合适的地方，方便用户扫描。下载公众号二维码的方法是：在公众号管理中心左侧的"设置"栏中选择"公众号设置"选项，打开公众号设置页面，在公众号头像下方单击"二维码"图标，在打开的"更多尺寸"页面中会呈现出常用的二维码尺寸，以及建议扫描的距离，创业者根据需要，单击右侧对应的⬇️按钮进行下载，如图9-30所示。获得相应的公众号二维码后，最后将其打印出来即可。

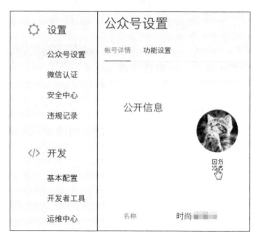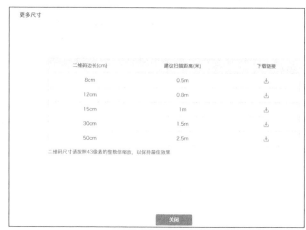

图9-30　微信公众号二维码下载

● **结合二维码投放广告增粉**：除了在各大网站投放广告，创业者还可通过线下渠道发一些传单，或者贴小广告，并在传单或广告内容中附上二维码，来给公众号吸引粉丝。

● **通过和别人互推来涨粉**：互推需要双方有一定的信任基础，并且两人的业务和内容尽量不重叠。互推的方式一般为：分享和引用其他公众号文章，或在文字中插入另一公众号的文章或图片链接进行导流。需要注意的是，公众号在互推涨粉的同时，也应该考虑用户体验，若过度互推或者过度营销，会引起粉丝不满，甚至可能掉粉。在公众号文章中插入其他公众号文章超链接的方法为：在微信公众号首页左侧的导航栏中选择"素材管理"选项，在打开的页面中单击 新建图文素材 按钮，单击"超链接"按钮🔗，在打开的页面中设置公众号文章，或者直接输入文章地址，单击 确定 按钮即可，如图9-31所示。

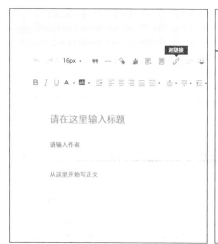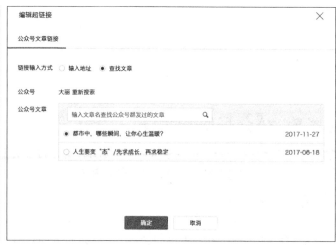

图9-31　在公众号中插入其他公众号文章超链接

● **利用个人微信号为微信公众号增粉**：创业者可通过个人微信添加附近的人、添加摇一摇中的人、添加QQ好友、添加手机联系人等方式累积好友，培养粉丝，然后可以分享公众号的文章到个人账号的朋友圈，或转发文章给好友或微信群，最终达到把用户引到公众号上的目的。转发和分享微信公众号文章的方法是：首先搜索并关注公众号，查看接收到的该公众号内容分享的订阅文章，最后单击手机右上角的 ⋮ 按钮，在弹出的列表中选择"发送给朋友"或"分享到朋友圈"选项即可。

● 通过各大自媒体平台、网站推广增粉：将公众号的内容发布到多个自媒体平台和网站，从不同渠道为公众号导流，如QQ、论坛、微博、百度贴吧、雅虎等。例如，大家打开公众号内容，单击手机右上角的 ⋮ 按钮，在弹出的列表中选择"分享到手机QQ"选项，即可将公众号内容分享给QQ好友或分享到QQ空间，如选择在手机安装的浏览器中打开内容，可直接将公众号内容分享到微博等平台，也可复制公众号内容或粘贴公众号内容页面的网址到其他自媒体平台或网页中。

9.5　开启微店模式

　　微店是整合了移动端、计算机端、B2C和O2O等为一体的新商业模式，简化了商家开店的流程和营销成本，不仅能够满足企业移动端营销的需要，也为更多的个体商家带来了更为便捷的开店方式，是目前较为流行的移动电商运营平台。目前主流的微店有有赞微商城、口袋购物微店网、微盟旺铺、中兴微品会、微信微店、京东微店等。下面以微信微店为例，对如何注册微店、如何通过微店管理与发布商品，以及如何进行微店促销进行介绍，帮助用户快速开设微店。

↘ 9.5.1　创建自己的微店

扫一扫

创建自己的微店

　　创建微店的方法很简单，大家需要提前在手机上找到微店官网，下载微店App，并准备一个手机号码，然后进行创建，具体操作如下。

STEP 01 打开微店，单击"微信登录"超链接，在打开的页面中单击 确认登录 按钮，如图9-32所示。

STEP 02 输入绑定的手机号码，单击"获取验证码"超链接，再输入手机上收到的验证码，单击 确定 按钮，如图9-33所示。

STEP 03 输入店铺名称，单击"微店头像"上的＋按钮，设置手机中的图片为微店头像，单击右上角的 完成 按钮，即可成功创建自己的微店，如图9-34所示。

图9-32 微信登录　　　　　图9-33 绑定手机号　　　　　图9-34 设置店铺头像与名称

↘ 9.5.2 在微店中发布商品

成功创建店铺后将进入微店首页，此时大家可以在微店中发布商品，具体操作如下。

扫一扫

在微店中发布商品

STEP 01 登录并进入微信公众号首页，单击头像下方的"创建商品"超链接，此时会提示进行实名认证，单击"去认证"超链接，在打开的页面中按要求设置认证信息，单击 实名认证并绑卡 按钮，然后系统将提示认证审核中，如图9-35所示。

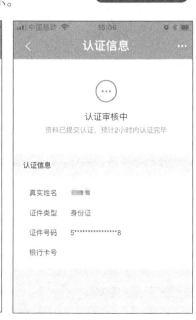

图9-35 实名认证

STEP 02 认证成功后将进入微信公众号首页，继续单击头像下方的"创建商品"超链接，打开"添加商品"页面，单击"添加商品图片"超链接添加商品图片，继续输入商品型号、价格、库存、分类等信息，如图9-36所示。

图9-36 添加并输入商品信息

STEP 03 选择"商品详情"选项，在打开的页面中单击 `+ 添加内容` 按钮，在打开的列表中将显示文字、图片、商品、视频等详情页素材模块，插入后单击模块上出现的"删除"按钮 ，可删除插入的内容；单击"上移"按钮 ，可向上移动模块位置；单击"插入"按钮 ，可在该模块下方插入内容，图9-37所示为编辑后毛衣详情页的步骤，编辑完成后单击右上角的 `保存` 按钮即可。

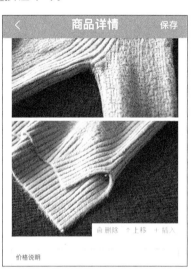

图9-37　编辑详情页

STEP 04 返回"添加商品"页面，单击右上角的 `完成` 按钮，打开"分享商品"页面，系统将提示"成功添加商品"，在页面右上角单击 `完成` 按钮，如图9-38所示。在该页面中可对运费模板、开售时间等信息进行编辑，并可设置分享方式，如将其分享给好友，好友收到分享信息后，可直接打开商品页面进行下单购买。

STEP 05 返回微信公众号首页，单击"商品"按钮 ，如图9-39所示。

STEP 06 在打开的页面中可查看刚才发布的商品，单击底部的"添加商品"按钮 ⊕ 可继续发布商品，如图9-40所示。

图9-38　分享商品　　　　　图9-39　单击"商品"按钮　　　　　图9-40　查看发布的商品

经验之谈：

在"商品"页面中选择在销售的商品，大家在打开的页面中不仅可以修改商品的价格、库存、详情、地址等信息，还可以对商品进行下架或删除操作。

9.5.3 设置微店促销

在添加商品并进行分享后，客户被引入了微店，此时最关键的就是成交率。微店自身也提供了一些促销工具，本小节以设置满减优惠为例介绍设置微店促销的方法，具体操作如下。

STEP 01 返回微信公众号首页，单击"推广"按钮，进入营销推广页面，其中提供了限时折扣、满减、满包邮、优惠券等多种促销方案，这里单击"满减"超链接，在打开的页面中单击底部的"添加满减"按钮⊕，如图9-41所示。

图9-41 添加满减优惠活动

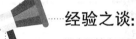

经验之谈：

微店促销主要是指微店商家通过对商品设置相关的促销活动，刺激消费者的购买欲望，提升店铺的成交转化率。但每项促销活动要让消费者信服并产生兴趣，需要一个理由，如"店庆""新店开业""庆祝销量突破100万台""新货上市"等都能作为销活动的"噱头"。

STEP 02 在打开的页面中设置满减活动的名称、开始时间、结束时间和优惠金额，单击 添加下一级 按钮，可设置其他满减条件与金额，单击 完成 按钮，即可成功设置满减优惠活动，如图9-42所示。使用相同的方法，可继续创建其他营销活动。

图9-42　设置满减优惠

9.6 知识拓展

1. 微信朋友圈互动活动设计的准备工作

在活动开始之前，商家可以提前在微信朋友圈进行预告和预热，提醒微信好友准时参加，也可以适当保持神秘感，引起用户的兴趣。在设计活动内容时，商家需要遵循5个基本原则：主题鲜明、内容简洁、操作便捷、流程简单和时机恰当。鲜明的主题和简洁的内容可以方便用户快速阅读、快速了解活动，商家可以将活动名称放在最前面，如"【积赞换××护肤套装】热爱自己才能热爱生活，亲爱的仙女们，来为自己准备一套××吧，变白变润变漂亮，看我72变！"便捷的操作和简单的流程主要是为了方便用户参与，移动端的营销基本均是在用户的碎片时间中进行的，如果需要花费太多精力去参与活动，会大大降低用户参与的积极性。恰当的时机是指活动发布时间要恰当，通常可以在在线人数多的时候发布，如午休时间，下午的工作时间等。

2. 积累和维护微博粉丝

微博营销实际上就是粉丝营销，只有拥有粉丝，所发布的微博信息才能被更多人看到，才能引导更多人进行互动，扩大影响，才会取得实际的营销效果。粉丝的积累是一个长期的过程，特别是积累有质量的粉丝，通常需要微博主进行持续长久的运营。下面介绍常用的积累粉丝的方法。

● **与同类人群互粉**：微博上有很多关注同一个领域、有共同或相似爱好的群体，这些群体中的人有共同话题，交流方便，很容易互粉，也就是互相关注。因此在创建微博前期，微博主可以试着加入这类圈子，与他们进行互动，吸引关注，再慢慢扩大微博的影响力，形成粉丝的自然增长。

● **外部引流**：外部引流是指微博主将其他平台上已有的粉丝引入微博中，如博客、豆瓣、视频、直播、问答、微信、QQ、媒体网站等平台，甚至可以在出版物上注明个人微博，引导读者的关注。外部引流是非常直接且快速积累粉丝的方式，该方法积累的粉丝质量普遍比较高，营销人员一定要学会并利用各种平台资源，使其形成一个完整的传播矩阵，互相促进和提升。

● **活动增粉**：通过活动增粉是一种非常常见的方式，一些新鲜、有趣、有奖励的活动更容易吸引用户的关注和被广泛传播，微博主可以通过关注转发抽奖、关注参与话题讨论等形式，引导粉丝转发微博，吸引非粉丝的关注，图9-43所示即为微博上常见的关注+转发抽奖活动。

图9-43 关注+转发抽奖活动

- **与其他微博合作增粉**：微博活动通常粉丝数量越多，影响力才会越大，有时候单个微博的影响力是有限的，微博主可以与其他微博进行合作，联合双方或多方的影响力，扩大宣传范围。一般来说，微博主应该尽可能选择有影响力的微博，或邀请网络大V进行互动，这种方式可以为活动双方带来好处。
- **依靠微博内容增粉**：依靠微博内容增粉是指通过发布有价值的"干货"来吸引粉丝，靠内容增粉实际上就是一种内容营销，这种方式对微博主的创作能力、表达能力和专业知识要求较高。此外，微博主也可以借助热点事件进行增粉，当微博或新闻上出现了引起用户广泛关注和讨论的热门事件时，可以利用热门事件的热度来为自己的微博增粉，这种方式要求其内容有创意、有趣，能从其他借势微博中脱颖而出，这样才能吸引用户的关注。

3. 微信公众平台粉丝维护

微信公众平台与个人微信一样，都需要进行粉丝的维护。公众号可以通过邀请老客户关注、线下客户关注和其他平台引流关注等途径获取粉丝，然后对粉丝进行维护，不断提升粉丝数量和公众号的影响力。对于公众号粉丝而言，关键词回复、问题搜集和反馈、评论互动都是比较有效的粉丝维护方式。

- **关键词回复**：在推送文章中提醒用户输入关键字进行回复，引导用户通过回复关键字主动了解内容，增加公众号的使用率，同时还可以在自动回复中加入一些惊喜，提高用户黏性。除了维护粉丝外，关键词回复也是吸引新粉丝的有效手段，当老粉丝对文章进行分享，新用户阅读文章内容后，想要了解关键词的相关信息，就必须关注公众号。
- **问题搜集与反馈**：在公众号中可以设计一些目标用户感兴趣的问题搜集活动，增加用户的参与度，或者对用户反馈问题进行解答，对商品的使用情况进行反馈，让用户与用户、用户与公众号之间产生互动。
- **评论互动**：开通了留言功能的公众号，评论区就是其与用户互动的有效途径。很多用户在阅读推送内容时，还会阅读评论区的内容，公众号可以在评论区与用户进行互动，或者可以在评论区中自评，鼓励用户进行转发分享。

总的来说，保持并提升公众号粉丝的关键在于推送内容的价值，只有推送的内容能够满足用户的需求，才能保证用户的持续关注，才能进一步提升粉丝数量。

4. 微博营销技巧

微博营销也是当前采用比较广泛的新媒体营销方式之一，商家在微博营销实际应用过程中，如果注重一些技巧，将会让微博营销更加快捷、高效。

- **优质的营销内容**：微博营销中内容是最重要的，也是难以把握的，用户喜欢有价值的信息，没人喜欢广告，也没人喜欢个人的生活琐事，因此微博内容需要考虑用户的心理特征，一些"新鲜、有趣、有用"的内容更容易被围观、收听和加粉。
- **把握内容的长短**：微博在内容的表现上，140个字的短微博价值更多体现在一个话题的导入和互动；而长微博更多的是讲故事及分享专业知识等，并且多搭配图片与视频，增强文案的可读性。
- **定期更新微博信息**：与微信公众号不同，微博平台对发布信息频率与条数的限制更低，而对于营销而言，微博的热度与关注度来自微博的可持续话题，因此博主要定期更新微博信息，不断制造新的话题，发布与自身相关的信息，才可以持续吸引目标客户的关注，还可能被用户转发或评论。
- **情感化**：微博营销中的商品、服务内容都需要融入现实中粉丝群的生活中去，博主可通过把良好的商品与服务体验，升华到情感上的享受，将微博内容生活化、娱乐化、情感化，从现实生活中感染别人，让别人愿意帮传播。
- **维护活跃粉丝**：博主可分析主流活跃粉丝所关注的内容，并持续发布相关内容的信息，加强用户的黏性。
- **充分利用评论区**：很多用户在阅读推送内容时，会在评论区留言，博主及时回复留言，可以加强与用户间的交流，同时评论区的内容还会被其他用户所浏览，因此博主还可以在评论区反省不足，以及鼓励用户进行转发分享等。

9.7 课堂实训

9.7.1 实训一：微信营销

【实训目标】

本实训要求结合使用微信群、微信朋友圈与微信公众号进行营销，让商家能够熟练应用微信营销。

【实训思路】

根据实训目标，下面将微信营销的步骤分为以下3步。

STEP 01 微信群群发营销消息。登录微信账号，登录后进入首页聊天窗口，单击右上角的"+"按钮，在打开的下拉列表中选择"发起群聊"选项，选择要加入群的联系人，完成后单击右上角的 完成 按钮，即可完成微信群的创建。

STEP 02 在朋友圈中发布营销信息。进入微信朋友圈，按右上角相机图标，选择拍照或从相册中选择图片，可同时勾选多张图片，完成照片的拍摄或选取后，单击 完成 按钮，在打开的页面中可输入需编辑的文案，单击右上角的 发表 按钮，即可完成信息的发布。

STEP 03 微信公众号营销。申请并登录微信公众号，在微信公众号首页左侧的导航栏中选择"素材管理"选项，新建图文素材并进行发布。

↘ 9.7.2 实训二：在微店中发布商品并设置促销方式

【实训目标】

本实训要求在微店中发布商品，将发布的商品分享给微信好友，然后为微店设置打折促销，提高微店流量的转化率。

【实训思路】

根据实训目标，可将其分为以下3步进行。

STEP 01 发布商品。登录并进入微信公众号首页，单击"商品"按钮🛒，单击底部的"添加商品"超链接，打开"添加商品"页面，单击"添加商品图片"超链接添加商品图片，继续编辑商品型号、价格、库存、分类、详情等信息。

STEP 02 分享商品。完成商品添加后，在"分享商品"页面设置分享方式为"微信好友"，在打开的页面中选择需要分享的好友分享商品。

STEP 03 设置促销方式。返回微信公众号首页，单击"推广"按钮📣，进入营销推广页面，单击"限时折扣"超链接，在打开的页面中单击底部的"添加限时折扣"超链接，在打开的页面中设置限时折扣活动的名称、开始时间、结束时间和折扣商品，以及折扣商品的具体折扣值，然后单击"确定"按钮即可，图9-44所示为"毛衣"添加9折的折扣。

图9-44 添加限时折扣活动

9.8 课后练习

（1）什么是新媒体营销？新媒体营销有哪些渠道？如何选择适合自己的新媒体营销渠道？新媒体营销的内容有哪些，如何来策划新媒体营销方案？

（2）结合热点事件，为"蓝月亮"洗衣液写作一篇微信推广文案。要求语言亲切自然，能够体现"蓝月亮"强大的去渍功能，然后将该文案同时发布到微信朋友圈和微信公众号平台上。

（3）为微店创建"满100元减5元""满200元减20元""满300元减50元"的店铺优惠券。

（4）进入微店，添加部分新进的商品，为商品设置详情页文案与图片，增加商品的吸引力，提高商品的转化率，并下架部分滞销商品。

第10章

电商创业融资，拓宽资金来源

资金需求贯穿于货物采购、运营推广等创业的整个过程，如果资金供应不上，创业者就需要通过各种融资渠道进行筹资。那么钱从哪里来？这成为很多电商创业者关心的问题。传统的融资渠道主要有银行、小贷公司、民间借贷等，但电商创业者常常由于资质不达标、利率太高等原因而望而却步；新兴的融资渠道主要有网贷平台、电商平台等。本章将客观比较各种融资渠道的资金成本、借贷难易等，供创业者参考，寻找适合自己的融资渠道。

- 融资方式
- 银行贷款
- P2P网络贷款
- 众筹融资

本章要点

 案例导入

电商创业死在"融资"

小李是经营女装店的成功电商从业者之一。发展至今，他的店铺已经拥有几千优质女性客户，日活跃客户上百。然而在小李的创业历程中，艰难的融资之路使其格外感慨。

小李从创业之初至今，经历了将近五轮融资，其中第一轮融资是最困难的。小李和自己的小伙伴为女装的电商创业制作了一份计划书，包括资金需求、货源确定、市场预测、推广运营方式等，由于资金短缺，小李要想实现自己的创业计划，就需要寻求资金来源。可按小李的资金预算来看，仅向亲戚朋友借款是远远不够的，而银行、借贷公司贷款利率高，风险大，一旦失败，就会负债累累。此时，小李决定寻找投资人。通过小李的努力，那段时间他见了很多投资人，有的投资人听完创业项目和计划后对其非常赞赏，但始终没有投资的回应，当然也有投资人不太认同小李的创业项目和计划。原本小李认为，"只要项目好，项目思路清晰、目标明确，资金规划得当，就能受到投资者青睐，最终能够融资成功"，但屡次失败的经历让小李备受打击。好在小李并没有放弃，经过多番努力，他终于获得了融资，开始着手执行创业计划。在创业过程中还会面临资金问题，若上一轮融的资金用完了，而新一轮的融资却还没谈妥，这段时期将成为创业最困难的时期。

因此，做电商，融资是最大的难关之一。只有拥有足够的资金，以及大量的用户，才能不断扩张企业。当然除了融资外，在创业过程中创业者还要节约资金，学会精打细算，充分合理地利用资金，才能降低成本，获得更高的利润。

【案例思考】

电商是一条很长的商业链，除了融资，创业者还会面临很多的困难，如人才缺失、技术、设备难以支撑等。此时需要电商创业者具备什么样的心态？若电商创业者资金匮乏，且寻不到投资者，该怎么办？除了寻找投资者，电商创业者还可以选择哪些融资方式？

10.1 融资方式

资金匮乏是目前大部分创业者遇到的最大困难，那么这个难处怎么跨越呢？此时，创业者就需要进行合理的融资。合理的融资离不开融资方式的选择，目前常见的融资方式主要有以下7种。

↘ 10.1.1 亲友融资

创业者在创业初期，通过亲友融资可以快速、有效地获得免息借款，一般不需要抵押品。亲友融资是建立在他们与创业者亲密的关系上的。家人和亲友可以为创业者提供少量资金，可部分满足大多数创业者创业所需的资金要求，也有些亲友不直接参与借款，而是在融资中扮演中间担保人，为创业者向其他人融资做担保。

创业者在创业初期，没有品牌及薪酬的优势，很难招聘到合适的员工，此时亲友可以帮助其分担部分工作，但是随着创业进展的加快，当亲戚朋友的管理水平不够时，创业者就需要合理并人性化地处理与亲友的关系，如按劳支付、进行经济补贴，最终将其剥离企业。

总之，亲友融资虽然具有筹措资金快、风险小、成本低等优点，但其缺点也十分显著，如筹措的资金有限，并不能完全满足创业者的资金需求。再者，若创业成功，创业者可能因为利益分配不均问题与亲友产生争执，影响双方的关系；若创业失败，就会造成无法及时还债，为亲友带来资金损失，最终也会影响双方的关系。因此，在进行亲友融资时，创业者需要考虑投资的正面与负面影响，通过对企业的严格管理，尽可能地减少对亲友关系的负面影响。此外，任何借贷都需要有明确的利率及本金和利息偿还计划，亲友融资也不例外，这是获得亲友信任、维护亲友关系有力的保障。

10.1.2　银行贷款

银行具有雄厚的资金，大多数银行还有政府背景，群众口碑好，是非常流行的贷款机构。目前，银行提供抵押贷款、担保贷款、信用贷款、联保贷款等，银行贷款一般具有以下优点。

- **资金来源稳定**：由于银行资金雄厚，一般通过贷款审核并满足贷款发放条件的企业很快会获得所贷的资金。
- **筹资成本低**：银行贷款利率相对一些贷款公司而言，整体较低，不容易出现高利贷等情况，贷款具体利率视情况而定。

与其他融资方式相比，银行贷款的不足表现在以下两个方面。

- **贷款门槛高**：很多电商、中型企业由于资产的匮乏，没有足够的抵押物来作为抵押，无法获得贷款；此外，银行考虑到资金安全问题，对企业的资质、信誉、成长性等方面要求高，导致很多电商、中型企业难以满足银行贷款要求的资质条件。此外，其贷款主要投放给大中型企业，小企业仅占20%左右，微型企业更加困难。
- **贷款周期长、频率低**：银行贷款多是单笔授信、单笔使用、不可循环，并且审批时间长、下款速度慢，而对于电商而言，其借贷频率高、资金周转快，对资金的需求急切。

经验之谈：

> 除了银行贷款外，目前小贷公司众多，由于受到政策的制约，小贷公司的贷款不仅贷款额度有限，大多数对贷款条件也有一定的要求，如需要有抵押、担保人，而且贷款利息不低，特别是纯信用贷款利率更是偏高，作为临时周转资金尚可，长期使用难以负担。

10.1.3　政策创业基金

为了调节产业导向，各地政府每年都会提供创业基金，用于扶持大学生创业、返乡创业、下岗职工再创业等。例如，下岗职工再创业的创业贷款利率可以按照中国人民银行规定的同档次利率下浮一定比例，许多地区推出的下岗失业人员创业贷款还可享受一定额度的政府贴息；对符合条件自主创业的大学生，可在创业地按规定申请创业担保贷款。鼓励金融机构参照贷款基础利率，结合风险分担情况，合理确定贷款利率水平，对个人发放的创业担保贷款，在贷款基础利率的基础上上浮3个百分点以内的，由政府给予贴息。

创业者利用政策创业基金，不用担心投资方的信用问题，并且政府的投资在税收、培训、手续费等各方面都有优惠，降低了创业的融资成本。但政府每年的投入有限，政策创业基金的申请具有严格的程序要求，创业者需要面对众多融资者的竞争，申请成功的概率较小。创业初期缺乏资本的创业者不妨试试获得政府性扶持，一旦成功，将可能享受创业扶持基金或免租金办公场所，资金和场地问题都能得到解决。

10.1.4 风险投资

风险投资是指具备资金实力的投资者对具有专门技术并具备良好市场发展前景，但缺乏启动资金的创业者进行资助。创业者主要通过出售部分股权给投资者来获得投资，当公司发展壮大，股权升值后，投资者出卖自己拥有的企业股权获取权益，然后开始下一轮的投资。这种投资方式可以有效帮助创业者度过资金匮乏的艰难时期，并且承担的风险小，若创业失败，投资者也要承担相应的损失。但风险投资者为了合理规避投资风险，提高收益，对创业者的筛选是必然的，他们关心的不仅是创业者的创业项目、技术，还会关注创业团队和盈利模式等，综合进行考查衡量，因此只有真正有潜力、有能力和有充分准备的创业者，才能更容易获得投资者的青睐。

10.1.5 合伙融资

合伙创业不但可以有效地筹集到资金，还可以充分弥补人员的不足，并且有利于对各种资源的利用与整合。但合伙创业的成员都是老板，很容易因为意见分歧发生冲突，为了妥善处理合伙人之间的关系，明晰的投资份额、必要的创业章程、良好的沟通都是不可缺少的。

- **明晰投资份额**：投资份额的多少关系到分红的多少、权利的大小，一般不建议平分股权，这样合伙人权利与义务相等，在遇事时可能会相互推诿，缺乏决策力。
- **加强信息沟通**：良好的信息沟通是解决问题的有效方式。若长期不与合伙人进行沟通，固执己见，容易产生误解和分歧，不利于合伙基础的稳定。
- **事先确立章程**：企业的章程是企业的行为准则和经营依据，所有合伙人都应该自觉严格遵守，不能因为关系好、有血缘关系而不遵守企业的章程。

10.1.6 网络贷款

网络贷款是指借助互联网优势，资料与资金、合同，以及申贷、审批、下款、支用、还贷等业务流程，都可在互联网上完成的贷款方式，不仅省时省力，并且快捷高效。目前，网络贷款主要分为P2P网贷平台贷款和电商平台贷款。

1. P2P网贷平台贷款

P2P是Peer to Peer 的缩写，P2P借贷是随着互联网的发展和民间借贷的兴起而发展起来的一种新的金融模式，其具体商业模式为将非常小额度的资金聚集起来借贷给有资金需求的人群，即一笔借款需求可能由多个投资人投资，这种商业模式不仅满足了个人资金需求，以及发展个人信用体系的要求，还能提高社会闲散资金利用率。目前P2P行业鱼龙混杂，创业者选择优质的P2P平台，不仅能够快速地获得贷款，也有利于信用等级的积累，还能够提升贷款额度。目前流行的P2P平台有人人贷、投哪儿网、拍拍贷、团贷网等，图10-1所示为人人贷首页，据数据显示，2010年成立以来，人人贷累计成交金额已经突破482亿元，已成为元老级别的P2P网贷平台。

图10-1 人人贷页面

2. 电商平台贷款

电商平台贷款是依托互联网金融的一种全新的网络融资方式，它是建立在互联网、云计算及大数据等信息化高科技手段的基础之上，对长期积累的平台客户交易数据进行专业化挖掘和分析，通过与银行、网贷公司合作，以担保公司为平台内的客户贷款进行担保，如慧聪、生意宝、敦煌网等，或者自己建立小额贷款公司，向自己平台上的客户提供小额信贷服务，如阿里巴巴近日公布了过去一年放贷的成绩单，累计发放了8000多亿元贷款，其中蚂蚁借呗在推出后的10个月时间内，其用户数高达1000万，放款规模为3000亿元。除了蚂蚁借呗，电商贷款平台还有花呗、分期购、网商贷等，下面列举部分进行介绍。

- 蚂蚁借呗：蚂蚁借呗是支付宝中自有纯信用借贷产品，无抵押无担保，用户满足一定的芝麻信用积分，就可以有申贷资格。芝麻信用积分可通过支付宝的"芝麻信用"进行查看，芝麻信用积分综合考虑了个人用户的信用历史、行为偏好、履约能力、身份特质、人脉关系5个维度的信息，用户的支付宝芝麻信用积分越高，能享受的服务就越多。蚂蚁借呗目前一般有3种还款形式：先息后本（前期只需要还利息，到期还本金）、每月等额、到期还本息（按日借款，到期一次性还本付息）。申请"蚂蚁借呗"贷款的方法很简单，进入支付宝，在"财富管理"应用栏中单击"蚂蚁借呗"超链接，即可进入"蚂蚁借呗"贷款的申请页面，单击　　　　按钮，输入学历、年收入、详细地址、联系人姓名与手机号等信息，如图10-2所示，然后提交申请，支付宝会判定可贷款的金额，用户再根据提示进行贷款即可。

图10-2　蚂蚁借呗

- 花呗：花呗是一款虚拟信用卡产品，用户的芝麻信用达到600积分即可开通花呗，具有一定的信用额度，可以实现"这月购，下月付款"的功能，这可以短时间内解决用户的资金周转问题，并且无利息。此外，花呗也可实现分期付款，缓解用户一次性支付大笔货款的经济压力。若用户担心自己的额度不够用，可通过淘宝购物、绑定信用卡付款等方式，来提升额度。

- 网商贷：网商贷是支付宝的贷款渠道之一。在网商银行中，网商贷是一个信贷分类，包含了阿里信用贷款、网商贷、淘宝/天猫信用贷款和速卖通贷款等，其本身也是一种贷款产品。淘宝商家可打开卖家中心，在"资金管理"栏中单击"淘宝贷款"后面的"查看余额"超链接，打开"网商贷"页面，在其中可申请订单贷款、随借随还贷款、组合贷款等贷款，图10-3所示为订单贷款页面，订单贷款实质是提前支用货款的贷款模式。

图10-3　订单贷款页面

> **经验之谈：**
>
> 从多数电商平台融资案例来看，多数电商平台融资的特征为：申贷人必须是电商平台内的客户；创业者在平台上的信用资质和交易记录直接影响其能否成功贷款，以及贷款的额度和利率；贷款利息相较同类银行贷款产品有所提高。

10.1.7　众筹融资

众筹是指大众筹资或群众筹资，主要以团购＋预购的形式，向公众募集项目资金，是一种新的融资模式。众筹是一种市场营销手段，小企业、艺术家或个人都可以参与众筹，向公众展示他们的创意，提高公众对组织和项目的认知，以感谢、实物、作品、股权等作为回报，获取公众的关注和支持，进而获得所需要的资金援助。

相对于传统的融资方式，众筹不仅能够与众多网友、投资者交流，形成一张大的人际网，而且成本费用低，仅需支付少量的众筹平台费用，其他成本很少，并且只要是网友喜欢的项目，就有人愿意掏腰包，这能使创业者获得启动项目的第一笔资金，这些人很可能在以后继续参与到项目中来，为项目的持续发展助力。

> **经验之谈：**
>
> 特许加盟是当前潮流的营销模式，也可以作为融资的一种方式。特许加盟是指特许者将自己所拥有的商标、商号、产品、专利和专有技术、经营模式等以合同的形式授予被特许者使用，被特许者按合同规定，在特许者统一的业务模式下从事经营活动，并向特许者支付相应的费用。现阶段连锁经营已成为一种引领市场潮流的营销模式。

10.2 银行贷款

银行贷款由于金额相对较大，成为很多创业者常用的融资方式，但是从银行成功贷款，创业者需要满足一定的条件。此外，创业者为了降低贷款成本，利用信用卡获得免息资金也是不错的选择。

10.2.1 如何成功获得贷款

有资金需求找银行贷款，很多人想在银行贷款，却又不知道自己是否能办理。常见的银行贷款方式有抵押贷款和信用贷款两种。抵押贷款具有贷款期限长、放款额度高、利率相对较低的优点，但最基本的要求是需要有抵押物；信用贷款是根据个人的信用情况来进行评判发放的贷款，通常适用于小额资金需求及短期使用等情况。银行贷款的方式不同，其贷款条件也不相同，下面整理一些个人在银行贷款所需满足的基本条件。

- **申请人要求**：申请人必须是18~65周岁的且具有完全民事行为能力的自然人，申请人的实际年龄加贷款申请期限不应超过70岁。
- **征信良好，无不良记录**：在审核贷款时，银行一般会通过查看借款人的个人信用，了解其信誉情况后，决定是否进行进一步的贷前审查。按照多数银行规定，若借款人两年内有连续3次或累计6次的逾期情况，通常很难获得贷款资格。
- **抵押物要求**：在进行抵押贷款时，抵押物通常包括有价证券、国债券、各种股票、房地产，以及货物的提单、栈单或其他各种证明物品所有权的单据，借款人到期不能归还贷款本息时，银行有权处理其抵押物来偿还贷款本息及相关费用。不同银行对抵押物也有要求，如用于抵押的房屋必须产权清晰、房屋变现能力较强。
- **收入稳定、工资高**：借款人要有稳定的收入和充分银行流水，一般要求其收入为月还款额的两倍以上，证明自己有按期偿付贷款本息的能力。一般情况下，申请贷款时，银行会让借款人提供一季度或者半年的银行流水。银行以此来评判，在这个较长的时间段内，其工作是否稳定及收入是否持续。
- **明确告知借款用途**：为了保证资金与自身的安全性，银行一般要求借款人明确告知借款用途，并确保资金使用在合理范围内。例如，很多银行规定，无抵押贷款和无房屋抵押贷款的借款人可将款项用于购车、装修、旅游、医疗与购买耐用品等消费领域，但不得将其进行购房、炒股、赌博等风险性投资。

10.2.2 利用信用卡获得免息资金

随着信用卡的快速发展，各大银行都发行了各种类型的信用卡，信用卡有透支额度，以及免息期，即持卡人可先用钱，在还款日前还钱，目前信用卡最长免息期为50~56天，如果你使用一张信用卡，无法在日常消费中充分利用免息期，那么可以办理2张或者2张以上信用卡，将各张卡的账单日分割开，多张卡替换使用即可。对于信用卡而言，大家在免息期内使用信用卡消费，不仅没有手续费和利息，还能赚得不少积分，提升自己的信誉度，便于提升自己的信用额度。创业者利用信用卡进行原材料、装备、货物采购等消费，可以为企业短期的运营提供周转资金。需要注意的是，创业者需要保证从信用卡透支的资金能被及时偿还，否则会面临高额的利息，以及信用受损的严重后果。创业者申请银行信用卡可到当地的银行网点进行办理，也可直接在银行官方网站进行网上申请，图10-4所示为中国建设银行的信用卡申请页面。

图10-4 中国建设银行的信用卡申请页面

10.3 P2P网络贷款

P2P网络贷款是指借款方在P2P网贷平台发布资金贷款需求后，投资人通过网站将资金借给贷款方，图10-5所示为进行P2P网络贷款的大致流程。在整个借贷过程中，P2P网贷平台充当服务中介的角色，并且可以通过安排多位投资人共同分担一笔借款额度来分散风险，帮助借款人快速、方便地获得融资。

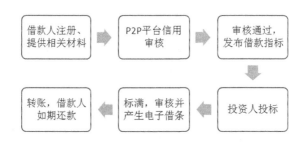

图10-5 P2P网络贷款的大致流程

↘ 10.3.1 P2P网络贷款的模式

P2P网络贷款从诞生至今，已经衍生出了很多新的模式，主要有以下4种。

1. 纯线上模式

对于纯线上的P2P平台来说，其主要利用自身评估系统对借款人的信用进行调查审核，包括网络视频认证、查看银行流水账单、检查身份证信息等，最后根据信用评估的结果给出贷款的额度，如拍拍贷、点融网就是纯线上P2P模式。这种模式具有纯信用贷款、24小时可申请、快速满标、网络极速审核、贷款快速发放等诸多优点。对于投资人而言，P2P线上模式存在的风险太大——虽然这类平台的理财产品无担保、无抵押、纯信用，但是征信体系的不开放、不完善对借款人的征信、还款能力的判断容易出现误差，因此出现坏账逾期的概率非常高。阻碍纯线上P2P发展的主要因素是不完善的征信系统，若央行征信放开，纯线上P2P平台的优势将会越来越大。目前这种纯线上模式侧重于数据审贷技术，适合小额、密集的借贷需求。

图10-6所示为拍拍贷投资页面，可以看出其借款一般为金额比较小的个人借贷，并且投资的风险越高，利率越高。

图10-6 拍拍贷投资页面

2. O2O线上线下结合的模式

O2O线上线下结合的模式，就是借款人在P2P网贷平台申请借款，由平台通过线下实体门店、风控团队、小贷机构等对借款人进行征信、还款能力等方面调查，并进行评估审核，借款申请通过后，将被发布至互联网上，吸引投资人投资。目前人人贷、互利网等平台就属于这类运营模式。与纯线上P2P模式相比，O2O线上线下结合模式在风险控制和借贷成本上都要比纯线上P2P模式更为严谨、规范、优化，很少出现法规和政策问题，对借款者的征信、还款能力评估更为客观，因此坏账概率相对降低；实体门店、风控团队、小贷机构可以根据不同客户的需求和特点来制定出更加切合实际的网贷服务。在图10-7所示的互利网投资页面中，借款方式为信用借款、担保借款、抵押借款、债转借款、股票质押等多种，由于类似银行贷款，审核严谨、风险控制力较强，所以该平台借贷资金额可以较高，甚至高达上百万，利率也比较高，适合在短期内具有大量资金需求的融资。

3. 担保/抵押模式

担保/抵押模式是指在借款过程中引入第三方担保公司，担保公司会收取一定费用，若借款人未按期偿还借款，投资人的本息将由第三方担保公司承担，由于涉及自身的资金安全问题，担保公司往往会严格审查借款人，如要求借款人提供资产抵押等。它从引入担保到抵押，需要烦琐而漫长的审核过程，影响贷款速度。

图10-8所示的米袋金融即为抵押贷款平台。

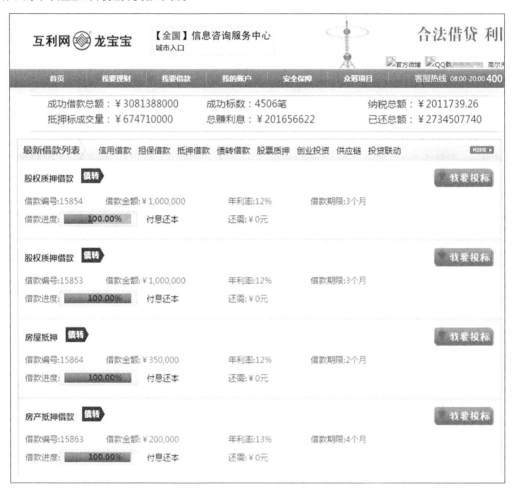

图10-7 互利网投资页面

图10-8 米袋金融页面

4. 债权转让模式

债权转让模式是指公司作为中间人对借款人进行筛选，以个人名义进行借贷后再将债权转让给理财投资者。在P2P网贷中，购买的债权可以被拆分，打包成有固定收益的组合产品，以组合产品的形式销售给投资者，P2P平台将一笔大额债权划分为多笔小额、短期的债权，能够更好地连接借款者的资金需求和出借人的投资需求，从而大幅度降低了销售难度，提高了P2P平台成交效益。目前很多P2P平台都上线有债权转让类产品，图10-9所示为互利网的"债转"借款页面。

图10-9　"债转"借款页面

10.3.2　P2P借款的流程

对于无法在银行借到款的借款人，P2P平台是一个不错的贷款渠道。在P2P平台上，用户可以快速借到自己需要的资金。需要注意的是，借款人不仅要缴纳借款利息，还要向P2P平台支付一定的中介费。P2P平台的借款流程具体如下。

- **选择平台**：对于借款人来说，选择平台很重要，优质的平台可以帮助借款人更快地获取利息更低的贷款。
- **借款审核**：注册并登录P2P平台即可进行贷款申请，此时借款人就需要填写审核材料，包括身份证号码、电话号码、收入证明、营业执照、住房证明等，以及借贷金额、借贷用途、借贷期限等，有的平台还会对借款人进行实地考察，以此过滤掉高风险客户，减少预期风险，降低催收难度。
- **发布借款信息**：当借款人的借款申请被审核通过后，借款人的借款需求将被发布到平台上。
- **接受贷款**：投资人可以了解借款人的信息，根据个人风险承受能力决定是否贷款给借款人，若同意，借贷双方达成交易，电子借贷合同成立，借款人获得资金。

经验之谈：

　　与 P2P 平台相对的借款平台还有 P2B 平台，不同的是，P2P 是个人对个人的一种贷款模式，借款人均是个人或家庭作坊式的微型企业；而 P2B 是个人对中小微企业的一种贷款模式。与 P2P 相比，P2B 平台一般均有着更为专业的风控能力，并且会引进实力强大的第三方担保机构做本息的保证，在资金的操作上也更为透明规范。例如芒果金融，其担保机构由央企、上市公司、全国资担保公司等组成，能够为投资人进行全额本息担保，并且担保机构还会对借款企业进行尽职调查、征信评定、数据分析、实地考察等审核工作，审核符合要求后才在平台上发布借款企业的借款需求，因此风险控制力较强。

10.4　众筹融资

　　若传统模式下无法得到融资，创业者可通过众筹融资，利用社会化资源来完成融资，这种融资方式大大降低了实现梦想的门槛，使得人人都可以融资、创业。众筹融资的工作模式为：众筹发起人向众筹平台提交众筹项目，投资人通过众筹平台查看众筹项目并投资，在众筹时间段内筹集到众筹目标资金后，众筹成功，众筹平台将众筹款拨给众筹发起人，投资人获得回报，如图10-10所示。

图10-10　众筹融资的工作模式

　　若在众筹时间段不能达到筹资目标，表示筹资失败，众筹发起人不能获得众筹资金。图10-11所示为京东收藏级茶盏的众筹详情页，其中对项目的当前进度、众筹到期时间、众筹金额、众筹剩余天数都进行了显示。

图10-11　收藏级茶盏的众筹页面

10.4.1　众筹的类型

根据回报方式的不同，众筹一般分为股权众筹、产品众筹、债权众筹、公益众筹4种。其中，产品众筹、股权众筹是最常用的众筹类型。下面对4种众筹类型的众筹方式进行介绍。

- **股权众筹**：投资者对项目或公司进行投资，获得其一定比例的股权。
- **产品众筹**：投资者对项目或公司进行投资，获得产品或服务。
- **债权众筹**：投资者对项目或公司进行投资，获得一定比例的债权，在一定时期后获取利息收益并收回本金。
- **公益众筹**：投资者对项目或公司进行公益众筹，不获取任何回报，主要为需要帮助的人进行筹资。

10.4.2　如何选择众筹平台

目前众筹平台参差不齐，一个众筹项目能否成功，除了项目本身要具有优势和竞争力外，众筹平台也很重要。不管是创业者还是投资人，在选择众筹平台时都应该谨慎，以防掉入众筹陷阱。下面介绍选择众筹平台的两种有效方法。

- **选择众筹大平台**：选择主流电商淘宝、京东、苏宁等搭建的大型众筹平台，以及人人投、兴汇利、天使汇等口碑不错的众筹平台，这些平台活跃度和安全性都比较有保障。例如，淘宝众筹平台上的"欧瑞博智能门锁T1"项目，借助淘宝平台的流量优势，众筹金额突破一千四百多万元，项目总参与人数突破2000人，以高水准完成了筹资10万元的目标，如图10-12所示。但京东、淘宝等大众筹平台上线门槛高，有许多创业者耗费了大量的精力和时间，却未能上线。

图10-12　"欧瑞博智能门锁T1"项目众筹页面

- **选择一些垂直性众筹平台**：除了选择一些众筹大平台进行众筹外，针对产品众筹的发起人，可以根据产品的类别选择一些垂直性众筹平台，包括智能硬件、农业、影视、音乐、游戏等，如"开始众筹"的定位是个性和创意，强调好玩儿和有趣；乐童音乐是专注于音乐领域的垂直众筹平台；摩点网是专注游戏和动漫的众筹平台，图10-13所示为摩点网中关于"国民富贵天团抱枕"的众筹页面。一些垂直性众筹平台由于平台目标定位更加精确，潜在用户可能更多，平台相关渠道更多，可以为产品带来大量曝光率和流量，所以该类平台众筹效果可能比大平台的众筹效果更好。此外，垂直性众筹平台的门槛会比那些大平台低，创业者发起的项目比较容易通过。

图10-13　"国民富贵天团抱枕"众筹页面

10.4.3　如何加大众筹成功的概率

众筹融资成为创业者和投资者都比较青睐的融资方式，那么能否众筹成功，则成为众筹的关键。下面对影响众筹成功的几个常见因素进行分析，帮助用户提高众筹项目的成功率。

● 众筹项目选择：众筹平台上，有琳琅满目的创意项目，涉及手工、科技、设计等多个方面，众筹项目能否让大家喜欢，其关键在于发起人的创意和阐述。此外，虽然众筹发展很快，但很多众筹项目还未被开发，如果能及早提交创业项目，会大大地增加成功的概率。

● 项目宣传到位：一个项目众筹在前期聚集人气非常重要，此时可以通过社交媒体、广告等方式为众筹助势，引导并带动感兴趣的人参与众筹项目。在众筹过程中，还需要及时汇报众筹的最新进展情况，让他们在项目上线之前就对其产生兴趣。

● 项目描述简洁、精确：众筹项目的描述要尽量简洁、精确，具有吸引力，一个好的众筹文案才能让更多的投资者支持该众筹项目。以产品众筹为例，在撰写众筹文案时，发起人可以根据产品设计宣传的卖点，尽量用图片、视频的形式呈现出产品的特点、功能和新颖点，生动、清晰地把自己的想法讲述给潜在支持者。图10-14所示的"备长炭净水随行杯"众筹页面，通过图片与文字的结合将备长碳净水的优势表达出来。

图10-14　"备长炭净水随行杯"众筹页面

- **筹集天数恰到好处**：众筹的筹集天数应该长到足以形成声势，又短到给未来的支持者带来信心。一般项目的筹集天数为30天。
- **众筹金额合乎情理**：在设置众筹的目标金额时应该将生产、制造、劳务、包装和物流运输成本考虑在内，然后结合本身的项目设置一个合乎情理的目标。
- **投资者回报设置合理**：众筹对投资者的回报要尽可能的价值最大化，并与项目成品或者衍生品相配，有些众筹项目会设置几种不同的回报形式供投资者选择。
- **定期更新信息**：众筹项目定期进行信息更新，让投资者进一步参与项目，并鼓励他们向其他潜在支持者提及众筹的项目。图10-15所示为"国民富贵天团抱枕"众筹的更新情况。

图10-15　定期更新信息

- **感谢支持者**：在众筹详情页发表感谢支持，或者给支持众筹的投资者发送电子邮件表示感谢，会让他们觉得有被重视的感觉，增加参与的乐趣。
- **与投资者积极交流**：一个新的众筹项目上线往往会引起投资者的围观，他们在围观的同时可能对项目产生疑问或展开评论，发起人积极加强与投资者间的交流，可以在了解投资者心声的同时完善自己的众筹产品，促进投资者对众筹项目的深入了解，最终获得更多投资者的支持。

10.5　知识拓展

1. 选择容易成功的众筹项目

众筹对创业者而言是低成本的有效融资手段，但并不是每个众筹项目都会成功，造成众筹失败的最大原因就是项目发起人对于众筹运作模式的不熟悉，没有提前做好众筹项目的准备。下面对众筹前一般需要做的准备工作进行介绍。

- **打破常规的产品**：众筹成功的项目都具有一定的突破性，通常涉及一项突破性科技成果或者是对现有科技成果的进一步推进，其创意与回报是否足够吸引人、能否勾起投资者兴趣是众筹成功的关键。

- **拥有特定的投资者**：成功的众筹项目都离不开一群坚定的投资者，当把项目发到众筹平台上后，需要确保有一群投资人积极响应项目，或者愿意宣传项目。如果缺乏他们的支持，往往会导致众筹失败。

- **完善的市场调研**：在确定发起众筹项目前，完善的市场调研是必不可少的。众筹项目需要建立在客观的市场调研数据上，这样才能直观体现产品的优劣势，了解潜在投资者投资的可能性。

- **精心制作的宣传视频**：制作宣传视频是创业者进行线上众筹时常用的营销手段，然而许多创业者并不重视这一环节，在制作与宣传创业项目时，只是简单的文案加上产品图片，而对于项目的特点和内容并没有很好展现。

- **令人振奋的投资者回报**：创意固然是吸引投资的重要影响因素，但可观的投资回报更能吸引投资。因此，项目发起人在发起众筹项目前，必须好好考虑对投资者的回报，尽量为投资者提供真正有价值的回报产品。

2. 银行贷款的技巧

创业者在选择银行贷款时，为了节约融资成本，需要掌握以下几点贷款技巧。

- **贷款银行选择**：相对而言，国有商业银行的贷款利率更低一些，但贷款门槛较高，贷款手续比较严格，如果创业者的贷款手续比较完备，为了节约融资成本可以对各个银行的贷款利率及其他额外收费情况进行比较，从中选择一家成本比较低的银行办理贷款。

- **合理选择贷款期限**：银行贷款一般分为短期贷款和中长期贷款，贷款时期越长，利率越高，如果创业者资金使用需求的时间不是太长，应尽量选择短期贷款；如需要办理两年期的贷款，可通过办理一年一贷的方式节约利息支出。

- **关注利率走势**：利率走势是创业者选择银行贷款重点关注的数据。如果银行利率走势高，创业者应该赶在加息之前办理贷款；如果利率走势下降，在不急需资金的情况下可暂缓办理贷款，等到适当降息后再办理贷款，并随时关注有关政策可享受的低息优惠，抓住时机办理低息优惠贷款。

- **贷款变更**：在创业过程中，若出现效益提高、贷款回笼及淡季经营、压缩投入等原因导致贷款资金出现闲置时，创业者可以向贷款银行提出变更贷款方式和年限的申请，提前偿还贷款。

3. 电商融资的困难因素

电商企业在创业或规模扩张时，常常需要进行融资，但融资并非总能获得成功。如果能避免下面出现的一些失误，可能会增加获得资金的概率。

- **缺少商业计划**：投资者希望看到一个有规划的企业，这些规划都体现在一份完整的商业计划书中，包含收入预测、商业优势、资金预算等。创业者在没有做出任何商业计划的情况下进行融资，往往会无功而返。

- **没有财务报表**：在创业过程中，如果电商企业需要扩展，此时就需要涉及融资，而准确、完善的财务报表可以提高投资者投资的信心，但电商企业需要注意财务数据的真实性，切忌弄虚作假，以免产生严重的后果。

- **重视团队力量**：一个人的力量是有限的，创业团队成员之间的相互协作、相互交流可以较全面地分析与解决问题，避免因个人一时冲动而做出错误的决定，同时为投资者带来投资的信心。

- **低估自己需要的资金量**：创业者在评估自己业务增长所需的资金时，需要涉及方方面面的资金，并且预算应该建立在财务数据的分析上，若创业者低估自己需要的资金量，可能要再次向投资者申请融资，同时也会让投资者怀疑创业者的资金评估能力，对其失去信心。
- **忽视对潜在投资者的研究**：不同放款人或投资者对于自己的投资有不同的标准和考量。事先对潜在投资人进行调查，可能帮助创业者更容易获得贷款。
- **承担过多的个人债务**：虽然融资渠道很多，但是大部分融资渠道都需要审核个人的征信情况和债务情况，以此作为是否提供贷款及提供多少贷款的依据。创业者若个人债务过多，可能会损害信用评分，不利于借贷。
- **资金用途不明确**：银行或投资者投资时希望其资金能够带来收益，一个明确的资金使用计划可以使其相信收益会增加，从而进行投资。
- **忽视营销**：投资者乐于投资发展良好、前景较好的企业，创业者可通过营销，通过分析消费者需求并刺激其消费，从而提升利润。可以说，若没有充分投资营销的企业，收入可能较难提升，因此也难以吸引各类投资者。

4. 提升支付宝信用

支付宝是一款成熟的网上支付工具，它的用户群上亿。利用支付宝除了可以进行网上付款外，还可以进行转账、借款等，而用户使用支付宝借款必须达到一定的芝麻信用积分数。下面将针对如何提升支付宝信用的几种常用方法进行讲解。

- **经常在阿里电商平台购物消费**：如在淘宝、天猫、聚划算、阿里巴巴等平台上购物，尽量购买一些高质量、金额大的商品。
- **多使用支付宝信用卡还款功能并及时还款**：及时还信用卡可以证明你的偿还能力没问题，关联的信用卡越多，信用额度越高，芝麻信用积分越有可能提升。
- **多用支付宝付款、缴费**：如使用蚂蚁借呗、花呗等进行消费付款，以及使用支付宝进行水电煤缴费、酒店和机票预订等。
- **多用支付宝转账**：支付宝上的人脉关系多建立在转账、代付等基础上，如果与朋友经常保持大金额的资金往来，信用也会相应提升。

10.6 课堂实训

10.6.1 实训一：获得网商银行的贷款

【实训目标】

本实训要求通过支付宝进行网商银行贷款。淘宝商家和天猫商家不仅能进入网商银行进行贷款，还能利用支付宝实现网商银行的贷款。

【实训思路】

根据实训目标，下面将从网商银行进行贷款的步骤分为以下3步。

STEP 01 查看芝麻信用积分。在网商银行进行贷款需要满足一定的芝麻信用积分数，在支付宝首页单击"芝麻信用"超链接即可查看，一般为600分以上。

STEP 02 注册网商银行。打开手机支付宝，单击右下角"我的"超链接，在打开的页面中选择"网商银行"选项，进入网商银行页面，在该页面中下载网商很行App，然后注册并进行申请验证和绑定银行卡、支付宝。

STEP 03 申请贷款。打开网商很行App，进入"网商贷"页面，在其页面选择贷款方式，设置借款金额及借款期限、还款方式、还款计划等信息，确认贷款，最后输入支付宝支付密码即可借款成功。

10.6.2 实训二：在淘宝众筹平台上发起众筹

【实训目标】

本实训要求在淘宝众筹平台上发起众筹。

【实训思路】

根据实训目标，其步骤可分为以下4步。

STEP 01 选择众筹的类型与项目。选择适合众筹的项目，然后根据众筹项目，选择与其对应的众筹类型。

STEP 02 选择众筹平台。在选择众筹平台时，可选择口碑良好的大型综合性的众筹平台或与产品相关的口碑垂直众筹平台。

STEP 03 发起众筹。在淘宝众筹首页右上角单击"我的众筹"超链接，在打开的列表中选择"我发起的项目"选项，如图10-16所示，在打开的页面中即可选择众筹类目并进行相关发布操作。

图10-16 发起众筹

STEP 04 资格审核。若满足发起众筹的条件，将可继续填写发布的项目信息；若不符合，将不能发起众筹。

10.7 课后练习

（1）什么是融资？对于电商而言，常见的融资方式有哪几种？

（2）比较不同融资方式的优缺点。

（3）什么样的借款人容易获得银行贷款？

（4）在银行贷款后，若资金有闲置，可以变更贷款方式吗？

（5）P2P借贷模式有哪些？

（6）如何才能提高众筹的成功率？